रुकतापुर

बिहार
जहाँ थम जाता है
पहिया बदलाव की
हर गाड़ी का

पुष्यमित्र

रुकतापुर

बिहार
जहाँ थम जाता है
पहिया बदलाव की
हर गाड़ी का

सार्थक
राजकमल प्रकाशन का उपक्रम

ISBN : 978-93-89598-67-4

मूल्य : ₹350

पहला संस्करण : अक्टूबर, 2020
दूसरा (परिवर्द्धित) संस्करण : अगस्त, 2021
तीसरा संस्करण : 2026

स राजकमल प्रकाशन का उपक्रम
सार्थक

प्रकाशक
राजकमल प्रकाशन प्रा.लि.
1-बी, नेताजी सुभाष मार्ग, दरियागंज
नई दिल्ली 110 002

शाखाएँ
अशोक राजपथ, साइंस कॉलेज के सामने, पटना-800 006
पहली मंज़िल, दरबारी बिल्डिंग, महात्मा गांधी मार्ग, प्रयागराज-211 001
1, अनमोल सोराबजी सन्तुक लेन, धोबी तलाव, मरीन लाइंस, मुम्बई-400 002

वेबसाइट : www.rajkamalprakashan.com
ई-मेल : info@rajkamalprakashan.com

बी.के. ऑफसेट
नवीन शाहदरा, दिल्ली-110 032
द्वारा मुद्रित

RUKTAPUR
Non fiction by Pushya Mitra

उन बिहारियों के नाम जिन्हें आजादी के 73 साल बाद भी अब तक कोई ढंग की सरकार नहीं मिली। एक ऐसी सरकार जो राज्य में कम-से-कम इतनी व्यवस्था कर पाती कि लोग बी.ए.-एम.ए. की पढ़ाई से लेकर बेलचा ढोने के रोजगार तक के लिए बिहार छोड़ने को मजबूर नहीं होते। लोग हर साल आने वाली बाढ़ में नहीं डूबते और उनके बच्चे चमकी बुखार से नहीं मरते।

उस बिहार के नाम जिसकी चमत्कृत करने वाली गाथाएँ सिर्फ इतिहास की किताबों में मिलती हैं, हकीकत में वहाँ सिर्फ भूख, गरीबी, पलायन, बाढ़ और अराजकता की कहानियाँ हैं।

क्रम

दूसरे संस्करण की भूमिका 9

पहले संस्करण की भूमिका 11

जा झाड़ के, मगर कैसे
रोजी-रोजगार के मामले में ठहरा हुआ प्रदेश 15

घो-घो रानी, कितना पानी
जल प्लावन और जल संकट में फँसी व्यवस्था 47

दूध न बताशा, बौवा चले अकासा
कुपोषण, अकाल मृत्यु और बदहाल चिकित्सा-व्यवस्था 89

जय-जय भैरवी
शोषण की इंतिहा और अदालती लड़ाई लड़ती लड़कियाँ 117

केकरा से करीं अरजिया हो सगरे बटमार
खेती, कारोबार और रोजगार का बंटाधार 147

हमरे गरीबन के झोपड़ी जुलुमवा
भूमिहीनता की समस्या और ऑपरेशन दखल दिहानी 191

एमए में लेके एडमिशन, कम्पिटीशन देता
पढ़ाई, तैयारी, बेरोजगारी और पलायन 215

सवाल तो बनता है! 225

परिशिष्ट 235

पुनश्च

बुढ़वा खाले न पीअले, कमा ले काहे ला
यहाँ विकास का मतलब ईंट, बालू और सीमेंट है 245

बकरी बेराम बा, हमरा कौन काम बा
हाँफतापुर 255

दूसरे संस्करण की भूमिका

रुकतापुर किताब को आए हुए नौ महीने बीत चुके हैं। इसका नया और परिवर्द्धित संस्करण आ रहा है। मेरे जैसे पत्रकार के लिए इससे बढ़कर खुशी की दूसरी बात क्या होगी कि बिहार जैसे पिछड़े राज्य के गाँव-देहात में घूम-घूमकर जुटाए गए तथ्यों से बनी इस किताब को आपका इतना प्यार मिला। यह किताब ऐसी है कि कथेतर गद्य की प्रचलित श्रेणी में भी मुश्किल से फिट आती है। इसमें कुछ सच्ची कहानियाँ हैं, कुछ आँकड़े हैं, कुछ उदास कर देने वाले व्यक्तिगत अनुभव हैं। ऐसी रिपोर्टें हैं जिन्हें अक्सर छापने लायक भी नहीं समझा गया। मगर जब बिहार विधानसभा चुनाव कवर करने के लिए पटना पहुँचने वाले कई पत्रकार साथी इस किताब को हाथ में लिये मुझसे मिलने मेरे घर पहुँचे तो लगा कि यह किताब लोगों को जँच रही है।

2020 के आखिरी तीन महीनों में फेसबुक पर लगभग रोज एक पाठकीय समीक्षा मिली। उनमें से कोई समीक्षा ऐसी नहीं थी जिसको पढ़कर ऐसा लगा हो कि सरसरी तौर पर यह किताब पढ़कर किसी ने कुछ लिख दिया है। लगभग हर अध्याय के बारे में लोग विस्तार से लिख रहे थे। मतलब यह कि किताब बिकी भले जितनी हो, पढ़ी खूब गयी।

इस किताब का विषय एक राज्य तक सीमित है। फिर भी दूसरे राज्यों के पाठकों ने भी इसको खूब पढ़ा और

सराहा। साथ हीं यह लिखा कि विकास की जिन प्रवृत्तियों की चर्चा आपने इस किताब में की है उनके निशान कमोबेश भारत के हर राज्य में मिलते हैं। कुछ सजग पाठकों ने तो यह अनुरोध किया कि मैं उनके राज्य के बारे में भी ऐसी किताब लिखूँ। उन्हें मैंने कहा कि यह काम आप खुद करें, आप बेहतर लिखेंगे। मुझसे जितना हो सकेगा मदद करूँगा।

यह किताब बिहार विधानसभा चुनाव, 2020 के दौरान आई थी। तब कई लोगों को लगा कि यह चुनाव को ध्यान में रखकर लिखी गई है। मगर दिलचस्प है कि यह किताब अब भी, चुनाव खत्म होने के महीनों बाद भी पढ़ी जा रही है। दरअसल यह किताब भले ही एक राज्य, एक अवसर और एक कालखंड के बारे में है, मगर जिन्होंने इसको पढ़ा उन्हें लगा कि इसमें दर्ज मुद्दे, अनुभव और उनसे उपजे सवाल समय, क्षेत्र और सन्दर्भ के परे भी जाते हैं और यह किताब विकास के उस प्रचलित मॉडल के खोखलेपन को उजागर करती है जो सिर्फ चमचमाती सड़कों, आलीशान भवनों और फ्लाईओवरों से आगे कुछ नहीं देखता।

इस परिवर्द्धित संस्करण में, विकास के इसी संकुचित नजरिए और जनजीवन पर उसके व्यापक दुष्प्रभावों के बारे में और विस्तार से बात की गई है। इसके लिए दो नए अध्याय जोड़े गए हैं। अब यह नया संस्करण आपके हाथ में है।

25 जून, 2021

पुष्यमित्र

पहले संस्करण की भूमिका

अपने राज्य के मौजूदा हालात को 'रुकतापुर' नाम देना अच्छा नहीं लगता। आजादी के पहले इसे अंग्रेजों ने लूटा और तबाह किया। आजादी के बाद, हमारे अपने राजनेताओं ने इसे अपनी व्यक्तिगत महत्त्वाकांक्षाओं के दोहन का जरिया बना लिया। आजादी के बाद पिछले 73 सालों में देश के ज्यादातर राज्यों ने धीरे-धीरे अपनी परिस्थितियों को सँवारा और विकसित हुए, जबकि बिहार एक लेबर सप्लायर राज्य बनकर रह गया। यहाँ की सरकारें डबल डिजिट विकास का दावा करती रहीं और यहाँ के लोग कभी बाढ़ में बहते रहे तो कभी चमकी बुखार से मरते रहे। कोरोना ने इस राज्य की कंगाल स्थिति को एक झटके में उस वक्त सामने ला दिया, जब देश के सभी राज्यों से बिहार के मजदूरों का काफिला पैदल ही निकल पड़ा। अब ऐसे में कब तक शर्म का पर्दा डालकर इसकी विसंगतियों को झुठलाया जाए, इसलिए बिहार की जगह रुकतापुर लिखना पड़ा।

बिहार में 2005 में जब सरकार बदली तो नई सरकार ने सन्देश दिया था कि अब विकास होगा और विकास के साथ सामाजिक न्याय होगा। दरअसल 1990 से 2005 के दौर में लालू प्रसाद यादव ने मनमौजी तरीके से बिहार में सामाजिक न्याय लाने की भरपूर कोशिश की। सदियों से जातिवाद में जकड़े राज्य की सामाजिक संरचना को वे

पलट देना चाहते थे। उन्हें लगता था कि अगर यह काम नरममिजाजी से किया गया तो इसमें काफी वक्त लगेगा। इसलिए उन्होंने उच्छृंखलता को खूब बढ़ावा दिया। राज्य में बदलाव का हिंसक दौर शुरू हुआ। सवर्ण बनाम पिछड़े को लेकर खूब झगड़े हुए। इसका नतीजा भी निकला। सदियों से चुपचाप अगड़ों का जुल्म सहने, उनके दरवाजे पर कभी तनकर खड़े होने की हिम्मत नहीं कर पाने, कभी मतदान की कतार में भी खड़े नहीं होने वाले दलित और पिछड़े अपना हक माँगने लगे और सवर्णों की गलत अपेक्षाओं को अस्वीकार करने लगे। तभी लालू जी अक्सर कहा करते हैं कि हमने भले कुछ नहीं किया, मगर बेजुबानों को आवाज दी। इससे इनकार भी नहीं किया जा सकता।

मगर यह भी सच है कि लालू जी ने सामाजिक बदलाव के नाम पर शुरू हुई उच्छृंखलता और राजनीतिक हिंसा को अपनी सत्ता को स्थायी रखने का जरिया बना लिया। इस अराजक माहौल को शान्त करने की उन्होंने कभी कोशिश नहीं की, लिहाजा बिहार आगे बढ़ने के बदले पिछड़ने लगा। इसका नुकसान सिर्फ सवर्णों को नहीं, बल्कि हर किसी को हुआ। राज्य में न शिक्षा का माहौल रहा, न रोजगार का और न ही उद्योग विकसित हो पाए। यह वही दौर था, जब बाजार के खुलने के बाद देश के दूसरे हिस्सों में नए तरह के आर्थिक बदलाव हो रहे थे। मगर हिंसक और अराजक माहौल के कारण बदनाम बिहार में कोई उद्योगपति आना नहीं चाह रहा था।

वक्त आगे बढ़ता रहा। अपनी अराजकता की वजह से लगातार पिछड़ रहे बिहार के निवासियों के मन में बदलाव की आकांक्षा बलवती होने लगी। नीतीश कुमार उस वक्त भाजपा के साथ मिलकर विकल्प के रूप में सामने आए

और उन्होंने इस आकांक्षा को स्वर दिया। बीते 15 साल को जंगलराज नाम देकर सत्ता में आए और खुद के लिए सुशासन बाबू का तमगा लिया। दिलचस्प बात यह है कि यह सब जब लिखा जा रहा है, तब नीतीश जी और उनकी पार्टी के भी सत्ता में रहते हुए 15 साल पूरे हो रहे हैं। इस दौरान भाजपा भी अमूमन 13 साल तक सहयोगी की भूमिका में बिहार की सत्ता की भागीदार रही है।

ऐसे में इस बात का आकलन होना ही चाहिए कि 15 साल के 'जंगलराज' को खारिज कर सत्ता में आए और अपने 'सुशासन' के मंत्र से बिहार में बदलाव की बात कहने वाले नीतीश के दावे हकीकत में कहाँ तक पहुँचे। हालाँकि यह किताब नीतीश राज के 15 साल की समीक्षा नहीं है। यह एक रिपोर्टर की डायरी भर है जो बिहार में यहाँ-वहाँ भटकते हुए उन चेहरों से टकराता है, जिनका कहना है—चमकीली सड़कों और बिजली के चमकते बल्बों के पीछे अँधेरों की एक बड़ी दुनिया है। यही नीतीश जी के 15 साल के शासन का सच है।

यह सच है कि पिछले 15 सालों में बिहार की सड़कों को दुरुस्त करने की ईमानदार कोशिश हुई, अपराध काबू में आया और बिजली भी गाँव-गाँव तक पहुँची। पटना में सभ्यता द्वार से लेकर पटेल भवन तक, ज्ञान भवन से लेकर बिहार म्यूजियम तक कई अत्याधुनिक और आलीशान इमारतें बनीं। कई दफा डबल डिजिट ग्रोथ के नारे भी हमने सुने। यह दावा भी किया गया कि पलायन के लिए बदनाम बिहार में अब रिवर्स माइग्रेशन हो रहा है।

मगर इन सबके बीच हर साल बाढ़ के आने से लाखों लोग सड़कों पर आने के लिए मजबूर होते रहे, हर साल मुजफ्फरपुर और गया में बच्चे मरते रहे। शेल्टर होम में

लड़कियों का यौन शोषण, मिल-डे मील खाकर बच्चों की मौत, स्टेट टॉपरों का अज्ञानी साबित होना और तमाम कोशिशों के बावजूद इन 15 सालों में राज्य में रोजगार और उद्योग का माहौल विकसित नहीं होना भी कड़वी सचाइयाँ हैं, जिन्हें सरकार गाहे-बगाहे विज्ञापनों से मीडिया का मुँह बन्द करके छिपाने की कोशिश करती है।

दरअसल इसी बिहार का प्रतीक है—रुकतापुर। जहाँ आगे बढ़ती बदलाव की गाड़ी का पहिया बार-बार थम जाता है। काश, इन 15 सालों में बिहार सरकार ने इन अवरोधों को हटाने में दिलचस्पी दिखाई होती और ईमानदारी से इस दिशा में काम किया होता तो आज बिहार की स्थिति दूसरी होती। मगर अफसोस, बदलाव के ये 15 साल भी नाकाफी साबित हुए। यह किताब बिहार के इसी स्याह पक्ष को सामने लाने की कोशिश है। चमकती-दमकती कहानियाँ सरकारी विज्ञापनों से फल-फूल रहे मीडिया में तो हर जगह बिखरी हैं।

पटना **पुष्यमित्र**

7 सितम्बर, 2020

जा झाड़ के, मगर कैसे

रोजी-रोजगार के मामले में ठहरा हुआ प्रदेश

जा झाड़ के, बिहार की एक लोकभाषा का पॉपुलर गीत है। यहाँ झाड़ने का आशय आप झटककर चलने से ले सकते हैं। पिछले कई दशकों से पिछड़ेपन की पहचान झेल रहा बिहारी समुदाय इस गीत को इसलिए पसन्द करता है; क्योंकि वह झाड़कर चलना चाहता है ताकि देश के दूसरे हिस्से के लोगों के साथ कदमताल कर सके। मगर यह करना उसके लिए इतना आसान नहीं है। उसके कदमों में सौ-सौ मन के पत्थर बँधे हैं।

1

वह साल 2015 था। बिहार विधानसभा चुनाव का माहौल था। अगर आप उस वक्त बिहार में रहे हों तो आपको भी याद होगा वह—'बिहार में बहार है, नीतीशे कुमार है'—वाला गाना। जहाँ जाइए, वहाँ यही गाना बजता था। और इतना अधिक बजता था कि अच्छे-खासे लोग यह पूछने में भी घबरा जाते थे, कहाँ है बहार, दिखाओ तो जरा! पटना में चारों तरफ 'बहार' वाले बड़े-बड़े पोस्टर लगे थे। घर से ऑफिस और ऑफिस से घर लौटते वक्त वे पोस्टर चिल्ला-चिल्लाकर कहते, याद रखना, बिहार में बहार है। इसमें कोई शक और शुब्हे की बात नहीं है। तो मैंने सोचा कि क्या यह पोस्टर सच ही कहता है, क्या सचमुच बिहार में बहार आ गई है? क्या एक रिपोर्टर को इस बात की पड़ताल नहीं कर लेनी चाहिए कि बिहार में बहार आई भी है या नहीं। फिर मैं निकल पड़ा, बिहार घूमने। उस घुमक्कड़ी में कई शहरों और गाँवों में जाना हुआ। गया, मुजफ्फरपुर, दरभंगा, सहरसा, सुपौल, पूर्णिया, जमुई, मुंगेर, आरा, जहानाबाद और दूसरे भी कई इलाकों में जाकर असली वाले बहार की तस्दीक की।

उसी यात्रा के सिलसिले में मैं सहरसा भी गया, यह देखने कि कोसी अंचल के इस बड़े शहर में सुशासन सरकार का विकास कितना और किस स्पीड से पहुँचा है। उस रोज मैं सहरसा जंक्शन पर खड़ा था, सामने एक धूसर लाल रंग की ट्रेन लगी थी।

वही लाल वाली बोगी, जो मौजूदा नीली वाली से पहले इंडियन रेलवे का ट्रेडमार्क कलर हुआ करती थी। सम्भवत: बीसेक साल पहले

उस लाल बोगी का जमाना हुआ करता था। मुमकिन है आप लोगों ने भी देखी होगी, मगर वह इतनी पुरानी बात है कि उसका डिजाइन भी आपको याद नहीं होगा। तो साल 2015 में लाल बोगी वाली ट्रेन को देखकर मैं कुछ इस तरह अचकचाया कि बगल में काले रंग का बैग लेकर खड़े एक डेली पैसेंजर से पूछ ही बैठा, "भायजी, इ ललका बोगी अभी तक जिन्दा है। इसको म्यूजियम नहीं भेजा गया है।"

"सुपौल चल रहे हैं न इस ट्रेन से, रस्ता में पता चलेगा कि अभी इस इलाके में ढेर ऐसा चीज जिन्दा है, जिसको म्यूजियम चले जाना चाहिए। मगर म्यूजियम कैसे जाएगा, नबका आएगा तब न पुरनका म्यूजियम जाएगा।"

मुझे भी उस ट्रेन से सुपौल जाना था। कोई काम नहीं था, बस इस यात्रा को देखने-समझने और यात्रियों से बतियाने। ट्रेन में यात्रा करना इलेक्शन रिपोर्टिंग का सुपर हिट फॉर्मूला माना जाता है। किसिम-किसिम के लोग मिलते हैं और अलग-अलग शैली में पॉलिटिकल कमेंट पास करते हैं। इसी चकल्लसबाजी में आपको कोई आपकी रिपोर्ट की हेडिंग दे देता है।

यह ट्रेन पड़ोस के जिला मुख्यालय सुपौल से होते हुए उसी जिले के राघोपुर स्टेशन तक जाने वाली थी। बताया गया था कि सहरसा से राघोपुर तक की 63 किमी. की दूरी के सफर में इस ट्रेन को 4 घंटे से भी ज्यादा टाइम लगता है। यानी एवरेज स्पीड 16 किमी. प्रति घंटा। आप चाहें तो इसे बैलगाड़ी की स्पीड भी कह सकते हैं, यह खतरा उठाते हुए कि बुलेट ट्रेन की तैयारी कर रहा देश का रेल मंत्रालय कहीं नाराज न हो जाए।

हालाँकि मैंने गूगल कर लिया था, यह भारत की सबसे धीमी गति की ट्रेन नहीं थी। आधिकारिक रूप से यह रुतबा नीलगिरी की पहाड़ियों में चलने वाली एक ट्रेन के नाम है, जो औसतन 10 किमी. प्रति घंटे की रफ़्तार से चलती है। बताया जाता है कि कुछ भौगोलिक वजहों से यह ट्रेन इतनी मंथर गति से चलती है। हालाँकि दार्जिलिंग और शिमला

जैसे पहाड़ी इलाकों में चलने वाली टॉय ट्रेनें भी औसतन 25-30 किमी. प्रति घंटे की रफ़्तार से चलती हैं। फिर कोसी के समतल मैदान में यह ट्रेन इतनी स्लो क्यों है? यह सवाल अब इस इलाके में कोई नहीं पूछता।

मगर मैं पूछने चला गया। उस वक्त के सहरसा जंक्शन के ऑन ड्यूटी स्टेशन मास्टर पीसी चौधरी से। चौधरी जी ने समझाया, "पत्रकार महोदय, आपका सवाल तो जायज है। मगर पहले इस रूट की पटरी का जायजा ले लीजिए, यह कितनी पुरानी है और यह भी चेक कीजिएगा कि पटरियों के बीच एक्को ठो बोल्डर है भी कि नहीं। हम तो चाहते हैं इस ट्रेन को शताब्दी के स्पीड से दौड़ाएँ, बुलेट ट्रेन बना दें। लेकिन कहीं पटरी टूट गया, टरेनमा पलट गया और सौ-पचास आदमी मर-मरा गया तो कौन जवाब देगा। कहिए?"

अब आप पूछिएगा कि पटरी ऐसा क्यों है, बोल्डर क्यों नहीं है? है ना, आपका तो पूछना काम है। तो इसका जवाब डीआरएम और जीएम देंगे, हम तो अदना से कर्मचारी हैं, जो सिचुएशन मिलता है उसी में ठीक से काम करते हैं। है कि नै? क्या कहते हैं।

जब अदना से कर्मचारी और अदना से पत्रकार के बीच बातचीत होती है, तो कई मुद्दों पर चुप हो जाना पड़ता है। अगर डीआरएम और जीएम से पूछने मुख्यालय चले गए तो न्यूज रिपोर्ट तीन दिन लेट हो जाएगी और खबर का बजट चार गुना बढ़ जाएगा। ऐसे में "हाँ, आप ठीक कह रहे हैं," कहना पड़ता है। मैंने भी यही किया।

चौधरी जी ने जब देखा कि उन्होंने सामने खड़े पत्रकार को शंट कर दिया है, तो वे खुद शुरू हो गए। कहने लगे, "यह जान लीजिए, इस ट्रेन का मैक्सिमम स्पीड ही 30 किमी. प्रति घंटा तय किया गया है। हम उससे बेसी(अधिक) हाँकने की इजाजत भी नहीं दे सकते हैं। पहले यह ट्रेन अररिया जिले के फारबिसगंज तक जाती थी। मगर सात साल से यह ट्रेन राघोपुर तक ही जा रही है। बड़ी लाइन के निर्माण के कारण मेगा ब्लॉक है।"

"सात साल से मेगा ब्लॉक है?"

"जी हाँ।"

"बताइए तो।"

"क्या कीजिएगा, बैकवर्ड इलाका है न..."

ट्रेन में ठीक-ठाक भीड़ थी। गरीब ही नहीं सम्पन्न तबके के यात्री भी सवार मिले। लोग कहने लगे, "भले यह ट्रेन आपको जर्जर और झेलाऊ लगती हो, लेकिन आज भी सहरसा से सुपौल जाने के लिए इस ट्रेन से बेहतर कोई दूसरा जरिया नहीं है। बस से जाइएगा तो ध्वस्त सड़क पर डेढ़ घंटे का तकलीफदेह सफर और किराया 40 रुपए लगेगा। यहाँ दो घंटे भले लग जाएँ, मगर शरीर को थकावट कम होती है और किराया सिर्फ 10 रुपए लगता है।" दफ्तर और कचहरी जाने वालों की यह पहली पसन्द है। ऐसे लोग अच्छी-खासी तादाद में ट्रेन पर सवार मिले। यह ट्रेन 8.15 बजे सहरसा से खुलती थी और 10 से 10.15 के बीच सुपौल पहुँचा देती थी। फिर वहाँ से राघोपुर जाने में बारह बजते थे।

ट्रेन के खुलते ही समझ में आ गया कि इसकी अधिकतम गति सीमा 30 किमी. ही क्यों रखी गई है। चलते वक्त यह ट्रेन इतनी हिल रही थी कि जैसे कोई झूला झुला रहा हो। बरुआरी जा रहे एक सज्जन कामेश्वर मिश्र ने कहा, "टरेनमा चल रहा है, ई भी ऊपरवाले का एहसान समझिए। ट्रैक का जो हाल है, रेलवे इसको कहिया बन्द करा देगा, कहना मुश्किल है। एक बार नसा में टाइट (नशे में धुत्त) ड्राइवर स्पीड बढ़ा दिया। बूझे, राघोपुर से आगे एक जगह पटरी टर्न लेता है। ऊहाँ टरेनमा पलट गया। उसी रोज से इसका राघोपुर से आगे जाना बन्द हो गया।"

"लेकिन आप कह रहे हैं, ई बात को सात साल हो गया। सात साल में पटरी नहीं बन पाया?" मेरे अन्दर का पत्रकार जाग गया था।

"का कीजिएगा। कोसकन्हा का इलाका है न। यहाँ रेलवे के काम में हमेशा फंड का कमी रहता है। ब्रॉड गेज का काम आज से थोड़े हो रहा है! 2002-03 से चल रहा है। कुछ रोज चलता है, फिर बन्द हो

जाता। पूछते हैं तो बताता है, फंड खतम हो गया। आएगा तो फिर काम बढ़ेगा। 2008 में जो बाढ़ आया था—महापरलय, उसमें सहरसा-पूर्णिया रेल लाइन डिस्टर्ब हो गया। तब से लेकर आज तक डिस्टर्बे है। रेलवे डिपार्टमेंट पटरी नहीं जोड़ पा रहा है।

"ई तो छोड़िए। निर्मली होकर सहरसा से दरभंगा-मधुबनी जाने वाला रेल लाइन 1934 से डिस्टर्ब हैं। उसी टाइम भूकम्प में टूटा था। अस्सी-एकासी साल हो गया न। आज तक रेलवे को फुरसत नहीं मिला इसको ठीक कराने का। रूट पर जितना स्टेशन था, सब ढह-ढुह गया। वहाँ असामाजिक तत्त्व जुआ खेलने, दारू पीने और चिलम चढ़ाने के लिए जमा होता है। आसपास का लोग सब पूरे रूट का पटरी उखाड़कर बेच लिया। कोई माय-बाप नहीं था, देखने वाला।"

इस बहस को सुनकर सुपौल जा रहे अरुण कुमार सिंह की अन्तरात्मा जाग उठी, बोले, "दोष पब्लिक का भी कम है? इस रूट में किराया इतना कम है, लेकिन बहुत आदमी बिदाउट टिकट चलता है। बताइए, दस टका का टिकट कटा लेने से क्या घट जाएगा लेकिन नहीं कटाएगा। अब रेलवे को रेवेन्यू नहीं होगा तो फेसलीटी कैसे बढ़ाएगा?"

लेकिन एक अन्य यात्री संजय सिंह ने उनको अपना विचार स्टैब्लिश करने नहीं दिया, "क्या बात करते हैं आप भी, कै ठो आदमी बिदाउट टिकट चलता है जी? रुपया में पाँच पैसा भी नहीं। रेवेन्यू का कमी थोड़े है। इसी सहरसा स्टेशन से जनसेवा और पुरबिया एक्सप्रेस पर बैठकर हाँज का हाँज लेबर दिल्ली, हरियाणा, पंजाब जाता है। जनसेवा में तो इतना भीड़ होता है कि लोग सिमरी बख्तियारपुर से ही सीट लूट के आते हैं। सहरसा में तो घुसने का जगह नहीं मिलता। रेवेन्यू तो इतना है कि रेलवे माल पीट रहा है। असल बात ई है कि कोसी का इलाका रेलवे के प्रायोरटी में नहीं है। हम लोग उपेच्छा के शिकार हैं। चाहे राज्य सरकार हो कि चाहे सेंट्रल गोभमेंट। विकास के टाइम में सब कोसी को भूल जाता है। सरकार के लिए कोसी का मतलब बाढ़ है। सस्ता मजदूर है। और किसी चीज से सरकार को मतलब नहीं है।"

तीन साल बाद संजय जी की बात के सच होने का प्रमाण मिल गया। जून, 2018 में सहरसा रेलवे स्टेशन से पाँच दिनों के अन्दर दो करोड़ रुपए का टिकट बिका था।* 2017 की बाढ़ के बाद भी इसी सहरसा स्टेशन पर मजदूरों की ऐसी भीड़ उमड़ी कि लोग टिकट कटा कर पाँच-पाँच दिन बैठे रह जाते थे, उन्हें ट्रेन में घुसने का मौका नहीं मिलता था। आजिज आकर एक दिन मजदूरों ने हंगामा कर दिया और स्टेशन मास्टर से कहा कि उनके लिए स्पेशल ट्रेन चलाई जाए। लेकिन यह कथा आगे...

हमारी बातचीत चल ही रही थी कि ट्रेन अचानक रुक गई।

"कौन सा स्टेशन है?"

मेरे इस सवाल पर एक सज्जन ने तिरछी मुस्कान के साथ कहा, "रुकतापुर।" "मने...?"

"मने क्या, जिसका मन हुआ चेन खींचकर रोक लिया और उतर गया। इस स्टेशन का नाम और क्या कहें, रुकतापुर ही न हुआ।"

दूसरे सज्जन ने उनकी बात को साफ करते हुए कहा, "समस्तीपुर जंक्शन के रूट में ठीक पहले एक मुक्तापुर स्टेशन है। समस्तीपुर जाने वाली ज्यादातर ट्रेनों को यात्री मुक्तापुर स्टेशन पर रोक लेते हैं। इसलिए लोग मुक्तापुर को रुकतापुर कहने लगे हैं। तब से जहाँ-जहाँ ट्रेन बेवजह रुक जाती है, उसको लोग रुकतापुर कहने लगे। यह भी वैसा ही रुकतापुर जंक्शन है।"

एक हाजिरजवाब सज्जन बोल पड़े, "पूरा कोसी इलाका ही रुकतापुर है। यहाँ पहले तो बहुत मुश्किल से कोई अच्छा काम शुरू होता है, हजार हुज्जत, हो-हंगामा के बाद। उसको भी कोई ठीक से चलने नहीं देता, मिनट-मिनट में चेन खींचने वालों की कमी नहीं है।"

उन सज्जन की बात देर तक मन में घुमड़ती रही। ठीक कह रहे थे। सच तो यह है कि कोसी का इलाका ही नहीं पूरा बिहार रुकतापुर है।

---

* 18 जून, 2018 को दैनिक हिन्दुस्तान के सहरसा संस्करण में यह खबर प्रकाशित हुई थी।

यहाँ अख़बार पढ़िए तो लगेगा इतना विकास हो गया है कि अमेरिका फेल हो गया है। हर साल बजट से पहले हमारे वित्त मंत्री कहते हैं कि डबल डिजिट में विकास हो रहा है, देश में सबसे अधिक। लेकिन कब बिहार का विकास डिरेल हो जाए, उसका कोई ठिकाना नहीं। पटना की पाटलीपुत्र कोलोनी में जाकर पीएनएम मॉल घूम आइए, नया वाला म्यूजियम देख लीजिए, सभ्यता द्वार और ज्ञान भवन का चक्कर लगा आइए। इन सबको देखकर लगेगा कि पेरिस पहुँच गए हैं। लेकिन कोसी कछार में घूमिएगा, गया और मुजफ्फरपुर की मुसहर बस्तियों का चक्कर लगाइएगा, शिवहर, सीतामढ़ी और बगहा के गाँवों में जाइएगा तो बलराज साहनी की फिल्म 'दो बीघा जमीन' का जमाना याद आ जाएगा।

इसके बाद भी सरकार बताती रहेगी कि विकास दर में हम लोगों ने महाराष्ट्र और गुजरात को पीछे छोड़ दिया है। जबकि हर साल बाढ़ और चमकी बुखार की वजह से और कुछ नहीं तो वज्रपात के कारण सौ-दो सौ लोग पटपटाकर मर जाएँगे और कोई कुछ नहीं कर पाएगा। कभी खबर मिलेगी कि यहाँ के स्टूडेंट आईआईटी, मेडिकल और यूपीएससी में झंडा फहरा रहे हैं, तो कभी पता चलेगा, टॉपर को अपने सब्जेक्ट का नाम लेना तक नहीं आता। अब कितनी बात बताएँ, हम सब लोग ऐसी ही सुस्त रफ़्तार ट्रेन के यात्री हैं। विकास के नाम पर हम बार-बार तेज भागने की कोशिश करते हैं, मगर हमारी पटरियाँ जर्जर हैं, इन जर्जर पटरियों के बीच में बोल्डर नहीं हैं और कोई भी चेन पुल करके हम लोगों को रुकतापुर स्टेशन पर जबरन रोक देता है।

पिछले दिनों रेलयात्री.कॉम ने एक सर्वे में बताया कि बिहार की ट्रेनें लेटलतीफी का सबसे अधिक शिकार होती हैं। साल 2018 में इसकी वजह से रेलवे मंत्रालय को भीषण शर्मिंदगी का सामना करना पड़ा, जब एनडीटीवी इंडिया ने यहाँ के ट्रेनों की लेटलतीफी का ब्योरा देना शुरू कर दिया।*

---

* मई-जून, 2018 में एनडीटीवी इंडिया के प्राइम टाइम में बिहार की लेटलतीफ ट्रेनों पर लगातार कई खबरें प्रसारित हुई थीं।

पटना से पुणे जाने वाली ट्रेन 60-60 घंटे लेट चल रही थी। यही हाल इंदौर जाने वाली ट्रेन का और दरभंगा से खुलने वाली स्वतंत्रता सेनानी एक्सप्रेस का था। भागलपुर से दिल्ली जाने वाली गरीब रथ तो कभी 13 घंटे से कम लेट हुई ही नहीं, जोगबनी से दिल्ली जाने वाली सीमांचल एक्सप्रेस भी इसी रोग का शिकार रही। आप जानते हैं, इस लेटलतीफी की वजह क्या है?

सबसे प्रमुख वजह है, कानपुर-मुगलसराय रेल रूट की घनघोर व्यस्तता, जिससे रोजाना पाँच सौ से अधिक रेलगाड़ियाँ गुजरती हैं। इस रूट पर पाँच मिनट में दो ट्रेनें गुजरती हैं। एक ट्रेन का हिसाब इधर से उधर हुआ नहीं कि पूरा ट्रैफिक अस्त-व्यस्त हो जाता है। बिहार से दिल्ली और मुंबई की तरफ जाने वाली ज्यादातर ट्रेनें इसी रूट से गुजरती हैं। रेलवे ट्रैफिक कंट्रोल वाले इस भीड़-भाड़ को कंट्रोल नहीं कर पाते। शिकायत यह भी है कि कानपुर में बिहार की ट्रेनों को हमेशा शंट कर दिया जाता है। पहले यूपी की ट्रेनों को आगे बढ़ाया जाता है। मगर हम सिर्फ कानपुर पर दोष मढ़कर बच नहीं सकते। कसूर हमारा भी है।

पिछले दिनों मुजफ्फरपुर के अख़बार में एक खबर छपी कि वहाँ के स्टेशन के कर्मचारी ट्रेनों को आउटर सिग्नल पर रोक देते हैं और हर प्लेटफार्म के वेंडर से बारगेनिंग करते हैं। जिस प्लेटफार्म के वेंडर अधिक रिश्वत देने के लिए तैयार हो जाते हैं, ट्रेन को उसी प्लेटफार्म पर भेज दिया जाता है। इस बीच ट्रेन आउटर सिग्नल पर इन्तजार करती रहती है। आपको जानकर हैरत होगी कि रिश्वत की यह राशि बहुत अधिक नहीं होती है। महज दो से पाँच सौ रुपए के लिए यह सारा मिस मैनेजमेंट होता है। बाद में यह खबर भी छपी कि ऐसा कारनामा बिहार के कई स्टेशनों पर होता है।

खैर, यह तो छोटा-मोटा मामला है। बिहार को लेकर रेलवे की बेरुखी की कहानी इतनी छोटी नहीं है। इसकी बानगी हमने कोरोना और लॉकडाउन के टाइम में भी देखी। जब बिहार के मजदूरों को लेकर दिल्ली, मुंबई और गुजरात से चली रेलगाड़ियाँ रास्ता भटक जा रही थीं और पूरे

भारत का भ्रमण करके बिहार पहुँच रही थीं। इस बीच इन रेलगाड़ियों में 80 मजदूरों की मौत की खबर आई। रेलवे मंत्रालय ने इस गड़बड़ी पर यह स्पष्टीकरण दिया कि चूँकि ये सामान्य ट्रेनें नहीं हैं, इसलिए इनमें इस तरह की घटनाएँ हो सकती हैं। कहने का गरज यह कि ये ट्रेनें गरीब मजदूरों को घर पहुँचाने के लिए चलाई जा रही हैं, इसमें लेटलतीफी, रूट बदलना यह सब चलता रहेगा। यात्रीगण अपने रिस्क पर यात्रा करें। मतलब यह भी कि गरीब बिहारी मजदूरों को ढंग की सेवा देना रेलवे की जिम्मेदारी नहीं है।

भले ही ललित नारायण मिश्र से लेकर लालू प्रसाद यादव तक बिहार के चार बड़े नेता देश के रेलमंत्री बने, मगर ये तमाम बड़े लोग बिहार के लिए रेलवे का ढंग का नेटवर्क तैयार नहीं करवा पाए। इसे ऐसे समझिए। अगर आपको दिल्ली या पंजाब जाना हो तो बिहार के कई शहरों, जैसे कटिहार, पूर्णिया, सहरसा, दरभंगा, समस्तीपुर, मुजफ्फरपुर, भागलपुर, मुंगेर, गया, आरा, छपरा, बेतिया आदि से आपको सीधी ट्रेन मिल जाएगी। कई शहरों से मुंबई के लिए भी सीधी ट्रेनें हैं। मगर इन्हीं शहरों से अगर आपको बिहार की राजधानी पटना जाना हो तो आपको एक भी ढंग की ट्रेन नहीं मिलेगी। आपको बसों का सहारा लेना पड़ेगा। वजह क्या है?

दरअसल बिहार की तमाम ट्रेनें पलायन एक्सप्रेस हैं। यह ट्रेनों के नाम से ही पता चल जाता है। जनसेवा एक्सप्रेस, श्रमजीवी एक्सप्रेस, जनसाधारण एक्सप्रेस। ये रेलगाड़ियाँ पंजाब, महाराष्ट्र, गुजरात और दिल्ली जैसे विकसित राज्यों को सस्ते मजदूर सप्लाई करने के लिए चलाई जाती हैं। बिहार वालों की सुविधा के लिए नहीं। इसी वजह से बिहार के किसी कोने से दिल्ली जाना आसान है, पटना जाना मुश्किल। लेकिन क्या राजधानी पटना में रुकतापुर स्टेशन नहीं है? आइए, पटना शहर के बीचोबीच से होकर गुजरने वाली एक अजीबोगरीब ट्रेन की कहानी जानते हैं।

2

अगर आप राजधानी पटना के रहवासी हैं तो आपने 2018 तक हड़ताली मोड़ रेलवे क्रॉसिंग से एक खाली पैसेंजर ट्रेन को गुजरते जरूर देखा होगा। दिन में चार बार यह ट्रेन इस क्रॉसिंग से गुजरती थी, जिसकी वजह से चार दफा बेली रोड के अति व्यस्त मार्ग पर परिचालन बन्द हो जाता था। यह ट्रेन न भी चलती तो यात्रियों को कोई फर्क नहीं पड़ता, क्योंकि दिन भर के चारों फेरों में इससे बमुश्किल 25-30 यात्री ही सफर करते थे। रोजाना महज तीन सौ रुपए की कमाई करने के बावजूद यह ट्रेन पिछले 12 सालों से लगातार चल रही थी। इस ट्रेन के संचालन की वजह से रेलवे को हर साल 72-73 लाख का नुकसान होता था। फिर भी इस ट्रेन का परिचालन बन्द नहीं किया जाता था, क्योंकि रेलवे को डर था, अगर एक दिन भी ट्रेन नहीं चली तो इसकी पटरियों पर भी लोग घर बनाकर रहने लगेंगे।

यह ट्रेन सुबह पटना घाट से दीघा घाट तक चलती और लौटकर आर ब्लॉक चौराहा तक जाती। दोपहर के वक्त आर ब्लॉक चौराहा से दीघा घाट तक जाती और फिर दीघा घाट से चलकर पटना जंक्शन होते हुए पटना घाट तक जाती। तीन डिब्बों वाली इस ट्रेन के दोनों तरफ इंजन लगे थे, क्योंकि इस ट्रेन के आखिरी स्टेशन पर ऐसी सुविधा नहीं थी कि इंजन को पीछे से आगे लाया जा सके।

मैं इस ट्रेन को अक्सर देखता और देखकर हैरत में पड़ जाता कि आखिर यह चलती क्यों है? एक दिन हड़ताली मोड़ के पास मैं इस ट्रेन में सवार हो गया। देखा कि लगभग पूरी ट्रेन खाली है, सिवा एक किशोर

के जो बेवजह चढ़ गया है, मजे लेने के लिए। वैसे तो हड़ताली मोड़ पर इस ट्रेन का स्टॉपेज नहीं था, मगर वहाँ मुझे सवार होने का मौका इसलिए मिल गया, क्योंकि जब ट्रेन वहाँ पहुँची तो बेली रोड पर ट्रैफिक काफी तेज था और क्रॉसिंग मैन बैरियर गिरा नहीं पाया। ट्रेन हॉर्न देकर रुक गई, क्रॉसिंग मैन ने भाग-भाग कर ट्रैफिक को रोका और दोनों तरफ रस्से बाँधे (क्योंकि उस वक्त वहाँ का बैरियर खराब था)। फिर ट्रेन आगे बढ़ी। इस बीच मौके का फायदा उठाकर मैं ट्रेन पर सवार हो गया। यह भी बता दूँ कि मैं विदाउट टिकट था।

मेरा विदाउट टिकट होना भी एक मजबूरी थी, क्योंकि इस रेलवे रूट पर कहीं भी टिकट नहीं बेचे जाते थे। ट्रेन हड़ताली मोड़ से आगे बढ़ी तो सौ मीटर बाद फिर से रुक गई, क्योंकि आगे दो भैंसें पटरियों में बँधी थीं। ड्राइवर हॉर्न देने लगे। दो लोग दौड़े-दौड़े आए और उन्होंने अपनी भैंसें खोलीं, ट्रेन फिर आगे बढ़ी। लेकिन कुछ देर चलकर ट्रेन फिर रुक गई। इस बार न पटरियों में भैंसें बँधी थीं और न ही कोई दूसरी बाधा थी। वजह क्या थी, समझ नहीं आया। मैं नीचे उतर गया और इंजन के पास चला गया। ड्राइवर को अपना परिचय दिया तो उसने सौजन्य दिखाते हुए इंजन का दरवाजा खोल दिया, मैं इंजन के अन्दर चला गया। वहाँ दो ड्राइवर बैठे थे।

ड्राइवर ने बताया कि यह पुनाईचक हॉल्ट है। मैंने नजर दौड़ाई तो कहीं स्टेशन या हॉल्ट जैसी कोई चीज नहीं दिखी। पटरियों के आसपास झुग्गियाँ थीं, एक तरफ नाला था और दूसरी तरफ एक खतरनाक ढलान के पार एक कच्ची सड़क। फिर मुझे एक टिन शेड नजर आया। शायद वही पुनाईचक हॉल्ट का यात्री शेड था। वह शेड इतना जर्जर था कि उसके नीचे खड़े होने का भी रिस्क नहीं लिया जा सकता था। क्या पता कब टपककर नीचे आ जाए। और नीचे इतनी गंदगी थी, सूअर और कुत्ते जैसे पशुओं के मल की, कि वैसे भी वहाँ खड़े होने के लिए कोई तैयार नहीं होता। ट्रेन वहाँ से चल पड़ी। फिर मैं ड्राइवर से बतियाने लगा।

मेरे पत्रकार होने की वजह से ड्राइवर ने खुलकर बातें कीं। बताया कि इस ट्रेन के संचालन में रोजाना 200 लीटर डीजल की खपत होती है। इस ट्रेन के लिए दो ड्राइवर, एक गार्ड और चार-पाँच क्रॉसिंग मैन बहाल हैं। इस रूट की पटरियों के दोनों किनारे झुग्गी बस्तियाँ हैं। जब ट्रेन नहीं चल रही होती है, तो इन बस्तियों के लोग और जानवर पटरियों पर काबिज हो जाते हैं।

"आपको मालूम है इस ट्रेन की शुरुआत 2004 में लालू जी किए थे, उस वक्त रेलवे मिनिस्टर थे न। दियारा क्षेत्र का सब सब्जी वाला जो दीघा घाट उतरता है, उसके लिए ट्रेन चलाई गई थी। ट्रेन कुछ दिन तो चली, लेकिन बाद में सब फेल हो गया। ट्रेन इतनी स्लो चलती है कि कोई चढ़ना पसन्द नहीं करता है। हम लोग भी क्या कर सकते हैं, आप चल ही रहे हैं, देखिए, इस रूट पर ट्रेन चलाना कितनी मुसीबत का काम है। इतना टाइम लगता है कि कोई फ्री में भी नहीं चढ़ता है। खाली शाम के टाइम दीघा घाट स्टेशन पर आठ-दस ठो पैसेंजर चढ़ता है, जिसको पटना स्टेशन से ट्रेन पकड़ना होता है।"

हालाँकि इस रूट पर पटरियाँ 1862 से ही बिछी हैं। पहले इस पर मालगाड़ियाँ चलती थीं, जो गंगा किनारे से जहाजों से पहुँचने वाला सामान शहर लाती थीं। मगर 25-30 साल पहले वे ट्रेनें बन्द हो गईं।

अगला स्टेशन शिवपुरी था। वहाँ मैं उतर गया। ड्राइवर ने बताया, देखिए स्टेशन निर्माण का शिलापट्ट भी है। वहाँ गया तो उस पर लिखा था कि तत्कालीन रेलमंत्री लालू प्रसाद ने इसका शिलान्यास किया है। शिलापट्ट के पास दर्जनों भैंसें बँधी नजर आ रही थीं। ट्रेन आगे बढ़ी तो मैं फिर सवार हो गया।

आगे का रास्ता मुश्किलों भरा था। ट्रेन जैसे-जैसे आगे बढ़ रही थी, अतिक्रमण भी बढ़ता जा रहा था। बेली रोड के पास के लोग तो ट्रेन को देखकर पटरी खाली कर देते थे, मगर आगे के रास्ते में जो लोग मिले वे निश्चिंत नजर आ रहे थे, कई बार हॉर्न देने पर भी पटरी खाली करने में उन्होंने हड़बड़ी नहीं दिखाई। अपनी रफ़्तार से काम करते रहे।

जगह-जगह ट्रेन रोककर हॉर्न देना पड़ रहा था। अजीब नजारा था। कहीं खाट पड़ी थी और लोग बैठकर बतिया रहे थे, तो कहीं रिक्शा पटरियों के बीचोबीच लगा था। कहीं बैठकर लोग ताश खेल रहे थे तो कहीं औरतें पटरियों पर बैठकर एक-दूसरे का जूँ निकाल रही थीं।

ट्रेन आती देखकर भी किसी को खतरे का एहसास नहीं था। लोग आराम से उठ रहे थे। एक जगह पटरियों के बीच गाय को खिलाने वाली नाद छूटी पड़ी थी। ड्राइवर ने वहाँ पहुँचकर हॉर्न बजाया। किसी ने आवाज दी, "ऐ फलनवा, तोहर लाद रैह गेलौ पटरिए पर..." फिर फलनवा दौड़े-दौड़े आया। दो लोगों ने मिलकर नाद हटाया और फिर ट्रेन आगे बढ़ी।

राजीव नगर स्टेशन के पास एक व्यक्ति ने पटरियों से सटाकर अपनी बोलेरो गाड़ी लगा दी थी। अगर ट्रेन आगे बढ़ती तो बोलेरो का पलटना तय था। अब ट्रेन के ड्राइवर महाशय की विनम्रता कहिए या स्थानीय लोगों की दबंगई का डर, ट्रेन वहाँ दस मिनट तक रुकी रही। ढूँढ़कर बोलेरो के ड्राइवर को बुलाया गया, उसने बोलेरो हटाई, फिर ट्रेन आगे बढ़ी। ड्राइवर ने बताया, "क्या करें, मार खाएँ? रोज इसी रूट पर चलना है..."

आखिरकार हम लोग दीघा स्टेशन पहुँच ही गए। ट्रेन स्टेशन से कुछ दूर पहले ही रुक गई, क्योंकि आगे दोनों तरफ कीचड़ भरे गड्ढे थे। अगर ट्रेन वहाँ रुकती तो नीचे उतरना भी मुश्किल होता। दोनों तरफ झुग्गी-झोंपड़ियाँ भी थीं। बहरहाल मैं किसी तरह नीचे उतरा और दीघा स्टेशन का बोर्ड, कोई भवन या झोंपड़ी तलाशने लगा, जिससे समझा जा सके कि यह स्टेशन ही है। अफसोस, मुझे ऐसा कुछ भी नहीं मिला, लेकिन यही जगह इस यात्रा का आखिरी पड़ाव थी। थक-हार कर मैंने दोनों ड्राइवरों से विदा ली और सड़क तक पहुँचने का रास्ता तलाशने लगा। कुछ दूर गीली मिट्टी पर पटरियों के समानांतर चलने के बाद सड़क दिखी। अब मैं निश्चिंत था, सामने वही शोरगुल, गाड़ियों की आवाजाही थी, सड़क के किनारे सब्जियाँ बिक रही थीं। लगा, असली

दुनिया में लौट आया हूँ। मैं जहाँ था, वहाँ से ट्रेन नजर नहीं आ रही थी। ट्रेन को वहाँ दो घंटे रुकना था, ड्राइवर भी कहीं चाय-पानी के लिए निकल गए होंगे।

बहरहाल इस वृत्तांत को संक्षेप में मैंने अपने अख़बार में छपने दे दिया। बाद में कई अख़बारों और टीवी चैनलों ने इस पर रिपोर्ट की। यह मुद्दा बना और आखिरकार पटना हाईकोर्ट के हस्तक्षेप के बाद 2019 में रेलवे यह जमीन बिहार सरकार को देने के लिए तैयार हो गई। इस रूट से अतिक्रमण हटा दिया गया है। इस जगह पर एक फोर लेन सड़क बन रही है।

ऐसे बहुत सारे किस्से हैं, बिहार के अलग-अलग इलाकों के। एक बनमनखी-बिहारीगंज रेलवे रूट हुआ करता था, जहाँ लोग टिकट ही नहीं कटाते थे। रेवेन्यू कम होने लगा तो रेलवे ने फैसला किया कि वे इस रूट पर परिचालन ही बन्द कर देंगे। तब स्थानीय लोग जगे और खुद टिकट बेचने और चेक करने का काम शुरू किया। भागलपुर से मंदार हिल तक चलने वाली पैसेंजर ट्रेन की भी ऐसी ही कथा थी। ड्राइवर ट्रेन को रोककर ताड़ी पीने उतर जाता था। पटना-गया पीजी लाइन के किस्से भी मशहूर रहे हैं।

अभी भी कई सुस्त रफ़्तार रेलगाड़ियाँ और रुकतापुर स्टेशन हैं। भले ही लोग 'जा झाड़ के' वाला गाना गाकर अपनी रफ़्तार बढ़ाने की कोशिश करते हैं। दरअसल, बिहारियों के पाँव में चक्कर है। उन्हें अपने घर में टिकना नसीब नहीं है। पहले कलकत्ता, मॉरिशस और फिजी जाते थे, फिर दिल्ली और पंजाब जाने लगे। अब केरल से लेकर कश्मीर तक किसी भी जगह चले जाते हैं।

3

दिक्कत सिर्फ रेल मार्ग की नहीं है, सड़क मार्ग में भी कई रुकतापुर हैं। अब सुनिए उसकी कथा।

एक जमाने में हमारे मुख्यमंत्री नीतीश कुमार का फेवरेट डायलॉग था, हम राज्य में सड़कों का ऐसा जाल बिछा देंगे कि राज्य के किसी कोने से लोग सिर्फ चार घंटे में राजधानी पटना पहुँच जाएँगे। हालाँकि उन्होंने जब यह बात कही थी, तब उन्हें मालूम नहीं था कि यह करना इतना आसान नहीं होगा। लिहाजा 2017 आते-आते उन्होंने समय सीमा को संशोधित कर पाँच घंटे कर दिया।

पूर्णिया-किशनगंज रूट को छोड़ दिया जाए तो अमूमन पटना से हर दिशा में जाने की अधिकतम दूरी 260-270 किमी. है। इस लिहाज से पाँच घंटे का समय कम नहीं है। किशनगंज 390 किमी. है, यानी वहाँ से पाँच घंटे में पटना पहुँचने के लिए 80 किमी. की रफ़्तार से लगातार ड्राइव करना होगा। सड़कें भी अमूमन ठीक-ठाक हो गई हैं। इसलिए यह असम्भव भी नहीं है। मगर फिर भी, आज की तारीख़ में भी राज्य के किसी कोने में पाँच घंटे में पटना पहुँचना मुमकिन नहीं हो पाया है। इसकी एक निराली वजह है।

पिछले साल की बात है, मैं पूर्णिया से पटना लौट रहा था। एक बस दोपहर दो बजे पूर्णिया से मिली और उसके पटना पहुँचने का वक्त रात के नौ बजे था। यानी सात घंटे। पाँच घंटे से दो घंटे अधिक। फिर भी मैं खुश था कि चलो, रात की नींद डिस्टर्ब नहीं होगी। बगल वाली सीट पर बैठे सहयात्री ने पूछा कि "आपको लगता है, नौ बजे तक बस

पहुँच पाएगी?" मैंने कहा, "क्यों नहीं। लगभग साढ़े तीन सौ किमी. की यात्रा है। सड़कें शानदार हैं, हर जगह फोर लेन है। फारबिसगंज के बाद से मुजफ्फरपुर तक स्वर्णिम चतुर्भुज मार्ग है। सात घंटे में क्यों नहीं पहुँच पाएगी।" मैं सोच रहा था, अधिक से अधिक आठ घंटे लगेंगे, फिर भी कोई दिक्कत नहीं है।

शाम आठ बजे तक हमारी बस मुजफ्फरपुर पहुँच भी गई। वहाँ से सिर्फ 80 किमी. का रास्ता बचा था। अब तो कोई संशय नहीं था। मगर हम रात के ढाई बजे पटना पहुँचे। उस 80 किमी. की दूरी को तय करने में साढ़े छह घंटे लग गए। तकरीबन तीन घंटे तो हम गांधी सेतु पर फँसे रहे।

हालाँकि उस रोज देर होने की एक वजह काँवड़ यात्रा भी थी। पटना से गंगाजल भरकर काँवड़िए मुजफ्फरपुर के गरीबनाथ मन्दिर जा रहे थे। लेकिन बस वाले ने कहा कि यह सब सामान्य है, अक्सर ऐसा होता है। कभी काँवड़ियों की वजह से तो कभी शादी-ब्याह के सीजन की वजह से, कभी चुनाव के कारण तो कभी किसी परीक्षा के कारण, बस अक्सर लेट हो ही जाती है। बुनियादी वजह गांधी सेतु है। पिछले अठारह-बीस साल से यह पुल कभी टूटता है तो कभी इसकी मरम्मत होती है। एक बार फिर से इसकी मरम्मत का काम चल रहा है और वाहनों को सिंगल लेन में ऑपरेट किया जा रहा है। बसों और कारों के अलावा सोन के बालू से लदी ट्रकें बहुतायत में इस रूट पर चलती हैं। इतनी भीड़-भाड़ को हैंडल करने के लिए सरकार अब तक किसी समुचित सड़क परिवहन का इन्तजाम नहीं कर पाई है।

स्थिति यह है कि अक्सर इस पुल के जाम की वजह से उत्तर बिहार के लोगों की फ्लाइट छूट जाया करती है, क्योंकि अभी तक उत्तर बिहार में एक भी एयरपोर्ट नहीं है, जहाँ से वायुसेवा हो। उन्हें पटना ही आना पड़ता है। जब बारिश का मौसम नहीं होता है, तो सरकार इस पुल के समानांतर एक पीपा पुल तैयार करती है, जिससे समस्या कुछ कम होती है। मगर बारिश में तो कोई रास्ता नहीं बचता। हालाँकि इस समस्या ने

स्थानीय युवकों के रोजगार का एक अप्रत्याशित अवसर पैदा किया है। वे अक्सर बाइक लेकर पुल के बाहर खड़े रहते हैं। जाम में फँसे बस पर सवार लोग जिन्हें फ्लाइट पकड़ने की जल्दी रहती है, बीमार लोग जिन्हें अस्पताल पहुँचना होता है, उन्हें वे बाइक पर बिठाकर पुल पार करा देते हैं और ठीक-ठाक पैसे हासिल कर लेते हैं। ये बाइक पुल के फुटपाथ से होकर चलती हैं।

उत्तर बिहार से पटना आने के लिए दीघा और पहलेजा घाट के बीच एक नया पुल बना तो है, मगर उस पर बसों को चलने की इजाजत नहीं है। वह केवल फोर व्हीलर्स के लिए है। मकसद यह है कि गांधी सेतु के जाम की पीड़ा से फोर व्हीलर क्लास बच सके। हालाँकि वह पुल भी समस्यामुक्त नहीं है। उसका पहुँच पथ काफी सँकरा है, जहाँ जाम लगते हैं। मगर गांधी सेतु के मुकाबले वह ठीक है।

एक तीसरा पुल मोकामा में बना राजेन्द्र सेतु है। वह सबसे पुराना पुल है और वह भी पिछले कुछ साल से लगातार मरम्मत के दौर से गुजर रहा है। उस पुल का इस्तेमाल पूर्व बिहार के लोग पटना आने के लिए करते हैं। वहीं आरा-बक्सर-कैमूर-सासाराम की तरफ से पटना आने वाले लोग कोइलवर के पुराने और सँकरे पुल पर फँसते हैं। कोइलवर का महाजाम तो मशहूर है। मतलब यह कि आप राज्य सरकार की मशहूर सड़कों से कम समय में राजधानी पटना के आसपास तक तो पहुँच सकते हैं, मगर शहर में एंट्री के लिए आपको हजार पापड़ बेलने पड़ सकते हैं। एक तरफ गंगा तो दूसरी तरफ सोन से घिरा पटना शहर जर्जर और पुराने डिजाइन के पुलों की वजह से बसों और दूसरी गाड़ियों को आसानी से अपनी सीमा के अन्दर आने नहीं देता।

2019 के लोकसभा चुनाव में इन्हीं पुलों के डायनेमिक्स को समझने के लिए हमने कोइलवर पुल पर रिपोर्ट की थी। मेरे साथी संजीत भारती वहाँ गए थे। उन्होंने लौटकर लिखा कि उस पथ पर लगने वाला महाजाम लगभग स्थायी किस्म का है। कोइलवर-डोरीगंज लिंक हाइवे की महज 17 किमी. की दूरी तय करने में कई दफा दो-दो दिन लग जाते हैं।

उन्होंने इस बारे में एक ट्रक ड्राइवर से पूछा तो उसने बताया, "हम पिछले तीन दिन से जाम में फँसे हैं और न जाने कितने दिनों तक जाम में फँसे रहेंगे, न खाने का पता है, न शौच का ठिकाना। गाड़ी में खाना बनाते हैं और खाते हैं, यही रोज की कहानी हो चली है। अभी तो कुछ भी नहीं है, अगर जाम की भयावहता को देखना है तो शाम को आकर देखिए।"

कोइलवर थाना प्रभारी ने संजीत को बताया कि "अप और डाउन से रोजाना लगभग 14 हजार गाड़ियाँ यहाँ से गुजरती हैं। जब संख्या बढ़ने लगती है तो जाम लगना शुरू हो जाता है। कहीं एक ट्रक भी खराब हो जाता है तो जाम की समस्या उत्पन्न हो जाती है। आरा-छपरा पुल जाम होने से भी और कभी-कभी ओवरटेक की वजह भी इस तरह की मुसीबतें पैदा होती हैं।"

पहली बात दिलचस्प है कि इस महाजाम की वजह को समझने के लिए 2019 में मुख्यमंत्री नीतीश कुमार ने आरा-छपरा पुल समेत इस इलाके का एरियल सर्वे किया था। हवाई सर्वे के बाद पटना के वरीय अफसरों ने पूरे इलाके का दौरा कर भोजपुर और सारण के वरीय पुलिस व प्रशासनिक अफसरों के साथ घंटों मंथन किया। लेकिन तब भी कोई नतीजा नहीं निकला।

सड़क परिवहन की रफ़्तार पर ब्रेक लगाने वाले ये अव्यावहारिक पुल सिर्फ पटना के चारों ओर ही नहीं बने हैं। भागलपुर को उत्तर बिहार से जोड़ने वाले विक्रमशिला सेतु का भी यही हाल है। उस पुल पर भी कई दफा एंबुलेंस में फँसे रोगियों ने दम तोड़ा है। और इस जाम की एक ही वजह है, बालू लदे ट्रक।

हाल के दिनों में उत्तर बिहार के जिलों में निर्माण कार्य की रफ़्तार काफी तेज हुई है। सरकारी भी और निजी भी। पक्का मकान, नए सरकारी भवन, यहाँ तक कि शौचालय निर्माण में हर जगह रेत की जरूरत काफी अधिक होने लगी है। इसलिए आरा-कोइलवर के पास से सोन से, बाँका की चानन नदी से और लखीसराय से रेत उत्तर बिहार के इलाकों में खूब

जा रहा है। रेत की आवाजाही में लगे ट्रक अक्सर इन सँकरे पुलों को जाम कर देते हैं और हर जगह एक नया रुकतापुर स्टेशन बन जाता है।

इसके बावजूद सड़क परिवहन के प्रति बिहारियों का लगाव बढ़ा है। सड़कों पर हर जगह बड़ी संख्या में फोर व्हीलर नजर आने लगे हैं। बोलेरो, स्कॉर्पियो, सूमो, इनोवा, सफारी अब स्टेटस सिंबल हैं और इनकी पहुँच छोटे-छोटे गाँव तक हो गई है।

रेलवे की लापरवाही और अनियमितता ने लोगों को बसों पर यात्रा करने के लिए प्रेरित किया है। हर जगह से। पटना, राँची या जमशेदपुर ही नहीं, दिल्ली के लिए भी बसें खूब चल रही हैं। पलायन करने वाले मजदूर भी रेल के बदले बस से दिल्ली और पंजाब जाने को वरीयता दे रहे हैं।

हजार से बारह सौ किमी. तक की यात्रा बसों पर करना कोई आसान काम नहीं है। मगर इन बसों में गरीब और भोले मजदूरों को कोई टीटीई परेशान नहीं करता। सीटें आराम से मिल जाती हैं। एसी बसों का किराया भी रेलवे के एसी बोगी के किराए के बराबर ही है। बसों में भी स्लीपर बर्थ की सुविधा हो गई है।

बिहार से दिल्ली जाने वाली बसों के परिचालन पर नजर रखने वाले मुजफ्फरपुर के सामाजिक कार्यकर्ता ब्रजेश कुमार से इस बारे में एक दफा मेरी विस्तृत बातचीत हुई। उन्होंने बताया कि तकरीबन 200 बसें रोज बिहार से दिल्ली आती-जाती हैं। इनका किराया 1000 से 1500 रुपए के बीच है। ये बसें इसलिए भी लोगों को पसन्द आ रही हैं, क्योंकि पर्व, त्योहार, खास कर छठ के मौके पर जब बिहार के लोग दिल्ली से लौटना चाहते हैं तो ट्रेनों में टिकट मिलना असम्भव हो जाता है। इन बसों में ज्यादातर स्लीपर वाली सीट है, हालाँकि कुछ सीटें बैठने वाली भी हैं। सबसे अधिक बसें दरभंगा और मुजफ्फरपुर के रूट से चलती हैं। दूसरे इलाकों से भी ये बसें चलती हैं। इन बसों को साल-भर ठीक-ठाक संख्या में यात्री मिल जाते हैं।

ब्रजेश ने मुझे बताया कि "इन बसों के साथ खतरा भी बहुत है, इस बात पर लोग ध्यान नहीं देते। लगभग हर हफ्ते ऐसी किसी न किसी बस

के दुर्घटनाग्रस्त होने की खबर आती है। यह स्वाभाविक भी है, क्योंकि 1000 से 1200 किमी. की ड्राइविंग किसी अकेले ड्राइवर के बस की बात नहीं। वह थक जाता है, उसका ध्यान भटक जाता है। इसके अलावा इन बसों में एक ही दरवाजा होता है, एसी लगे होने की वजह से खिड़कियाँ भी पैक कर दी जाती हैं। सीटों के बीच का रास्ता काफी सँकरा होता है। हादसा होने पर लोगों के लिए बाहर निकलना मुश्किल हो जाता है।"

ब्रजेश लगातार सोशल मीडिया पर इन बसों के परिचालन में बरती जाने वाली अनियमितता के खिलाफ आवाज उठाते रहे हैं। इस कारण बस ऑपरेटर उनके दुश्मन हो गए हैं। पिछले दिनों किसी ने उन पर गोली भी चला दी।

वे कहते हैं, "मैं बसों के परिचालन का विरोधी नहीं हूँ। मगर ये ठीक से चलें। सुरक्षा के इन्तजाम हों। मोटर व्हीकल एक्ट का पालन हो। ये बसें सरकार की निगरानी में चलें।"

इन बसों की सुरक्षा के लिए हस्तक्षेप करने के बदले राज्य सरकार के परिवहन विभाग ने अपनी बसें भी इस रूट पर चलवा दीं, ताकि इस कमाई में कुछ हिस्सा इन्हें भी मिल जाए। अब रुकतापुर वाले करें भी तो क्या करें। उनके पास चारा ही क्या है। घर में रहकर तो गुजारा है नहीं।

4

यह भी 2015 के विधानसभा चुनाव की ही कहानी है। हम गया जिले के इस्माइलपुर, बहादुरपुर, बिगहा से चुड़ावन नगर गाँव की तरफ जा रहे थे। रास्ते में एक मोड़ के पास हमें युवकों की टोली नजर आई। यह टोली दो-तीन टुकड़ों में बैठकर ताश खेल रही थी। ब्रे पर हाथ आजमाया जा रहा था। यह देखकर मुझे अपने गाँव का वह दौर याद आ गया जब युवकों के पास कोई काम नहीं होता था और दुपहरी काटने के लिए कोट पीस या ब्रे खेलने से बेहतर कुछ नहीं होता था। कॉलेज से डिग्री लेकर नौकरियों के लिए आवेदन देने और रिजल्ट का इन्तजार करने के बीच का वक्त कुछ इसी तरह काटा जाता था। बाद में बड़े-बुजुर्गों की टिप्पणियाँ सुनीं कि यह खेल आपका वक्त ही नहीं काटता, बल्कि आपको निकम्मा भी बना देता है। ऐसे में जब यहाँ युवकों को इस खेल में मग्न देखा तो ठहर गया। सोचा, कुछ बातें कर ली जाएँ।

सारे युवक भुइयाँ समुदाय के थे। मैंने उनसे पूछा कि भाई रोजी-रोजगार के बदले ताश क्यों खेल रहे हो। तो युवक कहने लगे, क्या करें, नीतीश जी ने पहाड़ तोड़ने पर रोक लगवा दिया है, सब काम-धंधा चौपट हो गया। उनका मतलब था कि पहले इस इलाके में स्टोन क्रशर का उद्योग काफी फल-फूल रहा था, मगर कुछ साल पहले नीतीश कुमार की सरकार ने उस पर रोक लगा दी है। मैंने उन्हें यह समझाने की कोशिश की कि यह तो अच्छी बात है। पहाड़ खत्म हो जाएँगे तो क्या आपको अच्छा लगेगा? मगर वे लोग सामूहिक रूप से इस बात पर अडिग थे कि नीतीश कुमार ने उन लोगों की रोजी-रोटी छीन ली है और

इस चुनाव में उनको मजा चखाया जाएगा। उन्हें पर्यावरण का मसला समझाना मुश्किल काम था।

बात बदलने की नीयत से मैंने पूछा कि अब क्या काम करते हो? इस पर उन लोगों ने कहा कि धान के सीजन में गाँव में जो खेती-मजदूरी का काम मिलता है, कर लेते हैं। बरसात का मौसम खत्म होता है तो दाउदनगर की तरफ निकल जाते हैं। वे लोग शायद बरसात खत्म होने का ही इन्तजार कर रहे थे, ताकि दाउदनगर जाकर वहाँ के ईंट-भट्ठों में काम कर सकें। बिहार के औरंगाबाद जिले के दाउदनगर में ईंट-भट्ठों का उद्योग काफी फल-फूल रहा है। ये लोग वहीं जाते होंगे। यानी मौसमी पलायन का एक नमूना।

मगर दाउदनगर हो या देश का कोई अन्य इलाका ईंट-भट्ठे मजदूरी करने के लिहाज से सबसे बुरी जगह होते हैं। वहाँ काम और मजदूरी का कोई ढंग का हिसाब-किताब नहीं होता। लोगों को बहुत बुरे हाल में रहना पड़ता है। ईंट-भट्ठों के मालिक अक्सरहाँ काफी दबंग किस्म के होते हैं। मजदूरों के साथ मारपीट आम बात है। फिर ये लोग ऐसी जगह क्यों जाते हैं?

उन्होंने कहा, क्या करें। गाँव में रोजी-रोटी का कोई इन्तजाम हो तब न। मनरेगा भी बन्द है। मनरेगा रहता था तो कुछ काम मिलता था। मुझे वह चुनावी बहस याद आ गई, जब महागठबन्धन के लोगों ने कहा था कि भाजपा केन्द्र सरकार ने मनरेगा के पैसों पर रोक लगा दी है। पिछले डेढ़-दो साल से पूरे राज्य में मनरेगा का काम लगभग ठप था। उस दौरान हमारे पीएम नरेन्द्र मोदी ने मनरेगा का मजाक उड़ाते हुए जो कहा था, वह कोरोना के दौर में खूब वायरल हुआ। वे संसद में कांग्रेस पर यह कटाक्ष करते नजर आ रहे थे कि मनरेगा आपकी विफलताओं का स्मारक है, मैं इसे कभी बन्द नहीं करूँगा। मगर कोरोना की वजह से लगे लॉकडाउन के वक्त जब असंगठित क्षेत्र के मजदूरों, खासकर प्रवासी मजदूरों की दुर्दशा की कहानियाँ सामने आईं तो केन्द्र समेत सभी राज्य सरकारों को उसी मनरेगा की शरण में जाना पड़ा।

केन्द्र सरकार ने मनरेगा के लिए 40 हजार करोड़ रुपए का अतिरिक्त बजट जारी किया।

बिहार सरकार ने भी कहा कि वह साल 2020 में मनरेगा के जरिए 24 करोड़ मानव श्रम दिवस का काम सृजित करने जा रही है। यानी कम से कम 24 लाख मजदूरों को सौ दिन का रोजगार इससे मिल सकता है। जबकि पिछले साल बिहार सरकार सिर्फ 20 हजार मजदूरों को ही सौ दिन का रोजगार उपलब्ध करा पाई थी। कुल 12.34 करोड़ मानव श्रम दिवस ही सृजित हो पाया था।

वैसे तो मनरेगा भ्रष्टाचार का अड्डा बन गया है। मजदूरी का पेमेंट बैंक खाते में होने के बावजूद इसमें कई तरह की गड़बड़ियाँ सामने आती हैं। मगर भ्रष्टाचार के बावजूद अगर ठीक से काम हो तो इसके सकारात्मक परिणाम भी सामने आते हैं, यह हमने पहले देखा भी है। नीतीश कुमार सरकार के पिछले कार्यकाल में एक वक्त ऐसा भी आया था जब मनरेगा में लोगों को ठीक-ठाक काम मिलने लगा था और यहाँ के मजदूरों ने बाहर जाना बन्द कर दिया था। तब पंजाब और हरियाणा के किसान बिहार आकर बैठे रहते थे, मजदूरों की खुशामद करते थे। उन्हें अपने यहाँ ले जाने के लिए मोबाइल और टीवी गिफ्ट करते थे। उस वक़्त न सिर्फ दूसरे राज्यों में बल्कि बिहार में भी मजदूरी की दर बढ़ी। इस कोरोना काल में भी ऐसा ही दिखा, जब देश के लगभग हर इलाके की लग्जरी बसें मजदूरों को लेने बिहार के गाँव-गाँव में घूमती नजर आईं। लॉकडाउन की वजह से अचानक मजदूरों के लौट आने से उनके लिए दिक्कत खड़ी हो गई थी।

मगर बाद के दिनों में मनरेगा पर जोर कम होने लगा और मनरेगा मजदूरी की दर भी समय के हिसाब से नहीं बढ़ी। पेमेंट में भी काफी वक्त लगने लगा। इससे मनरेगा का काम धीमा होता चला गया और बिहार में फिर से पलायन की समस्या उत्पन्न हो गई। अब तो मौसमी पलायन के सिवा और कोई विकल्प नहीं। गाँव की खेती में इतना काम नहीं कि मजदूरों के लिए साल भर का इन्तजाम हो सके।

यही वजह है कि बिहार की एक बड़ी आबादी दाउदनगर से लेकर श्रीनगर तक और मदुरई से लेकर भड़ूच तक जाकर बहुत ही निम्न किस्म की मजदूरी करने के लिए मजबूर है। 2015 की उस यात्रा के बाद कई जगह ऐसे मजदूर मिले जो दो-चार महीने के लिए अपना घर-बार छोड़कर हजारों किमी. दूर निकल जाते हैं। 2018 में तो हद हो गई।

2018 में जून के महीने में एक रोज अचानक फेसबुक पर एक स्टेटस दिखा। 'गुड न्यूज—सहरसा जंक्शन रेवेन्यू कलेक्शन में नम्बर वन'। यह स्टेटस बड़ा अपीलिंग था। सहज ही इस खोज में जुट गया कि आखिर कोसी अंचल का यह छोटा सा जंक्शन रेवेन्यू में नम्बर वन कैसे हो गया। गूगल किया तो पता चला कि 13 से 17 जून की अवधि में इस जंक्शन से दो करोड़ रुपए के टिकट कटे। इस अवधि में पटना, मुगलसराय, मुजफ्फरपुर, समस्तीपुर जैसे बड़े स्टेशनों पर भी टिकट की बिक्री यहाँ के मुकाबले काफी कम थी। स्टेटस लिखने वाला सहरसा का ही युवक था। वह इस उपलब्धि की वजह से गर्व से भरा था और साथ ही रेलवे से उसने माँग की थी कि रेवेन्यू कलेक्शन को देखते हुए सहरसा जंक्शन पर यात्री सुविधाएँ बढ़ाई जाएँ।

मगर यह सूचना देखकर मेरा मन भारी होने लगा। उस स्टेशन से रेलयात्रा करने वाले ज्यादातर लोग मजदूर तबके के होते हैं। पता चला कि उन दिनों पंजाब-हरियाणा में धनरोपनी का सीजन था, सारे मजदूर वहीं जा रहे थे। अगर पाँच दिन की अवधि में इस स्टेशन से दो करोड़ के टिकट कटे हैं, तो इसका मतलब है इस अवधि में कम से कम 60 हजार मजदूर यहाँ से बाहर गए होंगे। बाद के दिनों में खबर आई कि दरभंगा जंक्शन पर भी यही हालत थी। वैसी ही भीड़। कटिहार, समस्तीपुर, हाजीपुर, जयनगर, मोतिहारी, बेतिया आदि उत्तर बिहार के हर छोटे स्टेशन पर उस दौरान मजदूरों की तकरीबन वैसी ही भीड़ थी। वे हर कीमत पर पंजाब या हरियाणा चले जाना चाहते थे क्योंकि वहाँ धनरोपनी की अच्छी मजदूरी मिलती है। वहाँ के किसान बिहारी मजदूरों का सम्मान करते हैं। उन्हें सुविधाएँ देते हैं। इसलिए हर साल

रोपनी और धनकटनी के मौके पर पूरे राज्य से लाखों मजदूर हजारों किमी. दूर मजदूरी के लिए चले जाते हैं और दो-तीन महीने रहकर लौट आते हैं।

2017 में भी यही हुआ था। भीषण बाढ़ के बाद जब खेतों में कुछ नहीं बचा तो मजदूर दीवाली-छठ जैसे पर्वों का मोह छोड़कर पंजाब चले गए। उन दिनों किसी रिपोर्ट के सिलसिले में जब मैं सहरसा स्टेशन से होकर गुजर रहा था, तो वहाँ की भीड़ देखकर स्तंभित रह गया। पूरे स्टेशन पर एक इंच भी ऐसी जगह नहीं थी, जहाँ इनसान बैठा या लेटा न हो। पता चला कि पिछले एक हफ्ते से इस स्टेशन पर हंगामा हो रहा था। हजारों मजदूर रोज ट्रेनों का परिचालन बन्द करवा रहे थे। दो-दो दिनों से दिल्ली का टिकट लेकर स्टेशन पर बैठे मजदूर कह रहे थे कि इन्हें किसी ट्रेन में जगह नहीं मिलती। उस वक्त भी सहरसा ही नहीं, दरभंगा, समस्तीपुर, मुजफ्फरपुर, सीतामढ़ी, कटिहार जैसे उत्तर बिहार के दूसरे स्टेशनों के भी ऐसे ही हालात थे। दीवाली और छठ पर्व नजदीक होने के बावजूद रोजाना औसतन एक से सवा लाख लोग राज्य से पलायन कर रहे थे।

नवहट्टा के संजय कुमार महतो ने बताया कि वे पंजाब के होशियारपुर जा रहे हैं, वहाँ धनकटनी का सीजन शुरू होने वाला है। उम्मीद है कि वहाँ उन्हें कोई काम मिल जाएगा। यहाँ तो बाढ़ में सब डूब गया, घर में खाने के लिए कुछ नहीं है। यहाँ रहेंगे तो भूखे मर जाएँगे। संजय अपनी पत्नी और बच्चों को भी साथ ले जा रहे थे। उनके साथ यात्रा करने वाले मधेपुरा के सुखलाल बोले, "लेबर की इतनी खराब स्थिति कभी नहीं थी। पहले ठेकेदार खुशामद करते थे। एडवांस देते थे, मोबाइल खरीदकर देते थे, तब मजदूर जाता था। इस बार तो लेबर ही ठेकेदार का खुशामद कर रहा है। हम लोग तो किसी ठेकेदार के साथ नहीं हो पाए। रिस्क लेकर जा रहे हैं, इस उम्मीद में कि कम मजदूरी वाला ही सही, काम तो मिल जाएगा।"

मुजफ्फरपुर के सामाजिक कार्यकर्ता अनिल प्रकाश से जब मैंने

इस मसले पर बातचीत की तो उन्होंने कहा, "उत्तर बिहार में इस साल (2017) आई भीषण बाढ़ के बाद यहाँ रोजगार की कोई सम्भावना बची नहीं है। मनरेगा का काम ठप होना और बालू खनन पर रोक (बारिश के दिनों में बिहार में बालू खनन पर रोक लग जाती है) इस समस्या को और जटिल बना रहे हैं। मनरेगा के पहले के जमाने में ऐसी आपदा आने पर सरकार रोजगार बढ़ाने वाली योजनाओं पर काम करती थी, लेकिन अब बिहार की राजनीतिक सत्ता ने इस विषय में सोचना ही छोड़ दिया है। पलायन आसान समाधान है। लेकिन इसके दीर्घकालिक समाधान के बारे में सोचना होगा।"

उस वक्त मैंने अपने साथियों से पता करवाया तो मालूम हुआ कि इस दौरान सहरसा से 15 हजार, समस्तीपुर से 20 हजार, मधुबनी से 5 हजार, जयनगर से 4 हजार, दरभंगा से 7 हजार, सीतामढ़ी से 5 हजार, कटिहार से 16 हजार और मुजफ्फरपुर से 20 हजार मजदूरों ने दिल्ली और पंजाब का टिकट कटाया था। दरभंगा जंक्शन पर हमारे एक साथी को एक ऐसा युवक मिला, जिसके दादा भी मजदूरी के लिए पंजाब जाते रहे थे। फिर पिता ने जाना शुरू किया और अब वह जा रहा है। यानी तीन पीढ़ियों से पलायन की परम्परा जारी है।

मगर जैसा कि हमने बाद में कोरोना और लॉकडाउन के दौरान देखा कि मजदूरों के पलायन और उनकी काम की परिस्थितियों के बारे में अब तक क़िसी सरकार के पास कोई सुस्पष्ट जानकारी नहीं है। किसी को पता नहीं था कि कितने मजदूर बिहार से पलायन करते हैं और वे इस दौरान कहाँ रहते हैं, उन्हें कितनी आमदनी होती है। उनकी रोजगार की परिस्थितियाँ कैसी हैं। हम सबने देखा कि लॉकडाउन ने अचानक इस पूरी स्थिति को उघारकर रख दिया है। हर बड़े शहरों से इन मजदूरों की भीड़ निकल पड़ी, अपने घर जाने के लिए। गरीब-लाचार लोगों का हुजूम सड़कों पर था। कंधे पर बैग, गोद में और उँगलियाँ थामे बच्चे,

महिलाएँ, बुजुर्ग। सबके सब पैदल ही घर जाने का मंसूबा बाँधकर निकल पड़े।

पहले तो सरकार के लोगों ने यह प्रोपोगेंडा फैलाया कि इन मजदूरों को भड़काकर घर भेजा जा रहा है, ताकि मोदी सरकार द्वारा लगाए गए लॉकडाउन को फेल किया जा सके। मगर बाद के दिनों में यह समझ में आया कि इनमें से ज्यादातर लोगों के पास तो रहने के लिए कोई ठिकाना ही नहीं है। जो निर्माण मजदूर थे, वे कंस्ट्रक्शन साइट पर रहते थे और जो छोटी फैक्ट्रियों के लेबर थे, वे उसी कैम्पस में रहते थे। जब तालाबन्दी हुई तो वे अचानक बेघर हो गए। जिन कम्पनियों में वे असंगठित मजदूर के रूप में काम करते थे, उन्होंने उन्हें निकाल बाहर किया, क्योंकि उन्हें डर था कि कहीं सरकार उन पर लॉकडाउन की अवधि में मजदूरी देने का दबाव न बनाए। जो मजदूर छोटे-छोटे किराए के कमरों में रहते थे, उन्हें उनके मकान मालिकों ने बाहर कर दिया। ढाई महीने का लॉकडाउन था और उनके लिए एक-एक दिन काटना मुश्किल था।

लिहाजा कुछ लोगों ने साइकिल खरीद ली और उसी पर सवार होकर निकल पड़े। ऐसे कई लोगों की कहानियाँ बाद में सुर्खियों में आईं और साइकिल से अपने पिता को लेकर घर लौटने वाली एक किशोरी को तो सरकार और राजनीतिक पार्टियों ने वीरता का ब्रांड ऐंबेस्डर भी बना डाला। बाकी कभी पैदल, कभी ट्रकों से और कभी छोटी-छोटी गाड़ियों से हजार-डेढ़ हजार किमी. का सफर तय करने लगे। लॉकडाउन के सवा महीने बाद भी जब यह सिलसिला बन्द नहीं हुआ, जब सड़कों पर मर रहे मजदूरों की कहानियाँ रोज सामने आने लगीं। तब पहली मई से केन्द्र सरकार ने इनके लिए स्पेशल ट्रेनों का परिचालन शुरू किया। हालाँकि वह परिचालन भी इतना लचर रहा कि इन ट्रेनों में ही भूख और गर्मी से, ट्रेन की लेटलतीफी से 80 मजदूर मर गए।

फिर आखिरकार सरकारी आँकड़ों के मुताबिक 30 लाख के करीब मजदूर बिहार लौटे। तब जाकर इनकी संख्या का कुछ अन्दाजा लगा। पहले बिहार सरकार इन मजदूरों की वापसी के पक्ष में नहीं थी। वह

चाहती थी कि लॉकडाउन के दौरान वे जहाँ हैं, वहीं रहें। सरकार को ये मजदूर बोझ लगते थे, जो अपनी कमाई से अब तक बिहार के गाँवों को समृद्ध कर रहे थे।

मार्च, 2020 तक बिहार सरकार का रवैया पलायन को लेकर काफी लचर था। मार्च के पहले हफ्ते में बिहार के डिप्टी सीएम सुशील कुमार मोदी का वह बयान काफी विवादित हुआ, जिसमें उन्होंने कहा था कि चाँद पर भी नौकरी निकल जाए तो बिहारी वहाँ भी पहुँच जाएँगे। खुद मुख्यमंत्री नीतीश कुमार ने विधान परिषद में कहा था कि नौकरी या रोजगार के लिए बिहार से लोगों का बाहर जाना शर्मिंदगी की बात नहीं है। बिहारी अपने हुनर की वजह से बाहर रोजगार पाते हैं। मगर उस वक्त उन दोनों ने यह जानने की कोशिश नहीं की थी कि बिहार के मजदूर देश के दूसरे राज्यों में किन परिस्थितियों में रहते हैं।

2020 में ही फरवरी माह में इंडियन इंस्टीच्यूट ऑफ पॉपुलेशन साइंसेज, मुंबई ने बिहार और उत्तर प्रदेश से पलायन करने वाले लोगों पर एक विस्तृत अध्ययन किया था। उसकी रिपोर्ट इस समस्या को समझने के लिए एक इशारा थी, जो कोरोना काल में विस्फोट कर गई। इस रिपोर्ट के मुताबिक राज्य के हर दो में से एक परिवार के लोग किसी न किसी वजह से राज्य के बाहर पलायन करते हैं। बिहार से दूसरे राज्य की तरफ पलायन करने वाले लोगों में 80 फीसदी या तो भूमिहीन हैं, या उनके पास एक एकड़ से भी कम जमीन है। मतलब साफ है कि खेती के जरिए पेट पालना उनके लिए असम्भव है। पलायन करने वाले 85 फीसदी लोगों ने दसवीं तक की भी पढ़ाई नहीं की। ऐसे में यह एक भ्रम है कि लोग अपने टैलेंट की वजह से बाहर बुलाए जाते हैं। 90 फीसदी लोगों को अकुशल मजदूरी का काम मिलता है। बिहार से बाहर जाकर नौकरी या रोजगार करने वाले लोग इतने सस्ते मजदूर साबित होते हैं कि वे साल में औसतन 26020 रुपए ही कमा पाते हैं। जबकि देश की राष्ट्रीय औसत प्रति व्यक्ति आय 1,35,050 रुपए तक पहुँच गई है। यानी बिहारी मजदूरों के मुकाबले पाँच गुनी।

मतलब यह कि बिहार में आधे लोगों के पास दो-ढाई हजार रुपए प्रतिमाह का रोजगार पाने के अवसर नहीं हैं। सच यही है कि नीतीश कुमार और सुशील मोदी की जोड़ी के लगभग 15 साल तक राज करने के बावजूद बिहार में रोजगार की सम्भावनाओं का समुचित विकास नहीं हुआ। बिहार सरकार द्वारा 2020 में जारी आर्थिक सर्वेक्षण की रिपोर्ट भी इस कड़वी सचाई को उजागर करती है। उस रिपोर्ट के मुताबिक राज्य में सिर्फ 11.9 फीसदी लोगों के पास नियमित रोजगार उपलब्ध है। ऐसे मजदूर जिन्हें कभी रोजगार मिलता है, कभी नहीं उनकी संख्या 32.1 फीसदी है। इन आँकड़ों के मुताबिक राज्य के 45 फीसदी लोगों की आजीविका का आधार खेती है। मगर राज्य में 65 फीसदी लोग भूमिहीन हैं और जिनके पास जमीन है भी उनमें से अधिकतर लघु एवं सीमान्त किसान हैं। बिहार में कुल 1.40 करोड़ भूस्वामियों में से 1.28 करोड़ सीमान्त किसान हैं। यानी उनके पास औसतन 0.25 हेक्टेयर जमीन ही है। राज्य के जीडीपी में खेती का हिस्सा भी 17.1 फीसदी ही रह गया है।

जहाँ तक उद्योगों का सवाल है, राज्य में कुल उद्यमों की संख्या सिर्फ 2908 है। ये सभी मिलकर राज्य के सिर्फ एक लाख लोगों को ही रोजगार दे पाते हैं, जिनकी औसत आय भी बमुश्किल 10 हजार रुपए प्रतिमाह है। ऐसे में राज्य के लोगों के पास रोजी-रोजगार के लिए पलायन के सिवा विकल्प ही क्या है।

अब जबकि कोरोना काल में 30 लाख से अधिक मजदूर बिहार लौट आए और वे यहीं रहना चाहते थे तो सरकार के पास उन्हें रोकने के लिए जुबानी वायदों के अलावा कुछ नहीं था। लिहाजा उनमें से ज्यादातर फिर से पलायन कर गए और रिवर्स माइग्रेशन का दावा फरेब साबित हुआ। जबकि मुख्यमंत्री बार-बार कह रहे थे कि जो लोग यहाँ रहना चाहते हैं, उन सबको रोजगार दिया जाएगा। इन मजदूरों की स्किल मैपिंग हो रही है। मगर ऐन लॉकडाउन के बीच इन मजदूरों का पलायन भी शुरू हो गया। यह प्रदेश रोजी-रोजगार के मामले में इतना ठहरा हुआ

है कि माहौल बदलने में काफी वक्त लगेगा। फिलहाल तो बिहार एक रुकतापुर स्टेशन है, जहाँ प्रवासी मजदूर सिर्फ पर्व-त्योहार, शादी-ब्याह और कोरोना जैसी आपदाओं के वक्त ही लौटकर आते हैं, फिर वापस लौट जाने के लिए।

घो-घो रानी, कितना पानी

जल प्लावन और जल संकट में फँसी व्यवस्था

जब हम छोटे थे तो गाँव की बच्चियाँ यह खेल खेला करती थीं। एक लड़की को बीच में घेरकर कई लड़कियाँ खड़ी रहतीं और गाते हुए पूछतीं 'घो-घो रानी कितना पानी?' वह एड़ी के पास छूकर बताना शुरू करती, इतना पानी। फिर घुटना, कमर, पेट, छाती और गले तक बताती और फिर वह गुड़ुक से डूबने का अभिनय करती। जैसे ही वह डूबने का अभिनय करती, सभी लड़कियाँ खिलखिलाकर हँसने लगतीं और खेल खत्म हो जाता। उत्तर बिहार के बाढ़ पीड़ित इलाके में छोटी बच्चियाँ इस खेल को किस मकसद से खेलती हैं और घो-घो रानी के डूबने के बाद हँसने क्यों लगती हैं, यह कभी समझ नहीं पाया। मगर बालिग होने के बाद देखा कि इस इलाके के जिम्मेदार लोग भी वही खेल खेलने लगते हैं।

1

28 सितम्बर, 2019 का वह दिन था। मुझे राजधानी पटना स्थित गांधी मैदान के पास एक सेमिनार में भाग लेने जाना था। पिछली रात भी बारिश हुई थी और सुबह से रुक-रुक कर बारिश हो रही थी। मैंने रेनकोट पहन रखा था और स्कूटी पर सवार था। गांधी मैदान से महज एक किमी. पहले सड़कों पर जमा पानी नजर आने लगा। आगे बढ़ा तो ऐसा लगा कि इस पानी को पार कर गंतव्य तक पहुँचना मुश्किल होगा। पूरा रास्ता किसी बहती हुई नदी में बदल चुका था और लहरें हिलोर मार रही थीं। एक रास्ता छोड़, दूसरे रास्ते को पकड़ा, दूसरे को छोड़ तीसरे को और इस तरह जहाँ मुझे जाना था और जो जगह सिर्फ एक किमी. की दूरी पर थी, वहाँ पहुँचने में मुझे एक घंटा लग गया। थोड़ी देर बाद फेसबुक पर देखा कि एक मित्र ने टॉप एंगल का एक वीडियो पोस्ट किया है, गांधी मैदान एक बड़े तालाब की शक्ल ले चुका है। उसके चारों तरफ बाउंड्री के बाहर जैसे कोई चक्करदार नदी बह रही है। उससे पहले ऐसे दृश्य की किसी पटनावासी ने कभी कल्पना नहीं की थी।

अगली सुबह उठकर दूध लेने निकला तो लिफ्ट में पानी भरा हुआ था, जबकि मेरे इलाके में कभी वाटर लॉगिंग नहीं होती है। अख़बार में क्रेन से रेस्क्यू किए गए लोगों की तसवीरें थीं। लगभग तीन-चौथाई पटना डूब चुका था। हम लोगों के पास लगातार मैसेज आ रहे थे, लोगों को बचाने के। कहीं किसी हॉस्टल में लड़कियाँ फँसी थीं, कहीं बुजुर्ग दम्पती थे, कहीं अकेली महिला अपने बच्चों के साथ अपने पलंग पर बैठी थी और पानी उनके पलंग के ऊपरी छोर तक पहुँच गया था, कहीं कोई

बीमार इलाज के लिए घर से निकल नहीं पा रहा था। हम सब बेबस थे, क्योंकि इन लोगों को बचाने के लिए नाव या क्रेन की जरूरत थी और वह हमारे पास नहीं था।

फिर कई टीमें बनीं, नावों और ट्रैक्टरों का जुगाड़ हुआ, लोगों को बचाने और राहत पहुँचाने का सिलसिला शुरू हुआ। मगर वह भी नाकाफी साबित होने लगा। सरकारी प्रयास कहीं नजर नहीं आ रहा था। न पानी को निकालने में, न लोगों को बचाने में। आम लोगों के साथ-साथ बिहार की सबसे लोकप्रिय गायिका शारदा सिन्हा और सबसे पॉपुलर लेखक फणीश्वरनाथ की बेटी को भी फेसबुक पर बचाव के लिए गुहार लगाना पड़ रहा था, मगर कहीं से कोई मदद मिल नहीं पा रही थी। तीसरे दिन जब राज्य के उपमुख्यमंत्री सुशील कुमार मोदी को उनके घर से रेस्क्यू करके बाहर लाने के लिए एनडीआरएफ की टीम लगानी पड़ी, तब समझ में आया कि हमारी सरकार सचमुच लाचार है। वह तीन दिनों की बारिश की वजह से डूबे पटना शहर को बचाने में सक्षम नहीं है। हालाँकि यह भी सच था कि उस दौरान सिर्फ तीन दिनों में 321 मिमी. बारिश हो गई थी।

मुख्यमंत्री महोदय ने फिर हथिया नक्षत्र पर सारा दोष डाल दिया। उन्होंने कहा, बारिश इतनी हो गई कि आपदा की स्थिति बन गई। मगर जैसे-जैसे दिन बीतते गए, सच उजागर होता चला गया। शहर में बारिश के पानी को निकालने के लिए बने 38 से अधिक पम्प हाउसों में से ज्यादातर खराब थे। किसी की मोटर जली हुई थी, किसी में बिजली नहीं पहुँच रही थी, कहीं जेनरेटर खराब था, कहीं डीजल नहीं था। और जो ठीक थे, वहाँ तक पानी नहीं पहुँच पा रहा था, क्योंकि मानसून के पहले शहर में नालों की सफाई नहीं हुई थी। फिर एक दिन पता चला कि पटना के नगर निगम के पास महानगर के नालों का नक्शा ही नहीं है। वह तो 2017 से गायब है। वे सफाई करें भी तो कैसे करें।

खैर धीरे-धीरे शहर के कई इलाकों से पानी निकला। मगर कुछ मोहल्लों में पानी अक्तूबर के पहले पखवाड़े की पूरी अवधि तक जमा

रहा। यह हाल तब था जब एक अक्तूबर से शहर में बारिश नहीं हुई थी। जमा हुआ पानी सड़कर बदबू देने लगा, पानी के अन्दर जानवर मरे हुए थे। बीमारियों का खतरा सर पर था, मगर प्रशासन को पानी निकालने का कोई रास्ता सूझ नहीं रहा। बाद में इस मसले को लेकर खूब बयानबाजी हुई। सरकार की तरफ से जाँच और सख्त कार्रवाई करने के दिखावे भी हुए। ऐसा लगा कि सरकार अब अगले साल सब कुछ सँभाल लेगी, मगर अगले मानसून से ठीक पहले 5 जून, 2020 को हुई बारिश में गांधी मैदान के पास सड़कों पर फिर लबालब पानी नजर आया। उस रोज तो बारिश का पानी राजभवन के दरवाजे पर भी दस्तक देने लगा था। यह सब इस बात का इशारा था कि फिर सरकारी दावे फेल हो गए।

यह कहानी हमारे सरकार की लाचारी की जिन्दा मिसाल है। इससे जाहिर होता है कि बड़ी आपदाओं को तो छोड़ ही दें, हमारी सरकार छोटी-छोटी आपदाओं के सामने भी घुटने टेक देती है।

वैसे सितम्बर-अक्तूबर, 2019 में पटना में जो कुछ हुआ वह बिहार के लिए कोई नई बात नहीं थी। यहाँ हर साल जून महीने से घो-घो रानी का खेल शुरू होता है और वह अमूमन अक्तूबर महीने तक चलता है। इस बीच न जाने कितने घो-घो राजा और कितनी घो-घो रानियाँ डूब जाती हैं, इसका कोई ठीक हिसाब नहीं। अगर इस खेल को देखना हो तो उत्तर बिहार के अख़बारों में झाँक लीजिए। जून-जुलाई से आँकड़े आने लगते हैं। जलस्तर इतना है। डिस्चार्ज उतना है। फलाँ स्पर पर नदी दबाव बना रही है, फलाँ जगह से इतना पानी छोड़ा जा रहा है। यहाँ बोल्डर और जिओ बैग से नदी के वेग को रोकने की कोशिश हो रही है। पत्रकार हर रोज यह रिपोर्ट अपने अख़बार में भेजते हैं। फिर अचानक किसी रोज खबर आती है कि फलाँ तटबन्ध टूट गया और आधा दर्जन या एक दर्जन गाँवों में बाढ़ का पानी घुस गया। एक खबर आई नहीं कि अलग-अलग जगहों से और भी खबरें आने लगती हैं।

चम्पारण के पश्चिमी इलाके में बहने वाली गंडक और बूढ़ी गंडक से लेकर तिरहुत की बागमती, कमला, बलान और भुतही, सहरसा-सुपौल की कोसी, पूर्णिया प्रमंडल की महानंदा, कनकई, डोंक हो या फिर बकरा, हर नदी उफनाने लगती है, तटबन्ध या तो टूट जाते हैं या तोड़ दिए जाते हैं। गाँव डूबने लगते हैं। लोग सड़कों, तटबन्धों, बाँधों और दूसरी ऊँचे जगहों पर शरण लेने लगते हैं। और जब अख़बार ऐसी खबरों से भर जाता है, जब पानी घो-घो रानी के गले तक पहुँच जाता है, तब एक दिन घोषणा होती है कि सीएम हेलीकॉप्टर से बाढ़ पीड़ित इलाके का सर्वेक्षण करेंगे।

यह हर साल की कहानी है। इसमें कोई नयापन नहीं है। यह इस कदर रूटीन है कि हर साल राज्य का आपदा प्रबन्धन विभाग अप्रैल महीने में सभी जिलों को लम्बा नोटिस जारी करता है कि आगामी बाढ़ की तैयारी कर लें। मई महीने से टेंडर आने लगते हैं और चूड़ा, गुड़, टेंट, दवाइयाँ, पशुओं का चारा आदि के लिए कोटेशन माँगे जाते हैं। गोताखोरों की नियुक्ति होती है, नाव किराए पर लिए जाते हैं, एनडीआरएफ और एसडीआरएफ की टुकड़ियों का डिप्लायमेंट होने लगता है, कंट्रोल रूम बनने लगते हैं। जल संसाधन विभाग तो बाढ़ का पानी उतरते ही नवम्बर-दिसम्बर से ही एक्टिव हो जाता है कि अगले साल किसी तटबन्ध को टूटने नहीं देना है। कटाव निरोधी कार्य के लिए, तटबन्धों की सुरक्षा और मरम्मत के लिए अमूमन छह सौ करोड़ रुपए से अधिक का फंड जारी होता है और इंजीनियर और ठेकेदार उसे खर्च करने के अभियान में जुट जाते हैं। अगर आप इन तैयारियों को गौर से देखेंगे तो लगेगा ही नहीं कि किसी प्राकृतिक आपदा से बचाव का अभियान चल रहा है। ऐसा लगेगा कि सरकार किसी जलसे की तैयारी कर रही है।

2020 में भी सब कुछ इसी तरह हुआ, मगर इस साल तो कोरोना का बहाना भी था। इसलिए 2019 की कथा सुनिए। उस साल भी हर साल की तरह सरकारी नजरिए से बाढ़ को रोकने और लोगों को आपदा से बचाने की हर तरह की पुख्ता तैयारी की गई। मगर जुलाई महीने में

एक तरफ पूरा अररिया, किशनगंज, कटिहार और दूसरी तरफ बगहा, सीतामढ़ी आदि इलाके एक झटके में डूब गए। जयनगर के पास कमला नदी बौरा गई और झंझारपुर के पास उसने तटबन्ध को तोड़ दिया। 13 जिलों के लाखों लोग बाढ़ की वजह से सड़कों पर आ गए। उन्हें मालूम ही नहीं था कि जाना कहाँ है। कंट्रोल रूम कहाँ है, रिलीफ कैम्प कहाँ है, राहत सामग्री कहाँ बँट रही है। अप्रैल से चलने वाली तैयारियों के बावजूद सरकार असफल और लोग असहाय नजर आ रहे थे। वे अपनी झोंपड़ियों और खपरैलों से जरूरी सामान चुनकर, खाट पर डालकर निकल पड़े थे, काँख में बच्चे थे और उँगलियों में फँसी डोर ढोर-बकरियों को थामे हुई थी। कमर भर, छाती भर पानी में पैदल चलकर, कहीं नाव मिली तो उस पर बैठकर और ऊँची कीमत चुकाकर वे जलप्लावित इलाकों से किसी तरह निकलकर बाहर आए और ठिकाना खोजने लगे। ठीक उसी तरह जैसे हजारों साल पहले मनु और श्रद्धा ने जलप्लावित धरती पर अपने लिए एक टापू ढूँढ़ा था।

फिर जिनके घर बाढ़ के पानी की मेहमानी से बच गए थे, उन्होंने देखा कि हाइवे पर और तटबन्धों के किनारे, नहरों, पुल-पुलियों पर बाजार में यहाँ-वहाँ हर जगह अचानक बस्तियाँ बस गई हैं। उन बस्तियों में लोग पॉलीथिन की पन्नियाँ, बोरे, दरी या साड़ी-धोती बाँधकर या ऐसे ही खुले आसमान के नीचे खाट लगाकर अपनी गृहस्थी जमा रहे थे। उस बार भी कुछ लोगों को दया आ गई। वे खिचड़ी पकाकर और पूरी-सब्जी बनाकर पहुँच गए और उस अस्थायी मुहल्ले में लोगों की भूख का इन्तजाम करने लगे। मगर इन दयावानों में कहीं कोई सरकारी बन्दा नहीं था। सरकारी अमला तो अभी अख़बारों में छपने वाली खबरों का इन्तजार कर रहा था। उसके बाद बैठकें होतीं, पटना प्रस्ताव भेजा जाता और फिर अभियान शुरू होता।

हाँ, कुछ शहरों में डीएम, एसपी, जज, एसडीओ जैसे अधिकारियों के आवास में भी पानी घुस गया था। ऐसे में उन अधिकारियों के आवास को खाली कराने, उनके परिजनों को बाहर भेजने और साहब के लिए

सर्किट हाउस में इन्तजाम कराने का सरकारी काम जरूर चल रहा था।

2017 में भी इसी तरह बाढ़ आई थी, इससे भी अधिक विकराल। तब आरटीआई एक्टिविस्ट महेन्द्र यादव ने मुझे एक पीडीएफ भेजा था और कहा था कि देखिए अप्रैल में ही आपदा प्रबन्धन विभाग ने सभी जिलाधिकारियों को चिट्ठी लिख दी थी कि तैयारी कर लीजिए। 30 जून तक का समय दिया गया था, फिर रिव्यू मीटिंग भी हुई। बताइए, क्या तैयारी हुई है? अगर इनमें से एक भी काम हुआ होता तो क्या लोग इस तरह सड़कों पर खुले में रात गुजारने को विवश होते?

उस साल भीषण बाढ़ के बीच 15 अगस्त मना था। बगहा में झंडा फहराने के लिए नाव लेकर एसपी महोदय पहुँचे थे। परेड की सलामी देने के लिए सिपाही परेड ग्राउंड में कमर भर पानी में राइफल लिए खड़े थे। ऐन चम्पारण शताब्दी समारोह वर्ष में वह भितिहरवा आश्रम डूब गया, जिसे सौ साल पहले महात्मा गांधी ने शुरू किया था। नॉर्थ-ईस्ट की तरफ जाने वाली एकमात्र रेलवे लाइन को महानंदा के प्रवाह ने कटिहार जिले में ध्वस्त कर दिया था। यह वही वक्त था, जब डोकलाम में चीन के साथ हम डटे हुए थे। और ऐन उसी दौरान डेढ़ महीने तक यह पटरी टूटी रही। सीमा पर जाने वाला फौजी असलहा और टैंक इस पूरी अवधि में कटिहार स्टेशन पर खड़े इन्तजार करते रहे। 84 से अधिक रेलगाड़ियों का परिचालन बन्द रहा।

फिर मीडिया में एक नया शब्द गूँजा 'फ्लैश फ्लड'। यह शब्द नीतीश कुमार के हेलीकॉप्टर सर्वे के बाद निकला और धड़ाधड़ अख़बारों और न्यूज चैनलों में छा गया। सीएम ने कहा, फ्लैश फ्लड आ गया था। हम चेत नहीं पाए। अचानक पानी आ जाए तो कोई क्या कर सकता है! फिर आपदा विभाग ने भी यही कहा, डीएम ने, एसडीओ और बीडीओ ने भी। मीडिया भी तोतारटंत की तरह यही दुहराने लगा। किसी ने नहीं पूछा कि जिस महानंदा नदी का पानी चार रोज पहले सिलीगुड़ी और उत्तर बंगाल में तबाही मचा रहा था, उसे आना तो बिहार के किशनगंज, कटिहार और पूर्णिया जिले में ही था। आपको तो चार रोज पहले सतर्क हो जाना

चाहिए था। जिस गंडक का पानी एक हफ्ते से नेपाल को तबाह किए हुए था, वही पानी तो बगहा और बेतिया और आसपास के इलाके में पहुँचा है। इसे फ्लैश फ्लड क्यों कहते हैं? अगर चार रोज पहले आप चेत जाते तो पूरे इलाके को इतनी परेशानी नहीं होती। खैर...

उस साल पूरे बिहार में 19 जिलों में बाढ़ आई। पौने दो करोड़ लोग इससे प्रभावित हुए और 8.5 लाख लोग बेघर हो गए। 514 लोगों की मौत हो गई। आप इन आँकड़ों से समझ सकते हैं कि बाढ़ कितनी भीषण थी। सबसे बुरा हाल अररिया और कटिहार जिले का था। अकेले अररिया जिले में 2.2 लाख लोग बेघर हो गए थे। वहाँ महानंदा और उसकी सहायक नदियों कनकई, परमान और बकरा ने तबाही मचाई थी।

सीएम के सर्वेक्षण के बाद अचानक मीडिया में कम्युनिटी किचेन खुलने, राहत सामग्री बँटने, सर्वे होने जैसी खबरें आनी शुरू हुईं। रोज खबर आने लगी कि आज इतने कम्युनिटी किचेन खुले हैं। मगर जमीन पर पता चलता कि यह सब दिखावा है। शहरों में कहीं-कहीं किचेन खुलते थे, मगर ग्रामीण इलाकों में कई मुखिया और बीडीओ मिलकर गोलमाल करने में जुटे थे। कम्युनिटी किचेन, रिलीफ फंड, फसल क्षति मुआवजा, गृह क्षति मुआवजा, मौत का मुआवजा, क्षतिग्रस्त सड़कों को मोटरेबुल बनाने का फंड। कुल मिलाकर अचानक पैसों की बाढ़ आ गई थी पंचायती राज के नुमाइंदों और ग्रामीण स्तर के सरकारी अधिकारियों की जेब में और वे उधर व्यस्त हो गए। इधर बाढ़ पीड़ित जनता ने पानी उतरने के बाद अपने ही पैसों से अपना घर ठीक किया, हफ्ते-दो हफ्ते प्रखंड मुख्यालय और मुखिया के चौखट का चक्कर लगाया। वहाँ कोई पुख्ता उम्मीद नजर नहीं आई तो ट्रेन पकड़कर दिल्ली, मुंबई, पंजाब, हरियाणा, कश्मीर, चेन्नई और अहमदाबाद चले गए। न खेतों में फसल बची थी, न घर में अनाज का दाना।

2020 में भी बिहार के 16 जिले के 80 लाख से अधिक लोग बाढ़ प्रभावित हैं और 5.5 लाख लोग बेघर हैं। सरकार ने इन बेघरों के लिए सिर्फ छह राहत शिविर खोल रखे हैं। उत्तर बिहार की यात्रा करने पर

हाइवे के किनारे दोनों तरफ विशाल सागर उमड़ता नजर आ रहा है। जबकि यह चुनावी साल है। सरकार ने इन लाखों बाढ़ पीड़ितों से कह रखा है कि वे उनके खाते में छह-छह हजार रुपए बतौर मुआवजा डलवा देंगे। मतलब यह कि पीड़ितों को अपनी राहत का इन्तजाम खुद करना है। इस कोरोना काल में भी, जहाँ लोग संक्रमित होने के भय से घर से बाहर कदम रखने में सौ बार सोचते हैं।

हर साल आने वाली बाढ़ की ये कहानियाँ आपकी संवेदना को किस हद तक छू पाएँगी यह तो पता नहीं, मगर यह सच है कि अब यह सब देख-सुनकर मैं बहुत संवेदनशील नहीं हो पाता। अक्सर कई लोग बिहार की बाढ़ के बारे में बात करते हुए अपेक्षा रखते हैं कि मैं उन्हें कुछ ऐसा बताऊँगा जो उनके दिलों को छू सके। मगर मैं क्या करूँ, मेरे दिल में कोलेस्ट्रोल जमा है, बाढ़ की कहानियाँ खुद मेरे दिल को छू नहीं पातीं। 2004 से लगातार यही देख-सुन रहा हूँ। उस साल पहली दफा दरभंगा-समस्तीपुर की बाढ़ में हम चार-छह लड़के बाढ़ पीड़ितों की मदद करने खाली हाथ आ गए थे। तब से लेकर आज तक तकरीबन हर साल बाढ़ आती है। हर साल लोगों की मदद करने के लिए एक समूह बनता है। 2017 में भी बना और उसका एक वाट्सएप ग्रुप भी बना जो आज तक चल रहा है। 2008 में गूँज संस्था पहली बार कोसी के इलाके में काम करने आई, वह संस्था आज तक वहीं काम कर रही है।

मेरा अनुभव तो बहुत छोटा है। बिहार के आपदा प्रबन्धन विभाग के पास तो 1979 से लेकर 2012 तक के बाढ़ के आँकड़े हैं। इन 33 सालों के आँकड़ों पर गौर किया जाए तो पता चलता है कि इस अवधि में औसतन हर साल 18-19 जिलों में बाढ़ आई है और औसतन 59 सौ गाँवों के 75 लाख लोग हर साल प्रभावित हुए।

बाढ़ की इन घटनाओं में हर साल औसतन 200 इनसान और 662 पशुओं की जान गई और सालाना तीन अरब का नुकसान हुआ। पौने दो लाख घर हर साल क्षतिग्रस्त हुए। औसतन छह लाख हेक्टर जमीन में खड़ी खरीफ की फसल डूब गई। उत्तर बिहार की 76 फीसदी आबादी

लगातार बाढ़ के खतरों के बीच जीती रही है। इस अवधि में अमूमन हर बाढ़ प्रभावित परिवार ने सालाना दो से तीन हजार रुपए का नुकसान झेला, जो बिहार जैसी गरीब आबादी के लिए कम नहीं था। हर बार एक लाख लोगों को नया मकान बनाना पड़ा, 80 हजार लोगों को घरों की मरम्मत करानी पड़ी। इस अवधि में राज्य के किसानों को औसतन 254 करोड़ रुपए का नुकसान हर साल हुआ। 17 लाख पशु बाढ़ से प्रभावित हुए और उनमें से औसतन 662 पशुओं की मौत हो गई। हर साल तकरीबन एक अरब रुपए की सरकारी सम्पत्ति भी बाढ़ की भेंट चढ़ गई।

बाढ़ किस तरह लोगों की प्रगति को प्रभावित करती है, उसे इस तथ्य से समझिए कि प्रति व्यक्ति आय के हिसाब से बिहार के जो दस जिले सबसे कमजोर हैं, उनमें से सात बाढ़ वाले हैं। आखिरी चार जिले तो बाढ़ग्रस्त ही हैं। इन इलाकों के लोगों के बीच पलायन की दर सबसे अधिक है। बाढ़ की वजह से बच्चों की पढ़ाई-लिखाई प्रभावित होती है, इसलिए इन जिलों में अशिक्षा और ड्रॉप आउट की दर भी सबसे अधिक है।

देश के कुल बाढ़ पीड़ित इलाकों में से 16.5 फीसदी बिहार में पड़ता है और बाढ़ पीड़ित आबादी का 22.1 फीसदी हिस्सा हमारे राज्य में रहता है। राज्य के 38 में से 28 जिलों को बाढ़ प्रभावित माना जाता है।

मगर अब यह सब रूटीन हो चला है। हम सब हर साल अपने तरीके से अपने कर्तव्य का निर्वाह करते हैं। जल संसाधन विभाग सैकड़ों करोड़ रुपए के बजट से फ्लड फाइटिंग की शुरुआत करता है और हर साल फेल हो जाता है। आपदा प्रबन्धन विभाग मई महीने से हर साल तैयारी करता है और हर बार लोगों तक राहत नहीं पहुँच पाती। हर साल बाढ़ में ढंग की नाव नहीं मिलने के कारण कई लोग डूब जाते हैं। अक्सर बारिश के मौसम में अस्पतालों में सर्पदंश का इंजेक्शन नहीं होता और न जाने कितने लोग साँप काट लेने की वजह से काल कवलित हो जाते हैं। वज्रपात से मरने वाले लोगों की संख्या तो हर साल बाढ़ से मरने वाले लोगों से अधिक ही होती है। इन तमाम आपदाओं से बचाने की

जिम्मेदारी जिस सरकारी विभाग पर होती है, वह आपदा प्रबन्धन विभाग सिर्फ अख़बारों में आधे पन्ने के विज्ञापन जारी करता है और सेमिनार करवाता है।

हर साल सीएम हवाई सर्वे करते हैं और केन्द्र से सहायता माँगते हैं। हर साल सामाजिक कार्यकर्ता राहत अभियान चलाते हैं, पत्रकार खबरें और विश्लेषण छापते हैं। विशेषज्ञ टिप्पणियाँ और सभा-सेमिनार करते हैं। मगर बाढ़ जस की तस रहती है, बल्कि बढ़ती ही जाती है। इसकी वजह क्या है, इस पर कोई सीधे बात नहीं करता। अगर आप जानना चाहते हैं, तो आगे का किस्सा पढ़िए।

2

यह 2008 में कोसी नदी में आई भीषण बाढ़ के वक्त की बात है। तब मैं नौकरी-चाकरी छोड़कर उसी इलाके में भटक रहा था। उस साल अगस्त के महीने में आई बाढ़ में कई संस्थाएँ लोगों की मदद करने के लिए पहुँची थीं। हम दो-तीन मित्र उन संस्थाओं के लिए मुफ्तिया टूरिस्ट गाइड और लोकल एडवाइजर का काम कर रहे थे। खास तौर पर मैं और रूपेश, दोनों पेशे से पत्रकार थे और अपनी नौकरी छोड़कर बाढ़ पीड़ितों की मदद करने आए थे। मगर हमारे पास न पैसे थे, न संसाधन। दोस्तों ने चंदा करके पाँच या छह हजार रुपए दिए थे, वह पैसा अगले छह महीने में हमारे बाइक में पेट्रोल डलवाने में खर्च होने वाला था। लिहाजा हम लोगों ने तय किया था कि जो लोग बाहर से यहाँ मदद करने आएँगे, उन्हें हम सही जगह और सही लोगों तक पहुँचा देंगे। हमारे वश में इतना ही है।

यह सब चल ही रहा था कि पता चला कि सुपौल के त्रिवेणीगंज में एक सभा हो रही है, जिसमें दिनेश मिश्र का व्याख्यान होने वाला है। उन दिनों दिनेश मिश्र जी की चर्चा हर जगह थी। कहा जाता था कि मुख्यमंत्री नीतीश कुमार खुद आजकल उनकी ही लिखी किताब 'दुई पाटन के बीच' पढ़ रहे हैं। वह किताब कोसी नदी के दो तटबन्धों के बीच फँसे लोगों की समस्या पर केन्द्रित थी। हमारे एक मित्र मनीष मनोहर के पास वह किताब थी और हमने उसे पढ़ना शुरू कर दिया था। जब पता चला कि दिनेश मिश्र त्रिवेणीगंज आ रहे हैं, तो हम भी उन्हें सुनने के लिए वहाँ

पहुँच गए। हमें लग रहा था कि वे लोगों से बाढ़ राहत अभियान और तेज करने की अपील करेंगे।

मगर उस रोज त्रिवेणीगंज में उन्होंने जो कहा, उसने हमारी सोच की दिशा बदल दी। उन्होंने कहा, "आज कुशहा में तटबन्ध तोड़कर पूरी की पूरी कोसी नदी एक नए इलाके में बहने लगी है। इस वजह से लाखों लोग बाढ़ से पीड़ित हैं और उनकी मदद के लिए दुनिया भर से कई संस्थाएँ राहत सामग्री लेकर पहुँची हैं। मगर क्या ये लोग अगले साल भी यहाँ आएँगे, जब कोसी का तटबन्ध नहीं टूटा होगा और नदी तटबन्धों के बीच बसे 350 गाँवों में बाढ़ का प्रकोप फैलाएगी।"

उन्होंने आगे कहा, "कोसी में बाढ़ हर साल आती है। जिस साल तटबन्ध टूटता है, उस साल तटबन्ध के बाहर के बसे गाँव प्रभावित होते हैं। जिस साल तटबन्ध नहीं टूटता है, उस साल अन्दर बसे गाँव डूबते हैं। और हम जानते हैं कि तटबन्ध किसी-किसी साल टूटता है। यानी ज्यादातर मौके पर तटबन्ध के अन्दर बसे लोग बाढ़ से प्रभावित होते हैं।"

तो उस रोज हमने सीखा कि तटबन्ध नाम की एक चीज होती है, जो तय करती है कि बाढ़ किधर आएगी। बाढ़ तो हर साल आती है। पर अगर उस बाढ़ को तटबन्ध रोक लेता है, तो अन्दर बसे लोग डूबते हैं, रोक नहीं पाता है तो बाहर के लोग। तटबन्ध मिट्टी की एक दीवार होता है, जो नदी की धारा को दोनों तरफ से घेरे रहता है ताकि उसका पानी बाहर न आ जाए।

दिनेश जी का कहना था, "बाढ़ पहले भी आती थी। मगर तब हफ्ते भर के लिए आती थी। धीमी गति से आती थी, घुटने भर पानी खेतों में या आँगन में जमा होता। फिर बाढ़ अपने साथ लाई नई और उपजाऊ मिट्टी को छोड़ कर चली जाती। मगर तटबन्धों ने इस एक हफ्ते की बाढ़ को तीन महीने की बाढ़ में बदल दिया। और जब कहीं तटबन्ध टूटता है, तो पानी तीव्र गति से प्रलय मचाता है, कई-कई फुट ऊँचा पानी हमें डुबा देता है।"

उस रोज हम लोग ढेर सारे सवाल और कई नई जानकारियाँ लेकर

लौटे थे। आने वाले कई महीने तक हम लोग, मैं और रूपेश कोसी नदी के किनारे भटकते रहे। नेपाल के बराह क्षेत्र से लेकर मधेपुरा के आलमनगर तक। यह समझने के लिए कि कोसी की समस्या क्या है और इसका समाधान क्या है। मगर यह ऐसा मसला था, जो कुछेक महीनों में सुलझने वाला नहीं था।

मेरे मन में एक ही बात थी, एक मिट्टी की दीवार है, जिसके एक तरफ अलग दुनिया है, दूसरी तरफ अलग। एक रिवर साइड है, दूसरा कंट्री साइड। रिवर साइड में हर साल बाढ़ आती है और कंट्री साइड में बाढ़ तब आती है, जब तटबन्ध टूटता है। हम लोग कंट्री साइड में रहते हैं। रिवर साइड में कैसी दुनिया है, इसका मुझे पता नहीं। बाद में पता चला कि सिर्फ कोसी ही नहीं, उत्तर बिहार की तकरीबन हर नदी पर तटबन्ध बनाए जा चुके हैं और हर नदी के किनारे दो तरह की दुनिया है। मैं रिवर साइड के इलाके में अधिक से अधिक घूमने लगा।

फिर आया साल 2013, जब मैंने सीएसडीएस के मीडिया फेलोशिप के लिए खगड़िया जिले का फरकिया इलाका चुना। पाँच नदियों की गोद में बसे इस इलाके में न सरकार की सड़क पहुँची है, न उसका कानून। उस इलाके के बारे में आप किसी स्थानीय जानकार से पूछेंगे तो वह आपको राजा टोडरमल का किस्सा सुनाएगा। बड़े गर्व से कहेगा—

"जानते हैं, अकबर के नवरत्नों में से एक टोडरमल पूरे हिन्दुस्तान का लैंड सर्वे करने निकले थे। मगर हमारे इलाके में आकर फँस गए। क्योंकि यहाँ हर दो किमी. पर एक नदी थी और ये नदियाँ भी बहुत जल्दी रास्ता बदल लेती थीं। वे यहाँ महीनों बैठे रहे, मगर सर्वे नहीं करवा पाए। फिर नक्शे में इस इलाके को घेरकर उन्होंने लिख दिया। फरक किया मतलब अलग कर दिया। और यह फरक किया ही अब फरकिया हो गया है।"

और इसका उदाहरण मुझे दिलीप राम के पास मिला।

खगड़िया जंक्शन के आखिरी प्लेटफार्म के बाहरी छोर से सटी उनकी एक छोटी सी चाय की गुमटी थी। मिट्टी के दो-तीन चूल्हे थे

जिन पर कुछ बरतन रखे थे, शीशे के दो-चार बोइयाम में कुछ लोकल बेकरी के बिस्किट थे, एक जला हुआ सॉसपैन, कुछ अधिक मैली छन्नी, आठ-दस शीशे के गिलास और चम्मच। अन्दर एक चौकी थी, जिस पर काठ का बना एक गल्ला रखा था और ग्राहकों को बैठने के लिए दो बेंच थीं। दोपहर का वक्त था और एक भी ग्राहक नहीं था। खुद दिलीप राम भी वहाँ से गायब थे। सोच कर हैरत हुई कि स्थानीय समाजसेवी प्रेम वर्मा ने मुझे इसी चायवाले से मिलने के लिए भेजा है। उनका कहना था कि इस चायवाले का पूरे खगड़िया शहर की जमीन पर दावा है, वह कहता है कि यह शहर उसकी पुश्तैनी जमीन पर बसा है। इतना ही नहीं उसका दावा रेलवे की जमीन पर भी है। बेगूसराय जिले के बछवाड़ा से लेकर कटिहार जिले के कुरसैला तक की जमीन जिससे होकर रेल की पटरी गुजरती है, उसका कहना था वह उसकी जमीन थी। रेलवे ने और बिहार सरकार ने उसकी पुश्तैनी जमीन तो ले ली मगर उसे एक पैसे का मुआवजा नहीं दिया।

प्रेम वर्मा जी ने जब मुझे यह सब बताया था तो मेरी प्रतिक्रिया थी कि वह कोई मनोविकार ग्रस्त व्यक्ति होगा, जिसे भ्रम की दुनिया में जीने की बीमारी होगी। मगर वर्मा जी ने मेरी इस टिप्पणी पर कहा कि नहीं भाई, ऐसा नहीं है। उसने बिहार सरकार और रेलवे के खिलाफ मुकदमा कर रखा है और दस-पन्द्रह साल से उसका मुकदमा खगड़िया जिला एवं सत्र न्यायालय में चल रहा है। जाहिर सी बात है, उसके मुकदमे में थोड़ा-बहुत दम तो होगा, वरना जज इस तरह के मुकदमों को एंटरटेन कहाँ करते हैं।

थोड़ी देर ढूँढ़ने पर दिलीप राम मिल गए। वे पास में ही एक जगह सो रहे थे। मैंने जगाया और उन्हें उनकी दुकान तक लेकर आया। पहले उन्होंने मुझे अपनी दुकान की खास चाय पिलाई, फिर अपनी कहानी शुरू की—

"मेरे परदादा का नाम गैनू महरा था। वे पूर्णिया के बनैली स्टेट में सिपाही थे। एक बार मेरे परदादा ने स्टेट के राजा की किसी संकट

में रक्षा की थी, तब उनकी सेवा से खुश होकर बनैली स्टेट वालों ने उनको पूरे फरकिया की जमीन जोतने के लिए दे दी थी। उस वक्त यह पूरा इलाका पानी में डूबा रहता था। यहाँ की जमीन का कोई मोल नहीं था। मेरे पूर्वज यहाँ आए और जितनी जमीन पर मुमकिन हुआ खेती करने लगे।"

दिलीप राम ने जमीन का एक कागज भी दिखाया, जिसे देखकर मैं कुछ समझ नहीं सका। उन्होंने कुछ तौजी नम्बर बताए, जिन्हें मैंने बस रेफरेंस की खातिर नोट कर लिया। उन्होंने बताया कि 1927 में रेलवे ने और 1942 में बिहार सरकार ने उनकी जमीनें एक्वायर कर ली हैं, तब उनके पूर्वजों को मालूम नहीं था कि इसके बदले मुआवजा भी मिलता है।

फिर उन्होंने बताया कि 1992 में उन्होंने मुकदमा किया, जो 2013 में खारिज हो गया। मतलब समझिए कि खगड़िया की अदालत में 21 साल तक उनका मुकदमा चला। बाद में मैंने यह बात खगड़िया के डिस्ट्रिक्ट कोर्ट में भी जाकर कन्फर्म की। बताया गया कि यह मुकदमा इसलिए खारिज हो गया, क्योंकि सरकार के पास इस बात का कोई कागजी सुबूत नहीं था कि इन जमीनों का असली मालिक कौन है। दरअसल फरकिया के इलाके में जमीन का नक्शा कभी ठीक से तैयार ही नहीं हुआ और न ही दस्तावेजीकरण हुआ। पहले खगड़िया खुद मुंगेर जिले का हिस्सा था, सो पुराने कागजात मुंगेर में ही हैं, वे बाढ़ में बह गए या बचे हैं, यह कहना मुश्किल है।

यह ट्रैजडी सिर्फ गैनू महरा के वंशज दिलीप राम की नहीं बल्कि पूरे फरकिया इलाके की है। मुझे अब भी लगता है, दिलीप राम ने सनक में आकर ही मुकदमा किया होगा। इस इलाके में उनके पूर्वजों की दावेदारी का कोई प्रामाणिक इतिहास नहीं मिलता। मगर यह कहानी कोसी, बागमती और दूसरी कई नदियों के इलाके के लैंड रिकॉर्ड की स्थिति का राज तो खोलती ही है। यानी, जो नक्शा टोडरमल नहीं बना पाए, वह नक्शा आने वाले वक्त में भी ठीक से बन नहीं पाया।

बहरहाल उस ट्रिप में मेरा फरकिया के कई इलाकों में जाना हुआ। केन्द्रीय मंत्री रामविलास पासवान के पैतृक गाँव शहरबन्नी भी गया, जो बदलाघाट-नगरपाड़ा तटबन्ध के भीतर बसा है। बदलाघाट-नगरपाड़ा तटबन्ध के बीच बसे दर्जनों गाँवों के बीच शहरबन्नी की एक अनूठी पहचान है, वह यह कि उस गाँव में एक सीमेंटेड सड़क है और कुछ पक्के मकान। यानी आप समझ लीजिए, इलाके के किसी भी दूसरे गाँव तक पहुँचने के लिए पक्का रास्ता नहीं है, ईंट की सोलिंग भी नहीं। पगडंडियाँ हैं, नावें हैं और पैदल रास्ते हैं।

शहरबन्नी में भी सड़क इसलिए है, क्योंकि यह लगातार कई टर्म में केन्द्रीय मंत्री रहे देश के मशहूर राजनेता रामविलास पासवान का गाँव है। वह भी इसलिए मुमकिन हुआ कि एक जमाने में पासवान जी खनन मंत्री हुआ करते थे और स्टील ऑथारिटी ऑफ इंडिया(सेल) इनके विभाग से गाइड होती थी। तब उन्होंने यह सड़क सेल पर दबाव डालकर उसके सीएसआर फंड से बनवा ली। दिलचस्प है कि सेल ने उस दौर में इनके गाँव में एक भव्य रेस्ट हाउस भी बनवाया था। पता नहीं इस बियाबान में यह रेस्ट हाउस किसके लिए बनाया गया। आज भी उस रेस्ट हाउस का ताला तभी खुलता है, जब पासवान जी भूले-भटके तीन-चार साल में कभी अपने गाँव पहुँचते हैं।

इस वीराने में तो प्रखंड स्तर के अधिकारी भी आने में हिचकते हैं, कभी आ गए तो पूरे साल हर आगंतुक को अपनी वीरता की कहानी सुनाते हैं। यहाँ नौकरी करने वाले मास्साब, एएनएम मैडम वगैरह छोटे कर्मचारियों की तो चाँदी रहती है। महीने में एक बार आकर मुखिया से हाजिरी बनवा लेते हैं, कुछ चढ़ावा भी दे देते हैं, ताकि सैलरी बनती रहे। इस इलाके के एक अतिरिक्त स्वास्थ्य केन्द्र में तो मैंने खुद भूसा भरा हुआ देखा था। बाहर भैंसें बँधी थीं। कई सालों से वहाँ किसी डॉक्टर के दर्शन नहीं हुए थे, सो मरीज भी नहीं आते थे।

वैसे सेल ने पासवान जी के गाँव का खूब खयाल रखा है, उनके माता-पिता का स्मारक भी बनवाया है। इन आलीशान भवनों के अलावा

और उस गाँव में सब कुछ कच्चा है। पासवान जी का अपना घर भी अति साधारण है, जहाँ उनकी पहली और कथित रूप से तलाकशुदा पत्नी राजकुमारी देवी अकेली रहती हैं।

मैं राजकुमारी देवी का आभारी हूँ कि उन्होंने एक रात के लिए मुझे मेहमान बनाकर रखा। अपने हाथों से पकाकर खाना खिलाया। हालाँकि वे इसके लिए बहुत उत्साहित नहीं थीं। सुबह जब मैं उस वीआईपी गाँव में घूमने निकला तो पता चला कि वहाँ तब तक बिजली नहीं आई थी। जिन्हें बिजली के उपकरणों की जरूरत थी, वे सोलर पैनल का इस्तेमाल करते थे। गाँव के स्कूल में गर्मियों की छुट्टी नहीं होती, बल्कि उसके बदले बाढ़ की छुट्टियाँ होती थीं। हर साल चार महीने के लिए इस गाँव में चार से छह फुट पानी जमा हो जाता है। इस दौरान सड़कें डूब जाती हैं और सारा काम नावों से होता है। और नावें जैसे-तैसे बगैर किसी सुरक्षा इन्तजाम के चलती हैं। पड़ोस के गाँव फुलतोड़ा में 2010 में भीषण नौका दुर्घटना हुई थी, जिसमें 75 से अधिक लोगों की मौत हो गई। इसके बावजूद बारिश के महीने में इनसान को शौच करने भी जाना हो तो नाव पर ही चढ़ना पड़ता है। स्कूल-कॉलेज, पढ़ाई-लिखाई सब बन्द। सिर्फ जरूरी काम निबटाए जाते हैं।

शहरबन्नी के तीन-चार किमी. आगे है, गुलरिया गाँव। शहरबन्नी के बाद ही सड़कें खत्म हो जाती हैं। धूल में मोटरसाइकिल चलाते हुए हम मोहराघाट पहुँचे फिर वहाँ से नाव के सहारे उस पार। मोटरसाइकिल समेत। गुलरिया गाँव की पहचान यह है कि भारत में चल रहे पल्स पोलियो अभियान के सिलसिले में दुनिया के सबसे अमीर व्यक्ति बिल गेट्स इस गाँव आए थे। वह 2010 की बात है।

जब 2013 में मैं वहाँ गया, तो पता चला कि तीन साल से गाँव के लोग उस बिलगोटिया(बिल गेट्स) का इन्तजार कर रहे हैं। कहने लगे—

"एगो भारी पैसा बाला अंगरेज आया था। नाम कहा, बिलगोट। उसके साथ एक दर्जन अंगरेज, दू दर्जन सिपाही, डीएम, कलट्टर, एमे.-बी.ए. (एमएलए), भीडीओ (बीडीओ), नेता-चमचा, छापी लेने

वाला (फोटोग्राफर-वीडियोग्राफर) सब आया था। मेला-ठेला जैसा लग गया था। गाँव से बेसी बाहर का आदमी। घर में घुस-घुस के मौगी आ बच्चा सबका छापी लेता(फोटोग्राफी), माइक भिड़ाकर पूछापाछी करता।"

बाद में कोई बोला कि पूरा गुलरिया गाँव को गोदी में ले लिया है।

"गोदी मतलब नै बुझे, पोसपूत(दत्तक पुत्र) बना लिया है। अब सब खर्चा-पानी वही देगा। लेकिन लगता है ठक(ठग) के चला गया। ऊ गया उसके बाद कहाँ कोई आया। चपरासी तक नहीं आया। तीन-साढ़े तीन साल हो गया है, पहली बार आप ही लोग आए हैं। हम लोग तो बूझे वही इनकौरी (एन्क्वायरी) करने आए हैं।"

मैंने वहाँ से लौटकर पता किया तो बिल एंड मेलिंडा गेट्स फाउंडेशन ने साफ-साफ जवाब दे दिया कि एडॉप्ट करने की कोई बात ही नहीं हुई थी। पता नहीं मीडिया वालों ने कहाँ से खबर उड़ा दी। फाउंडेशन का दावा स्पष्ट था। जबकि न सिर्फ हिन्दी बल्कि अंगरेजी के अख़बारों में भी खबर यही छपी थी कि बिल गेट्स ने गुलरिया गाँव को गोद ले लिया है। सच जो हो, मगर गुलरिया के लोग आज भी बिलगोटिया का इन्तजार कर रहे हैं। मुझे हमेशा लगता है कि बिल गेट्स अगर पुराने जमाने का कोई सेठ होता तो जरूर छपी हुई खबर के लिहाज में ही सही उस गाँव को एडॉप्ट कर लेता, आखिर दुनिया के सबसे अमीर आदमी के लिए एक छोटे से गाँव को गोद लेना कौन सी बड़ी बात है। वह अपने एक सीनियर मैनेजर की सैलरी में इस पूरे गाँव को खुशहाल बना सकता था। मगर शायद अब जमाना बदल गया है।

मेरी खबर छपने के बाद एक बार स्थानीय सांसद पप्पू यादव भी उस गाँव घूम आए और उन्होंने वहाँ से लौटकर बिल एंड मेलिंडा फाउंडेशन के खिलाफ खूब बवाल किया। कहा, ये लोग ड्रग टेस्टिंग के लिए गुलरिया आए थे। बिल एंड मेलिंडा फाउंडेशन पर आन्ध्र प्रदेश और गुजरात के ग्रामीण इलाकों में ड्रग टेस्टिंग के आरोप पहले ही लग चुके हैं। कोरोना काल में भी उनकी भूमिका काफी सन्दिग्ध मानी जा रही है। इसके अलावा उन पर जीएम फूड को बढ़ावा देने के भी आरोप हैं।

गुलरिया से मैं बलकुंडा गाँव गया। दो रेल हादसों की वजह से मशहूर धमहरा घाट के निकट नहर पर बसे 400 महादलित परिवार बलकुंडा गाँव के निवासी हैं। गाँव बागमती की धारा में कब का विलीन हो चुका है। अब वह नहर ही बलकुंडा गाँव है। हालाँकि 2013 में ही गाँव के लोगों के पुनर्वास के लिए पड़ोस के गाँव में बाजार मूल्य से काफी ऊँची कीमत देकर जमीन खरीद ली गई है। मगर सरकार आज तक इन गरीबों को वहाँ बसा नहीं पाई। वजह, जिन लोगों ने जमीन सरकार को बेची, वे दबंग हैं। उन्होंने जमीन का पैसा तो वसूल लिया, पर जमीन छोड़ने को तैयार नहीं हैं। गरीब लोग गुहार लगाने जाते हैं, तो वे उन्हें राइफल दिखाते हैं। सरकार ने उन गरीबों को उनकी जमीन पर कब्जा दिलाने की एक-दो बार कोशिश की मगर सफल नहीं हो पाई। इसकी कहानी विस्तार से आगे के अध्याय में है।

इसके अलावा मैं कई दूसरे गाँवों में भी गया, जहाँ अलग-अलग किस्म के किस्सों से सामना हुआ। पता चला कि टोडरमल ने जिस फरकिया को लाल स्याही से घेर दिया था, वह आज भी तमाम सवालों से घिरा जवाब के इन्तजार में खड़ा है। कोई सरकारी सुविधा नहीं, कानून का कोई राज नहीं, वह कुल मिलाकर 18वीं सदी की एक छूटी हुई दुनिया है, जहाँ रहने वाले लोग कभी-कभार अपने काम से 21वीं सदी की दुनिया में आ जाया करते हैं। टाइम ट्रैवल किया करते हैं।

आने वाले दिनों में उत्तर बिहार की पश्चिमी सीमा चम्पारण से लेकर पूर्वी सीमा किशनगंज तक ऐसे कई गाँवों में जाना हुआ, जो नदियों के तटबन्धों के बीच में बसे हैं। उनकी कहानी कमोबेश ऐसी ही है। फिर मैंने मान लिया कि उत्तर बिहार में किसी एक जगह को फरकिया नहीं कह सकते। चम्पारण के बगहा अनुमंडल के कुछ प्रखंड जो गंडक नदी के उस पार हैं, वे भी फरकिया हैं। जहाँ के लोग आज भी बिहार में अपने जिला मुख्यालय आने से अधिक आसान यूपी के कुशीनगर तक जाने को समझते हैं। शिवहर जिले में बागमती के पेट में बसे बेलवा घाटी के पास के गाँव भी फरकिया हैं, जहाँ नागेन्द्र सहनी जैसे लोगों के

घर पिछले 45 साल में 14-15 बार बागमती की धाराओं की बलि चढ़ चुके हैं। उन्हें अब याद भी नहीं है कि उन्होंने अपना घर कब-कब और कहाँ-कहाँ बनाया था। कमला और बलान के तटबन्धों के बीच बसे गाँव भी फरकिया हैं। सहरसा का केदली गाँव भी फरकिया है, जिसे कोसी ने अब तक नौ बार उजाड़ा है। कटिहार में महानंदा के तटबन्धों के बीच बसे गाँव भी फरकिया ही हैं, जहाँ के लोग हर बाढ़ में खुद ही तटबन्ध को काट देते हैं।

सच यह है कि पहले नदियों की वजह से इलाका फरकिया हो जाता था, अब फरकिया इलाके वे हैं जो बाढ़ से रक्षा के लिए नदियों पर बने तटबन्धों के बीच छूट गए हैं। सिर्फ कोसी तटबन्ध के बीच ऐसे 350 गाँव हैं। गंडक, बागमती, कमला, महानंदा जैसी नदियों के तटबन्धों के बीच बच गए गाँवों को गिन लिया जाए तो उनकी संख्या कितनी होगी? किसी भी सूरत में कम से कम 12 से 15 सौ तो होगी ही, दो हजार भी हो सकती है। दुर्भाग्यवश हमारे पास इसका कोई सटीक आँकड़ा नहीं है।

दुर्भाग्य यह भी है कि राज्य का जल संसाधन विभाग अभी भी मानता है, नदियों के किनारे तटबन्ध बना कर बाढ़ की आपदा को रोका जा सकता है। मगर आँकड़े बताते हैं कि तटबन्धों के निर्माण के बाद बाढ़ की समस्या घटने के बदले उसी अनुपात में बढ़ी है। 1954 में जब बिहार में तटबन्धों की लम्बाई सिर्फ 160 किमी. थी, यहाँ का एक-चौथाई इलाका ही बाढ़ प्रभावित था। आज जब सभी प्रमुख नदियों पर उनकी लम्बाई से अधिक तटबन्ध बन चुके हैं, बिहार का बाढ़ प्रभावित इलाका घटने के बदले तीन गुना बढ़ गया है। अब तीन-चौथाई बिहार बाढ़ प्रभावित है।

इन तटबन्धों की सुरक्षा और मरम्मत के नाम पर हर साल 600 करोड़ से अधिक की राशि खर्च की जाती है। विशेषज्ञ बताते हैं कि बाढ़ से सुरक्षा के नाम पर बन रहे ये तटबन्ध बिहार में बाढ़ की समस्या के विकराल होने की असली वजह हैं। ये ऐसे रोग में तब्दील हो चुके

हैं, जो नदियों को बीमार बना रहे हैं और पूरे राज्य को बाढ़ प्रभावित। इसके बावजूद राज्य सरकार के जल संसाधन विभाग का इन तटबन्धों से मोहभंग नहीं हो रहा। अगले कुछ सालों में 1550 किमी. और तटबन्ध बनाए जाने की दिशा में काम चल रहा है।

दरअसल आजादी से पहले भी बिहार में काफी बाढ़ आती थी, मगर तब नदियों के किनारे तटबन्ध बनाने का रिवाज नहीं था। आँकड़े बताते हैं कि 1954 में बिहार के कुल भू-क्षेत्र 94.16 लाख हेक्टेयर में सिर्फ 25 लाख हेक्टेयर जमीन ही बाढ़ से प्रभावित होती थी। आजादी के बाद पहली बार कोसी नदी के दोनों किनारों पर विशाल तटबन्ध बनाकर बाढ़ की आपदा को रोकने का विचार किया गया। कोसी के बाद राज्य की दूसरी नदियों पर भी तटबन्ध बने। हालात ये हो गए कि 1994 तक राज्य की सभी नदियों पर 3454 किमी. तटबन्ध का निर्माण हो गया।

इन तटबन्धों से बिहार में बाढ़ की आपदा पर नियंत्रण होना चाहिए था। मगर सेकेंड बिहार इरिगेशन कमीशन की रिपोर्ट के मुताबिक उस वक्त तक राज्य में बाढ़ प्रभावित क्षेत्र भी बढ़कर 68.8 लाख हेक्टेयर हो गया। आज की तारीख़ में विशेषज्ञ मानते हैं कि यह आँकड़ा 73 लाख हेक्टेयर तक पहुँच गया है। वे इस आँकड़े में 2008 में आई कोसी की बाढ़ की वजह से 4.153 लाख हेक्टेयर के नए इलाके को भी जोड़ते हैं।

आखिर ऐसा क्यों हुआ? उत्तर बिहार की नदियों के विशेषज्ञ दिनेश कुमार मिश्र बताते हैं कि तटबन्धों की वजह से तिहरा नुकसान हुआ। पहला नुकसान यह हुआ कि धारा अवरुद्ध होने के चलते नदियाँ आक्रामक हो गईं और वे तटबन्ध तोड़कर न सिर्फ नए इलाकों में फैलने लगीं, बल्कि ज्यादा नुकसान करने लगीं। दूसरा नुकसान यह हुआ कि सिल्ट(गाद) को फैलने की जगह नहीं मिली और नदियाँ गाद से भर गईं। और तीसरा आर्थिक नुकसान हुआ। आज की तारीख़ में हर साल जल संसाधन विभाग इन तटबन्धों के रखरखाव पर सैकड़ों करोड़ की राशि खर्च करता है। इसके बावजूद 1987 से लेकर 2014 तक ये तटबन्ध 378 बार टूट चुके हैं।

फिर भी राज्य का जल संसाधन विभाग तटबन्धों को ही बाढ़ का एकमात्र इलाज मानता है। विभाग की वेबसाइट पर यह सूचना दर्ज है कि विभाग आने वाले समय में 1550 किमी. नए तटबन्ध का निर्माण करने जा रहा है और इससे वह 19.99 लाख हेक्टेयर क्षेत्र को बाढ़ से सुरक्षित कर लेगा। इसके तहत महानंदा नदी पर 1196 किमी. तटबन्ध बनना है, बागमती, अवधारा, चंदन और सिकरहना नदियों के किनारे भी तटबन्ध बनना है। गौरतलब है कि राज्य में बहने वाली नदियों की कुल लम्बाई 2943 किमी. है, जबकि आज की तारीख़ में 3731 किमी. लम्बे तटबन्ध का निर्माण हो चुका है। अगर विभाग अपने लक्ष्य को प्राप्त कर लेता है, तो यह लम्बाई 5287.7 किमी. हो जाएगी, जो नदियों की कुल लम्बाई की लगभग दोगुनी होगी।

आँकड़ों की जुबानी

तटबन्ध की लम्बाई बढ़ती गई, बाढ़ का प्रकोप बढ़ता गया—

साल	तटबन्ध की लम्बाई (किमी.)	बाढ़ प्रभावित क्षेत्र
1954	160	25 लाख हेक्टेयर
1971	1772	43 लाख हेक्टेयर
1982	2967	64.61 लाख हेक्टेयर
1994	3454	68.8 लाख हेक्टेयर
2016	3731	72.95 लाख हेक्टेयर

कोसी की 2008 की बाढ़ के नए इलाके 4.153 लाख हेक्टेयर को जोड़ने के बाद।

(ये आँकड़े राष्ट्रीय बाढ़ आयोग, 1980, सेकेंड बिहार इरिगेशन कमीशन, 1994, जल संसाधन विभाग की विभिन्न वार्षिक रिपोर्टों पर आधारित हैं।)

जल संसाधन विभाग के मुताबिक बिहार का कुल भौगोलिक क्षेत्र 94.16 लाख हेक्टेयर है।

नदी बेसिन के स्तर पर तटबन्ध और बाढ़ का प्रकोप

नदी (बिहार में)	लम्बाई (किमी.)	तटबन्ध की लम्बाई (किमी.)	बाढ़ प्रभावित क्षेत्र	सुरक्षित क्षेत्र (लाख हेक्ट. में)
गंगा	445	596.92	12.920	2.440
कोसी	260	451.21	10.150	9.720
बूढ़ी गंडक	320	779.26	8.210	6.730
पुनपुन	235	37.62	6.130	0.200
महानंदा	376	225.33	5.150	1.010
सोन	202	59.54	3.700	0.210
बागमती	394	650.34	4.440	अप्राप्त
कमला	120	190.00	3.700	अप्राप्त
गंडक	260	511.66	3.350	6.240
घाघरा	83	132.90	2.530	0.700
चन्दन	118	18.23	1.130	0.060
बदुआ	130	64.95	1.050	अप्राप्त
कुल	2943	3731.96	68.8	29.49

(विशेषज्ञ इस आँकड़े में 2008 की कोसी बाढ़ के प्रभावित 4.153 लाख हेक्टेयर जमीन को जोड़ने की माँग करते हैं। जोड़ने पर आँकड़ा 72.95 लाख हेक्टेयर हो जाता है। आँकड़े जल संसाधन विभाग की वेबसाइट से।)

3

'घो-घो रानी, कितना पानी' वाला खेल अब सिर्फ बाढ़ का खेल नहीं रह गया है। यह खेल उत्तर बिहार के इलाकों में कुछ साल पहले तक सिर्फ मानसून के महीने में हुआ करता था, वह अब गर्मियों में भी होने लगा है। यह पानी की नई कहानी है।

अब अप्रैल महीने से ही पानी से जुड़ी खबरें अख़बारों में आने लगती है। वाटर लेवल डाउन जा रहा है, हैंडपम्प सूख रहे हैं। लोग गैलन उठाकर पानी की तलाश में यहाँ-वहाँ भटकने लगते हैं। फिर टैंकरों से पानी की आपूर्ति शुरू हो जाती है। बाहर वाले कहते हैं, 'अरे आपका तो बाढ़ का इलाका है, वहाँ पानी का प्रोब्लम कैसे हो सकता है?' वे बिलकुल मानने के लिए तैयार नहीं होते। मैं भी मानने के लिए तैयार नहीं होता था—अरे हमारे इलाके में तो 40 फुट पर पानी निकल आता है, वहाँ पानी का क्या संकट! मगर नारायण जी चौधरी नामक सज्जन ने मुझे दरभंगा बुलाया और कहा, आकर देख लीजिए। कैसे सैकड़ों तालाबों वाले इस शहर में लोग सुबह चार बजे से साइकिल में गैलन बाँधकर पानी की तलाश में निकल पड़ते हैं। नारायण जी के शहर दरभंगा की पहचान 'पग-पग पोखर' वाले शहर के रूप में है, यानी हर कदम पर तालाब। मगर उनके शहर में रोज तालाबों की अकाल मृत्यु होती है और वे हर तालाब को बचाने के लिए अन्त तक लड़ते रहते हैं। मैं उनके बुलावे पर दरभंगा चला गया।

उस रोज मैं और नारायण जी भरी दुपहरी में लहेरियासराय में भटकते हुए बेता गामी पोखर तक पहुँचने का रास्ता तलाश रहे थे। वे थोड़े

सशंकित भी थे, क्योंकि आसपास के लोग उन्हें पहचानते थे और उनके आने का मकसद भी समझते थे। इनमें वे लोग तो थे ही, जिन्होंने इस तालाब की जमीन पर कब्जा करके ऊँची इमारतें बना ली थीं, वे लोग भी थे, जो इस तालाब को बचाने के लिए कभी संघर्षरत रहे थे और अपने एक साथी की हत्या के बाद शान्त पड़ गए थे। नारायण जी दोनों के लिए बुरे बन गए थे।

चारों तरफ चक्कर काटते-काटते हमें आखिरकार एक पतली सी गली मिल ही गई, जहाँ से उस तालाब तक पहुँचा जा सकता था। हम यह देखकर हैरत में पड़ गए कि कभी पाँच एकड़ जमीन में फैला वह तालाब एक छोटे डबरे जैसा दिख रहा था। कुछेक डिसमिल जमीन बची हुई थी और उसके बगल में भी ईंट और बालू रखे हुए थे। यह तय हो गया था कि बहुत जल्द इसे भी भर दिया जाएगा और मकान खड़ा कर लिया जाएगा। मेरी इच्छा थी कि आस-पड़ोस की किसी भी छत पर चढ़कर एक टॉप एंगल फोटोग्राफ ले सकूँ, ताकि इस तालाब की हत्या का विद्रूप चेहरा सामने आ सके। मगर वह काम हो नहीं सका क्योंकि आसपास जितने भी मकान थे, वे सभी उस तालाब की कब्र पर बने थे। हमें कौन अपने ही अपराध की निशानी लेने के लिए अपनी छत पर चढ़ने देता।

हम निराश होकर वहाँ से लौटे। फिर नारायण जी ने हमें ऐसे कई तालाब दिखाए। जैसे बाबा सागरदास तालाब। नारायण जी ने बताया कि कुछ महीने पहले ही उन्हें मालूम हुआ था कि लोग इस तालाब में कचरा फेंककर इसे भरने की कोशिश कर रहे हैं। उन दिनों जलपुरुष राजेन्द्र सिंह दरभंगा आए थे, तो वे उन्हें यह तालाब दिखाने ले आए थे। तब तालाब जिन्दा था। मगर जब हम उस तालाब को देखने पहुँचे तो वह समतल मैदान बन चुका था। कई मकानों के पिलर खड़े हो गए थे। स्थानीय लोगों ने कहा कि पिछले एक महीने में ही यह सब हो गया। इसी तरह कबरा घाट मोहल्ले में भी एक तालाब समतल हो गया था, दूसरे को आधा भरा जा चुका था और तीसरे में कचरा फेंककर उसे

भरने की शुरुआत हो गई थी। वार्ड 25 में शाही मनसफी में एक तालाब में उन दिनों हर रात ट्रैक्टर से मिट्टी गिराई जा रही थी।

नारायणजी ने हमें दरभंगा शहर की शान समझे जाने वाले चार बड़े तालाब भी दिखाए। ये थे गंगा सागर, दिग्घी, हराही और मिर्जा खाँ तालाब। ये सभी काफी बड़े आकार वाले झीलनुमा तालाब थे। इन्हीं चार तालाबों की वजह से दरभंगा को पोखरों का शहर कहा जाता है। ये सभी तालाब नौ सौ साल तक पुराने थे। मगर इनमें भी कचरा फेंका जा रहा था। जमीन कब्जा कर मकान खड़े किए जा रहे थे। और नारायण जी अकेले इन तमाम तालाबों का खाता-खेसरा और रकबा लेकर डीएम से लेकर सीएम तक शिकायत करते और इन्हें बचाने की गुजारिश करते रहते। वे हम जैसे पत्रकारों को जागरूक करते और इस विषय में लिखने के लिए प्रेरित करते। वे बताते कि सुप्रीम कोर्ट ने आदेश दिया है, आप अपनी जमीन पर बने तालाब को भी भर नहीं सकते, यह अपराध है। मगर उस वक्त पग-पग पोखर वाले शहर दरभंगा में हर कोई तालाब भरकर बिल्डिंग खड़ी करने के जुगाड़ में था, किसी को परवाह नहीं थी कि इसका अंजाम आने वाले दिनों में क्या होगा।

हालाँकि महज तीन साल में ही इस शहर के लोगों को पता चल गया कि उन्होंने अपने भविष्य के साथ कैसा खिलवाड़ किया है। 2019 के मार्च महीने से ही शहर सूखे की चपेट में आने लगा। बोरिंग और हैंडपंप सूखने लगे। सबमर्सिबल पम्प घर-घर की जरूरत बनने लगे। गली-गली में सबमर्सिबल बोरिंग करने वाली दुकान खुल गई। अब तीन सौ फुट से कम गहराई पर कहीं पानी नहीं था। जिनके पास सबमर्सिबल बोरिंग करवाने के लिए एक लाख रुपए नहीं थे, वे गैलन लेकर शहर में यहाँ-वहाँ भटक रहे थे।

उसी साल दरभंगा नगर निगम ने नियमित तौर पर टैंकरों से जलापूर्ति शुरू कर दी। हालाँकि जलसंकट विमर्श में आया, लोगों ने तालाबों का महत्त्व भी समझा, मगर चेत गए हों ऐसा नहीं लगा। 2019 में भी दरभंगा शहर में तालाब को भरकर मकान बनाने की साजिश चलती रही, इस

सरकारी आदेश के बावजूद कि प्रशासन तालाबों को अतिक्रमण मुक्त कराएगा।

बहरहाल, 2016 के मई महीने में दरभंगा की वह यात्रा और नारायण जी के साथ गुजरे दो दिन मेरे लिए किसी प्रशिक्षण जैसे साबित हुए थे। मैंने उनसे सीखा कि तालाब हमारे लिए क्यों जरूरी हैं, जाना कि भू माफिया किस तरह तालाबों के पीछे पड़े हैं। अदालती आदेश क्या है और सरकार किस तरह असंवेदनशील बनी हुई है।

उनसे ही पता चला कि कभी हिमालय की ओर से उत्तर प्रदेश और बिहार में सैकड़ों छोटी-छोटी नदियाँ और धाराएँ आती थीं, अब इनमें से ज्यादातर अब सूख गई हैं। राज्य में कितने तालाब, पोखर और चौर हैं, इनका कोई स्पष्ट आँकड़ा उपलब्ध नहीं है। ऐसा अनुमान लगाया जाता है कि कभी ढाई लाख से अधिक तालाब-पोखरे थे, अब बमुश्किल 80 हजार बच गए हैं। पुराने तालाबों को भरकर इमारतें खड़ी की जाने लगी हैं और खेत बन रहे हैं।

बाद में गया शहर जाना हुआ तो वहाँ भी यही कहानी दिखी। कभी झीलों-तालाबों के जरिए गया के लोग अपनी प्यास बुझाते थे। उस पहाड़ी शहर में बोरिंग करना भी आसान काम नहीं है। हर मानसून में तीन तरफ खड़े पहाड़ों से जो बारिश का पानी फिसलकर शहर तक पहुँचता, उसे तालाबों में भर लिया जाता और फिर ये तालाब पूरे साल लोगों की प्यास बुझाते। मगर नए जमाने की बीमारी वहाँ भी पहुँची और तालाब बेमतलब मान लिए गए। उनका अतिक्रमण शुरू हो गया। वहाँ मगध जलजमात नाम की एक संस्था है, जो तालाबों के लिए चिन्तित रहती है। मगर फिर भी तालाब भरे जा रहे हैं।

फिर लौटकर पटना आया तो जो चीज अब तक नहीं दिखी थी, वह भी दिखने लगी। यहाँ एक काफी पुराना तालाब था, गुणसागर। सन्दलपुर इलाके में था। इसका आकार पटना के गांधी मैदान से भी बड़ा हुआ करता था। नाम गुणसागर इसलिए था, क्योंकि निःसंतान औरतें यहाँ आकर डुबकी लगातीं और घोघा तलाशने की कोशिश करतीं। जिसे घोघा मिल

जाता उसके लिए कहा जाता कि वह संतानों वाली हो जाएगी। 1996 तक स्थानीय मछुआरों ने इस तालाब का जलकर भी कटाया था, उनके पास नक्शा था और नक्शे के मुताबिक उस तालाब का रकबा 74 हेक्टेयर था। 2017 में जब वहाँ मैं गया तो तालाब पर न्यू अजीमाबाद कॉलोनी बस गई थी। मत्स्य विभाग ने कहा कि हमने तो 2011-12 में ही यह तालाब भू-राजस्व विभाग को सौंप दिया था। रखकर क्या करते। तालाब में एक बूँद पानी नहीं बचा था।

उन्हीं दिनों कुम्हरार के वारिस खाँ तालाब के बारे में पता चला। उसे भरकर पटना का जिला प्रशासन सदर प्रखंड का दफ्तर बनवा रहा था। नालंदा मेडिकल कॉलेज अस्पताल के सामने एक बड़ा सा तालाब था, उसे भरकर सरकार ने अत्याधुनिक डॉयग्नोस्टिक सेंटर बनवा लिया। दिलचस्प है कि 2017 में इस सेंटर का उद्घाटन खुद राज्य के मुख्यमंत्री नीतीश कुमार ने किया था। किस-किस को रोइए...पटना में कौन नारायण जी चौधरी हैं, जो इन तालाबों की फ़ाइलें ढोते रहें। बिहार में तो तालाबों का यही हाल है।

ऐसा नहीं है कि सरकार इस बात को समझती नहीं थी कि तालाबों को बचाना है। यही सरकार इन तालाबों को अतिक्रमण मुक्त करने के लिए अभियान भी चलाती है। दरअसल कुछ साल पहले पटना हाईकोर्ट ने सरकार को निर्देश दिया था कि वह राज्य के सभी तालाबों का पता लगाए, उसके अतिक्रमण की स्थिति और उसे हटाने के लिए की जा रही कार्रवाई के बारे में अदालत को बताए। इसी वजह से सरकार एक्टिव हुई, उसने हाइकोर्ट को बताया कि अभी भी राज्य में बारह हजार से अधिक जलनिकाय अतिक्रमण के शिकार हैं। मगर दिलचस्प है कि इसी बीच सरकार ने खुद दो तालाबों का अतिक्रमण कर नालंदा मेडिकल कॉलेज का डाग्नोस्टिक सेंटर और पटना सदर प्रखंड का दफ्तर भी बनवा लिया। क्योंकि सरकार तब भी यही समझ रही थी कि दूसरों के तालाब का अतिक्रमण करना गलत है, अपने तालाब को भरना कहीं से गलत नहीं। क्योंकि वह तो उनकी अपनी सम्पत्ति है। जबकि सुप्रीम

कोर्ट का स्पष्ट आदेश है कि तालाब या कोई भी जलस्रोत सार्वजनिक सम्पत्ति है, इन्हें भरने से पर्यावरण का नुकसान होता है, वह सार्वजनिक नुकसान है, इसलिए यह गैरकानूनी है। कोई अपने ही तालाब को भी नहीं भर सकता है।

नारायण जी चौधरी कहते हैं, "दरअसल दिक्कत यह है कि बिहार में सबको इस बात की गलतफहमी है कि यहाँ पानी का कोई संकट नहीं है। इतनी बाढ़ आती है, लोग पानी का क्या करेंगे? यह गलतफहमी उन्हें तालाबों को भर देने के लिए प्रेरित करती है।"

इसी बिहार में प्रवासी पक्षियों के लिए मशहूर काबर झील है। बेगूसराय जिले के मंझौल अनुमंडल में स्थित इस झील का फैलाव कभी 15,780 एकड़ में हुआ करता था।* कुछ समय पहले तक तक देशी-विदेशी पक्षियों के कलरव से पाँच माह तक यह इलाका गुंजायमान रहता था। लेकिन डेढ़ दशक पूर्व से यह इलाका धीरे-धीरे वीरान होने लगा। मेहमान पक्षियों का आना बहुत कम हो गया। जमीन का भी अतिक्रमण शुरू हो गया है। लोग बताते हैं, काबर झील का पानी महाले एवं कोचाले चौर एरिया तक में ही सीमित होकर रह गया है। इसका कुल क्षेत्रफल अब केवल पच्चीस सौ एकड़ बच गया है—मूल झील का 16 फीसदी से भी कम। 2019 के लोकसभा चुनाव के वक्त जब मैं वहाँ गया तो झील का अस्तित्व बमुश्किल कुछ कट्ठा जमीन में बचा था। बाद में इस झील के पूरी तरह सूख जाने की खबर भी एक भयावह तसवीर के साथ सामने आई।

मीठे पानी की प्राकृतिक झील के रूप में दुनिया में मशहूर काबर के बड़े इलाके में अब किसान खेती करने लगे हैं। इससे किसानों को फायदा तो हो रहा है, मगर हमने एक अनमोल प्राकृतिक धरोहर को हमेशा के लिए खो दिया है। अब वहाँ बहुत कम विदेशी पक्षी आते हैं। काबर झील की मछलियाँ भी विलुप्त हो गईं, जो कभी पूरे देश में निर्यात की जाती

---

* 3 जून, 2019 को न्यूजलाउंड्री में प्रकाशित खबर।

थीं और अपने बेहतरीन स्वाद के लिए मशहूर थीं। बिहार सरकार के वन विभाग ने खुद केन्द्र सरकार से अनुरोध किया था कि इस झील का रकबा घटा दिया जाए। यही हाल कुशेश्वर स्थान स्थित पक्षी अभयारण्य का है। उसका रकबा घटाने का भी अनुरोध किया गया था।

मोतीहारी शहर की पहचान माने जाने वाले मोतीझील के बीचोबीच घर बन गए हैं और एक-तिहाई जमीन पर अतिक्रमण कर लिया गया है। इस झील का रकबा 1980 से पहले करीब 487 एकड़ हुआ करता था, जो वर्तमान में 325 एकड़ के आसपास है। एनएच पुल व वृक्षा स्थान के पास झील को भरकर सड़क बना ली गई, जमीन के कारोबारी अब इसकी जमीन बेच रहे हैं। इस मामले में 109 लोगों के खिलाफ अतिक्रमण का मुकदमा चल रहा है।

स्थानीय सांसद राधामोहन सिंह इस झील का सौन्दर्यीकरण कराना चाहते हैं। झील से जलकुंभी साफ कर दी गई है। प्रधानमंत्री नरेन्द्र मोदी ने 10 अप्रैल, 2018 के अपने दौरे के क्रम में झील के विकास के लिए 21 करोड़ रुपए के योजना की घोषणा की। इसके तहत झील के दोनों ओर सड़क का निर्माण, नौकायन आदि की व्यवस्था करना है। लेकिन, झील के बीच में बना एक घर इस झील की सुन्दरता में बदनुमा दाग बन रहा है। लोग कहते हैं कि अगर अतिक्रमणकारियों से करीब 162 एकड़ भूमि मुक्त करा ली जाए, तो मोतीझील को पर्यटन की दृष्टि से विकसित किया जा सकता है। मगर क्या यह हो पाएगा?

वर्ष, 2019 में एक अच्छी बात जरूर हुई कि बिहार सरकार ने जलसंकट की स्थिति को और पारम्परिक जलस्त्रोतों के महत्त्व को समझना शुरू किया। गर्मी के मौसम में भीषण जलसंकट की वजह से जब राज्य सरकार की खूब छीछालेदर हुई तो आखिरकार स्थिति को देखते हुए बिहार सरकार ने गांधी जयंती के मौके पर जल, जीवन और हरियाली अभियान की शुरुआत की। इस अभियान के तहत पहली दफा राज्य में जलस्त्रोतों का ढंग से सर्वेक्षण हुआ। सरकार की तरफ से यह जानकारी दी गई कि राज्य में एक लाख, तैंतीस हजार, 342 तालाब हैं।

इनमें से 33 हजार की स्थिति खस्ता है, सरकार तत्काल इनका जीर्णोद्धार कराएगी। सरकार की तरफ से बताया गया कि राज्य में 13 हजार तालाब अतिक्रमण के शिकार हैं, इनमें से 2354 तालाबों पर स्थायी अतिक्रमण हो चुका है। हालाँकि तब तक सिर्फ 98 हजार तालाबों का ही सर्वेक्षण हो पाया था। शेष 35 हजार तालाबों का सर्वेक्षण होना बाकी था। सबसे दुखद तथ्य यह सामने आया कि राज्य के सिर्फ 30,970 तालाबों में ही समुचित जल उपलब्ध था।

सरकार अपनी तरह से इन तालाबों का जीर्णोद्धार, इन्हें अतिक्रमण से मुक्त कराने की योजना बना रही है। हालाँकि किसी योजना को ठीक से जमीन पर लागू कर पाना बिहार सरकार की सबसे बड़ी विफलता ही मानी जाती है। क्योंकि वह योजना बहादुर अधिक है, क्रियान्वयन में फिसड्डी। इसलिए देखना यह होगा कि सरकार इस काम को किस तरह अंजाम देती है।

हालाँकि घो-घो रानी के पानी के बस यही दो रंग नहीं हैं, एक तीसरा रंग भी है। घो-घो रानी खेलते-खेलते जब बच्चियाँ ऊब जाती हैं, तो विष-अमृत खेलने लगती हैं। इस विष-अमृत के खेल को समझने के लिए मैं 2015 के चुनाव के वक्त गया शहर की तरफ गया था। इसको भी जानिए।

4

"भूलकर भी यहाँ के किसी होटल का पानी नहीं पीजिएगा। जब तक यहाँ रहिए बैग में पानी खरीदकर रखिए। हम लोग तो घर से दो घंटे के लिए भी बाहर निकलते हैं, तो पानी की बोतल लेकर निकलते हैं।"

प्रभात जी ने पहले मौके पर ही मुझे यह चेतावनी दे दी थी। प्रभात मगध जलजमात के एक सक्रिय कार्यकर्ता हैं। उस गया यात्रा के दौरान वे ही मेरे मार्गदर्शक थे। मगध जलजमात की कोर टीम के सदस्य और मेरे फेसबुकिया मित्र, उम्र से अग्रज रवीन्द्र पाठक जी ने मुझे घुमाने का जिम्मा उन्हीं को दे दिया था। अब प्रभात जी की पुरानी फटफटिया थी, मैं था और मेरा पूरा दिन था।

यह तो मुझे मालूम था कि गया शहर का पानी ठीक नहीं है। मगर मैं यह नहीं जानता था कि यहाँ होटल वाले भी अपने ग्राहकों को वही विषैण गंध वाला पानी पिला देते हैं। आरओ न सही, फिल्टर भी इस्तेमाल नहीं करते। इसके बावजूद कि गया एक इंटरनेशनल टाउन की हैसियत रखता है। एक तरफ बोधगया का प्रसिद्ध मन्दिर है, जहाँ दुनिया भर के बौद्ध पूरे साल पहुँचते हैं, तो दूसरी तरफ श्राद्ध और तर्पण का केन्द्र गया शहर के मन्दिर और यहाँ की अन्तःसलिला फल्गु नदी। यह शहर तो आम दिनों में भी पर्यटकों से भरा रहता है, मैं तो पितृ पक्ष के दौरान वहाँ पहुँचा था।

वह साल 2015 का अक्तूबर महीना था। पूरा बिहार राज्य विधानसभा चुनाव की सरगर्मियों में डूबा हुआ था और गया शहर पितृ पक्ष के श्रद्धालुओं से अटा पड़ा था। यहाँ के सारे होटल पिंडदान करने वालों की

भारी भीड़ की वजह से पहले से ही हाउसफुल थे। लोगों ने अपने घरों के कमरे भी किराए पर उठाने शुरू कर दिए थे। शहर में गेरुआ कपड़े पहने लोगों की अच्छी-खासी भीड़ थी, पिंडदानी सिर मुड़ाए यहाँ-वहाँ भटकते नजर आते थे। साथ में कुछ विदेशी सैलानी भी नजर आ रहे थे, जिनके लिए हिन्दू धर्म की इस खासमखास रस्म को देखने-समझने और कैमरे में कैद कर लेने लायक बेहतरीन मौका था। फल्गु नदी और वैतरणी तालाब को कम से कम इन पन्द्रह दिनों के लिए साफ-सुथरा बना लिया गया था।

मगर हमारी मंजिल न फल्गु नदी थी और न ही वैतरणी तालाब। हम शहर से लगभग दस किमी. दूर स्थित चूरी पंचायत के कुछ गाँवों की तरफ जा रहे थे, जिनके बारे में सूचना थी कि पेयजल में संक्रमण की वजह से यहाँ के पचासों बच्चे और युवा विकलांग हो गए हैं। जोड़ों के दर्द की वजह से गाँव के अधिकतर लोग उठने-बैठने और मेहनत-मजूरी करने से भी लाचार हो गए हैं। लगभग पूरा पंचायत फ्लोरोसिस नामक गम्भीर बीमारी की चपेट में है और वह भी शुद्ध पेयजल नहीं होने के कारण। यह यात्रा एक फेलोशिप की वजह से थी, अहमदाबाद की एक संस्था ने मुझे बिहार के फ्लोराइड प्रभावित गाँवों की खबर लिखने के लिए एक छोटा सा फेलोशिप दिया था।

हम चले जा रहे थे और प्रभात जी मुझे गया के आहर-पाइन और यहाँ के पुराने तालाबों की परम्परा के बारे में बताते जा रहे थे। वे बता रहे थे कि इस पथरीले और तीन तरफ से पहाड़ से घिरे शहर की अपनी पारम्परिक जलसंग्रहण की व्यवस्था थी, जो पिछले कुछ दशकों की अवैज्ञानिक नीतियों की वजह से ध्वस्त हो गई। और आज गर्मियों के मौसम में शहर में पानी बिकने की नौबत आ जाती है और एक पॉश कॉलोनी तो खाली होने लगती है, क्योंकि वहाँ से भूजल से पानी निकालना ही नामुमकिन है। नीचे पथरीली जमीन है। तकरीबन यही बातें थोड़ी देर पहले पाठक जी ने भी मुझे बताई थी, अब प्रभात जी के मुँह से भी चुपचाप सुन रहा था।

यह बात सच ही थी। पथरीली धरती और सूखी नदी वाले इस शहर में अगर पानी का संकट हमेशा से रहता तो कभी यह शहर आस्था का इतना बड़ा केन्द्र नहीं बन पाता। लोग बताते हैं कि महज कुछ साल पहले तक लोग फल्गु नदी से बालू हटाते तो नीचे पानी का चहबच्चा दिखता। बारिश के दिनों में पहाड़ों से जो पानी गिरता उसका एक-एक बूँद यहाँ के ऐतिहासिक तालाबों में समा जाता। लिहाजा भीषण गर्मियों में भी यहाँ के सरोवर भरे रहते और लोगों की प्यास बुझाते रहते। अब हमने इस पारम्परिक ज्ञान को बेकार मान लिया है।

पहला गाँव इस्माइलपुर बहादुर बिगहा था। घुसने के साथ जो पहले व्यक्ति हमें मिले, उनका नाम रामकृष्ण था। वे ईंट पर बैठे हुए थे। उनका नाम भले ही राम और कृष्ण जैसे दो देवताओं के नाम से मिलाकर रखा गया हो, मगर हकीकत में वे न राम थे और न ही कृष्ण। वे तीसरे देवता बामन देव जैसे दिखते थे। 27 साल के रामकृष्ण की ऊँचाई बमुश्किल साढ़े तीन या चार फीट की होगी। उनके पाँव मुड़े हुए थे। उनके लिए चलना-फिरना मुहाल था।

पास बैठे उनके पिता ने बताया कि रामकृष्ण जन्म से ऐसे नहीं थे। 15 साल की उम्र तक उनके शरीर की बनावट किसी आम किशोर जैसी ही थी। मगर फिर अचानक उनके पाँव मुड़ने लगे और पाँव के मुड़ने की वजह से उनकी हाइट भी कम होने लगी। अब अपनी इस शारीरिक परेशानी की वजह से वे कोई काम नहीं कर पाते हैं। मेहनत-मजूरी उनके बस की नहीं है। ऐन पढ़ने-लिखने की उम्र में उनके साथ यह हादसा हो गया, तो पढ़ाई-लिखाई भी छूट गई।

यह इस्माइलपुर बिगहा का रविदास टोला था। बिहार की सरकारी बाइनरी में रविदास महादलितों की श्रेणी में आते हैं। जाहिर सी बात है, टोले का रंग-रूप भी वैसा ही था। फूस की छोटी-छोटी झोंपड़ियाँ, झोंपड़ियों के बाद ही सड़क शुरू हो जाती थी और दरवाजे और सड़क

की सीमा पर कहीं मर्द बैठकर चिलम पीते, गप्पें लड़ाते नजर आते, तो कहीं औरतें बरतन धोती दिखाई देतीं। बच्चे इन दोनों समूहों के आसपास नंग-धड़ंग हालत में हुल्लड़ मचाते दिखते। सामाजिक कार्यकर्ताओं और मेरे जैसे घुमन्तू पत्रकारों के लिए ऐसा मोहल्ला आदर्श स्थल होता है। संयोग से हममें से एक सामाजिक कार्यकर्ता था और एक घुमन्तू पत्रकार।

परस्पर सहमति से हम दोनों ने भीड़ का एक हिस्सा चुना और वहाँ प्रभात जी ने अपनी बाइक पार्क कर दी। वहाँ बैठे लोग चुनाव की चर्चा कर रहे थे। हमारे उतरते और पानी के बारे में पूछते ही वहाँ बैठे लोगों ने मान लिया कि हम लोग सर्वेक्षण के लिए निकले सरकारी कर्मचारी हैं और हमारी एक कलम से उन्हें बड़ा फायदा मिल सकता है। झट से कुरसी या खटिया की तलाश होने लगी। एक किशोर कुरसी लाने के लिए जैसे पीछे की मड़ई की तरफ गया तो हमारी निगाहें भी उधर ही मुड़ गईं।

उस मड़ई में लाल साड़ी पहने एक औरत खाट पर लेटी हुई थी। उसका आधा शरीर खाट पर था और आधा नीचे की तरफ लटका हुआ था। पाँव जमीन को छू रहे थे। चारों तरफ मक्खियाँ भिनभिना रही थीं। वह औरत अपने हाथ से मक्खियों को भगा भी नहीं पा रही थी।

'यह औरत जरूर फ्लोरोसिस का शिकार है।' मेरे स्वाभाविक विवेक ने काम किया। पहले भी फ्लोराइड प्रभावित कई गाँवों में मैंने ऐसे लोग देखे थे, जो अपने शरीर को हिला-डुला पाने में भी सक्षम नहीं थे। हालाँकि किसी की ऐसी दशा नहीं देखी थी, जैसी इस औरत की थी।

मेरा अन्दाजा सही था। वह सियामनी देवी थी। उम्र 45-50 के करीब मगर सत्तर से कम की नहीं लग रही थी। उसके पति ने बताया, "पाँच साल से बिस्तर पर है। शरीर में तेज लहर, दर्द और झुनझुनी की शिकायत रहती है। हमेशा कराहती रहती है। दर्द जब तेज होता है, तो चीखने-चिल्लाने लगती है। घर वाले चाहकर भी इसकी कोई मदद नहीं कर पाते।" उन दिनों सियामनी के पाँव में एक अजीब किस्म का घाव हो गया था, जिस पर मक्खियाँ भिनभिनाती रहती थीं। मगर खुद में इतनी ताकत नहीं बची थी कि इन मक्खियों को उड़ा पाए। उनकी हालत तो

ऐसी थी कि करवट बदलने के लिए भी दूसरों से ही कहना पड़ता। मगर मदद करे भी तो कौन करे। उनके पति खुद फ्लोरोसिस के शिकार थे। किसी तरह चलते-फिरते थे। बैठ गए तो उठना मुहाल। खेतों में बिखरे अनाज के दाने बटोरकर खाना-पीना होता था। तीन बेटे थे। उन्हें भी कुछ न कुछ परेशानी थी। एक बेटा फिर भी रोजी-रोजगार करता था। मगर वह पूरे परिवार का भार उठाने के लिए तैयार नहीं था।

सियामनी देवी की कहानी सुनते-सुनते मैं भावुक होने लगा। मेरे मार्गदर्शक प्रभात जी ने मुझे इस स्थिति से उबारा। कहने लगे, "ई सब इस गाँव के लिए आम बात है। आगे चलके देखिएगा न, ऐसे पेशेंट घर-घर में मिलेंगे। और नहीं मिले तो ताज्जुब समझिए। इस गाँव के पानी में फ्लोराइड की मात्रा 17 मिग्रा. प्रति लीटर है, सम्भवत: देश में सर्वाधिक। तयशुदा मानकों के मुताबिक अगर पानी में 1.5 मिग्रा. प्रति लीटर से अधिक फ्लोराइड हो तो वह पीने लायक नहीं माना जाता। ऐसे में यहाँ के लोग जिन्दा हैं, यही क्या कम बात है।"

गाँव का बच्चा-बच्चा जान गया था कि यह भीषण रोग सिर्फ पानी के कारण हो रहा है। पेयजल विभाग के लोग कई साल पहले गाँव के हैंडपंपों का पानी चेक करके गए थे और लौटकर आए तो हैंडपंपों पर लाल निशान लगा दिया। यानी यहाँ का पानी खतरनाक है, इसे न पिएँ। पाँच साल पहले वैकल्पिक उपाय भी किए गए। लाखों की लागत से इस पंचायत में दो वाटर ट्रीटमेंट प्लांट लगाए गए। पाइप बिछाकर पेयजल उपलब्ध कराने की व्यवस्था की गई। इन प्लांटों का पानी कुछ दिन तो रविदास टोले तक पहुँचा, फिर बन्द हो गया।

क्यों? इसका जवाब देते हुए टोले के लोगों ने कहा, प्लांट लगने के कुछ ही महीने बाद यहाँ सड़क बन रही थी। इसी दौरान हुई खुदाई में उनके टोले तक फ्लोराइडमुक्त जल पहुँचाने वाला पाइप टूट गया और इधर पानी आना बन्द हो गया। अब मुखिया जी पाइप ठीक कराते

नहीं हैं, कहते हैं कि अगर पानी चाहिए तो उनके दरवाजे पर आकर ले जाओ। दरअसल वह प्लांट मुखिया जी के दरवाजे पर बिठाया गया था, जो इस टोले से कम से कम डेढ़-दो किमी. दूर था। हालाँकि लोग वहाँ भी जाकर पानी ले आते, मगर यह करना कतई आसान नहीं था। वहाँ जाने पर मुखिया जी टोका-टोकी करने लगते थे। अक्सर झगड़े की स्थिति बन जाती थी। लोगों का कहना था कि दरअसल मुखिया जी चाहते ही नहीं हैं कि दूसरे टोले के लोग इस पानी का इस्तेमाल करें। वे इस पूरे फ्लोराइडमुक्त जल का इस्तेमाल खुद करना चाहते हैं और अपने टोले के लोगों को करने देना चाहते हैं। रविदास टोले के लोगों का आरोप था कि वहाँ मुखिया जी की भैंसों को भी उस फ्लोराइडमुक्त पानी से नहलाया जाता है, मगर हमें पीने के लिए भी साफ पानी नहीं मिलता।

यह पानी की राजनीति है, जो राष्ट्रव्यापी है। पेयजल विभाग के संसाधनों पर गाँव की दबंग जातियाँ हर बार कब्जा कर लेती हैं और दलित, गरीब-गुरबों के हाथ कुछ नहीं आता। चाँपाकल लगना हो या नल की टोंटी, यह हमेशा मुखिया और उनके करीबियों के घर के पास लगता है। समाज का निचला तबका पेयजल की इस राजनीति का शिकार होकर दूषित जल पीने को मजबूर रहता है। आज भी इस्माइलपुर, बहादुरपुर बिगहा के लोग बेखौफ होकर लाल निशान वाले हैंडपंप का पानी पी रहे हैं। इसकी परवाह किए बगैर कि इन पंपों से जो पानी निकल रहा है, उसमें फ्लोराइड वाला जहर है।

मगर यह पेयजल की राजनीति का एक चरण है। इस राजनीति के कई और चरण हैं। यह दिखाने के लिए प्रभात जी मुझे चुड़ावन नगर ले गए। वह भी इसी पंचायत का हिस्सा है। भोक्ता लोगों की इस बस्ती में भी एक वाटर प्यूरीफायर लगा था। इस वाटर प्यूरीफायर में पानी तो साफ होता था, मगर वहाँ की व्यवस्था कैसी थी, वह आप इसे पढ़कर अन्दाजा लगा सकते हैं।

ऐन प्यूरीफायर से सटे मकान के बाहर जुड़वाँ बच्चियाँ नजर आईं। उनके पाँव टेढ़े होने लगे थे। जब मैं उनकी तस्वीर लेने लगा तो ये डर के मारे रोने लगीं। एक और बच्चा दिखा, साल भर का भी नहीं होगा, मगर पाँव टेढ़े हो गए थे। गाँव के लोगों ने कहा, वे लोग उसी प्यूरीफायर का पानी पीते हैं। फिर ऐसा क्यों हुआ? क्या फ्लोराइडमुक्त पानी भी उनके लिए जहर साबित हो रहा था? वहाँ के लोगों के पास इस सवाल का कोई जवाब नहीं था।

इसका जवाब प्रभात जी ने दिया, जो इस गाँव में अक्सर आते रहते थे। उन्होंने कहा, "पाँच साल पहले लगे इस प्यूरीफायर ने पानी को फ्लोराइडमुक्त करना बन्द कर दिया है। अब यहाँ मोटर चलती है, लेकिन पानी साफ नहीं होता। लखनऊ की संस्था वाटर लाइफ ने इन संयंत्रों को स्थापित किया था और निगरानी और मरम्मत का ठेका भी उनके ही पास है। फ्लोराइड ट्रीटमेंट प्लांट में नियमित निगरानी की जरूरत होती है और मशीन खराब हो जाए तो उसे ठीक करना और तयशुदा वक्त पर उसके मेंब्रेन को बदलना जरूरी होता है। जैसा कि हमारे घर की आरओ मशीन के साथ होता है।"

मगर मशीन लगाने के बाद लखनऊ की वह संस्था दुबारा लौटकर इन गाँवों में आई ही नहीं। लिहाजा, इस प्लांट से जो पानी साफ हो रहा था, वह गाँव के लोगों की जरूरतें पूरी नहीं कर पा रहा था। सरकारी रिकॉर्ड्स में इन गाँवों को फ्लोराइडमुक्त मान लिया गया है। मगर फ्लोराइड ने एक बार फिर गाँव के बच्चों पर हमला कर दिया है।

बिहार के अधिकतर फ्लोराइड प्रभावित गाँवों की कहानी यही है। दरअसल पूरे दक्षिण बिहार में लोग जाने-अनजाने फ्लोराइडयुक्त पानी पी रहे हैं। बिहार सरकार के लोक स्वास्थ्य अभियंत्रण विभाग के आँकड़ों के मुताबिक 11 जिलों की 4157 बस्तियों के पानी में फ्लोराइड की मात्रा तयशुदा मानक से अधिक है। ये जिले हैं, नालंदा, औरंगाबाद, भागलपुर, नवादा, रोहतास, कैमूर, गया, मुंगेर, बाँका, जमुई और शेखपुरा। हालाँकि अगर पूरे इलाके में घूमकर पता किया जाए तो ये आँकड़े भी गलत

साबित होंगे। सरकारी आँकड़ों के मुताबिक गया की सिर्फ 129 बस्तियों में ही फ्लोराइड की मात्रा मानकों से अधिक है। जबकि गैरसरकारी सूत्र बताते हैं कि ऐसी बस्तियों की संख्या 517 है।

इनमें से ज्यादातर गाँवों में पानी साफ करने वाले ऐसे संयंत्र बिठाकर सरकार यह मान बैठी है कि गाँव फ्लोराइडमुक्त हो गया। जबकि कहीं पानी साफ करने वाला मेंब्रेन खराब है, तो कहीं मुखिया जी और दूसरे दबंग पूरे जलस्रोत पर कब्जा कर बैठे हैं। लिहाजा, गरीब लोग जानते-बूझते कहीं 10 तो कहीं 17 मिग्रा. प्रति लीटर फ्लोराइड वाला जहर पीने को विवश हैं और अपाहिज हो रहे हैं।

बिहार के लोगों के लिए फ्लोराइड संक्रमण ही एक बड़ा खतरा नहीं है। मध्य बिहार के 13 जिले आर्सेनिक के कहर का शिकार हैं। ये जिले हैं—बक्सर, भोजपुर, सारण, पटना, वैशाली, समस्तीपुर, बेगूसराय, भागलपुर, लखीसराय, मुंगेर, खगड़िया, दरभंगा और कटिहार। उसी तरह कोसी-सीमांचल के नौ जिलों के लोग आयरनयुक्त जल पीने को विवश हैं। ये जिले हैं, खगड़िया, पूर्णिया, कटिहार, अररिया, सुपौल, किशनगंज, बेगूसराय, मधेपुरा और सहरसा।

यानी तकरीबन पूरा बिहार पीने के पानी में आर्सेनिक, आयरन या फ्लोराइड जैसे विषैले तत्त्वों को पीने के लिए विवश है। अब एक नया जहरीला तत्त्व सामने आया है, नाइट्रेट, जो गर्भस्थ और नवजात शिशुओं के लिए काल के समान है। इन तत्त्वों की वजह से बड़ी आबादी तरह-तरह की बीमारियों की चपेट में है।

2015 के चुनाव के बाद एक नया नारा सामने आया, मुख्यमंत्री के 7 निश्चय। इन्हीं निश्चयों में से एक है हर घर नल का जल। इन दिनों बड़ी तेजी से नल का पानी घर-घर पहुँचाने की व्यवस्था हो रही है। 2020 के चुनाव से ऐन पहले आनन-फानन इस योजना का उद्घाटन भी कर दिया गया। जबकि आधे से अधिक इलाकों में यह योजना शुरू भी नहीं हो पाई

थी। जहाँ शुरू हुई है, वहाँ भी अच्छी गुणवत्ता का पानी नहीं मिल रहा। कोई यह सवाल नहीं कर रहा कि क्या नल का यह पानी विषैले तत्त्वों से मुक्त है, स्वच्छ है? और यह भी कि राज्य के करोड़ों लोगों के घर पानी पहुँचाने के लिए जिस मात्रा में भूजल का दोहन होगा उसकी भरपाई कौन करेगा? यही घो-घो रानी की कहानी है और विष-अमृत की भी।

दूध न बताशा, बौवा चले अकासा

कुपोषण, अकाल मृत्यु और बदहाल चिकित्सा-व्यवस्था

जैसे बिहार में बाढ़ और सुखाड़ के मौसम हैं, वैसे ही बच्चों के मरने के भी मौसम हैं। जब गोरखपुर में बच्चे इनसेफ्लाइटिस की वजह से मर रहे थे, तब वहाँ के किसी नेता ने ठीक ही कहा था, अगस्त में बच्चे मरते ही हैं। बिहार में भी मई-जून का महीना मुजफ्फरपुर प्रमंडल के बच्चों के मरने का मौसम है और अगस्त गया के बच्चों के मरने का। हालाँकि बच्चे यहाँ दूसरे मौसम में भी और कभी भी मरते रहते हैं; और हमारे यहाँ सबसे छोटे ताबूत सबसे भारी भी नहीं होते।

1

"हमारी बच्ची मर गई और हमें चार लाख का चेक पकड़ा दिया गया है। इससे क्या हमारी बेटी हमें वापस मिल जाएगी? हम अपनी जमीन, अपना घर सब नीलाम करके सरकार को चार लाख रुपया अपनी तरफ से देने के लिए तैयार हैं, क्या सरकार हमें हमारी बेटी को वापस लौटा सकती है?"

वह अशोक राम थे, उस बच्ची के चाचा, जिसकी साल 2019 में चमकी बुखार ने जान ले ली थी। मुजफ्फरपुर के मुशहरी प्रखंड के झपहाँ गाँव में हम इनके घर गए थे, सर्वे करने। उन्होंने जो सवाल हमसे पूछ दिया, उसका कोई जवाब हमारे पास नहीं था।

इसी तरह पड़ोस के एक गाँव में रहने वाले दम्पती की रो-रोकर लाल हुई आँखों का मेरे पास कोई इलाज नहीं था। वे कुछ रोज पहले अपने बेटे को चमकी बुखार की वजह से गँवा बैठे थे और अब वे यह साबित करने के लिए यहाँ-वहाँ भटक रहे थे कि उनका बेटा चमकी बुखार से ही मरा है।

वे रो भी रहे थे और कहानी भी बता रहे थे। दरअसल वे जब अपने बच्चे के इलाज के लिए एसकेएमसीएच पहुँचे, तो वहाँ वे दलालों के चक्कर में पड़ गए। उन्होंने उन्हें डरा दिया कि यहाँ तो रोज बच्चे मर रहे हैं, अपने बेटे को बचाना है तो पटना लेकर चलो। ये दलाल उन्हें पटना के बाइपास स्थित किसी अस्पताल में भर्ती करा आए, जहाँ उनके बच्चे की मौत हो गई। इलाज में उनका 80 हजार रुपए से अधिक खर्च भी हो गया। चूँकि उस अस्पताल में चमकी बुखार के स्पेशलिस्ट डॉक्टर नहीं

थे और वह अस्पताल एईएस के इलाज के लिए अधिकृत भी नहीं था, ऐसे में उन्होंने बीमारी का नाम कुछ और ही लिख दिया।

अपने मासूम बच्चे का शव लेकर जब माँ-बाप पटना से लौट रहे थे, तो वे बेहद मायूस हो चले थे। ऐसा लग रहा था कि अब उनके लिए दुनिया में कुछ बचा ही नहीं है। हताशा इतनी बढ़ गई कि उन्होंने अस्पताल के कागजात को भी बच्चे के साथ दफन कर दिया। मगर जब बाद में सरकार ने यह घोषणा की कि चमकी बुखार से मरने वाले हर बच्चे के परिजनों को चार लाख रुपए का मुआवजा मिलेगा, तो कूड़ा बीनकर जीवन चलाने वाले इस परिवार के रिश्तेदारों ने उनके लिए मुआवजे की कोशिश शुरू कर दी, क्योंकि इलाज के वक्त पैसे उन्हीं लोगों ने उधार दिए थे, मुआवजे के पैसे से उधार की राशि वापस होने की उम्मीद थी। फिर कब्र से कागजात निकाले गए और मुआवजा दिलाने की दौड़-धूप चलने लगी।

ऐसे एक-दो नहीं, सैकड़ों किस्से हैं। साल 2019 में चमकी बुखार से बिहार में तकरीबन दो सौ बच्चों की मौत हो गई और छह सौ से अधिक बच्चे बीमार पड़े थे। हर घर की अलग कथा थी, कहीं बच्चों के असमय चले जाने का दुख, तो कहीं बीमारी से उबरने के बाद इन बच्चों के अन्दर आ गई विसंगतियों की घबराहट।

सरकारी दस्तावेजों के मुताबिक साल 2019 में चमकी बुखार से मौतों का सिलसिला जनवरी महीने से ही शुरू हो गया था। तब इक्का-दुक्का मरीजों की मौत हो रही थी, मगर जून में अचानक यह सिलसिला तेज हो गया। जब मरने वाले बच्चों की संख्या बीस के पार पहुँच गई तो ऐसा लगा कि स्थिति बेकाबू हो रही है, क्योंकि पिछले कुछ वर्षों में चमकी बुखार के मामले काफी कम होने लगे थे।

वर्ष 2014 से पहले तक हर साल मुजफ्फरपुर में मई-जून के महीने में अमूमन सौ-दो सौ बच्चे इसी तरह मर जाते थे। चमकी बुखार इस इलाके में रूटीन हो चला था। ठीक उसी तरह जैसे हर साल बिहार में मानसून के दौरान बाढ़ आती है और मई-जून के महीने में सूखा पड़ता

है। 1995 से ही यह सिलसिला जारी था। मगर 2015 के बाद मुजफ्फरपुर में इस तरह की घटना पर लगभग विराम लग गया। उस साल बिहार में चमकी बुखार (एईएस) से सिर्फ 15 बच्चों की मौत हुई थी। 2016 में तो आँकड़ा घटकर सिर्फ चार रह गया था। उस वक्त राज्य स्वास्थ्य समिति के वेक्टर बॉर्न डिजीज के स्टेट प्रोग्राम मैनेजर डॉ. एमपी शर्मा ने अपनी पीठ खुद थपथपाते हुए बड़े गर्व से मुझे बताया था, "बाहर के वैज्ञानिक इस बीमारी पर रिसर्च करते रहे, हमने एसओपी (स्टैंडर्ड ऑपरेटिंग प्रोसीजर) लागू करके दुनिया को दिखा दिया कि हम इन मौतों को रोक सकते हैं।"

एसओपी से उनका आशय था, इस रोग पर काबू करने के लिए तैयार की गई मानक सरकारी प्रक्रिया। चूँकि इस रहस्यमय बीमारी की वजह अब तक नामालूम है, ऐसे में बिहार का स्वास्थ्य विभाग लक्षणों के आधार पर इसका उपचार करता है। ज्यादातर मामलों में देखा गया है कि जो बच्चे भूखे पेट रात में सो जाते हैं, उनका शुगर लेवल तेजी से घटने लगता है। ऐसे में बच्चे को तेज बुखार के साथ चमकी आने लगती है। चमकी यानी उनके शरीर में ऐंठन आना, चमकना। अगर उन बच्चों को चमकी आने के पाँच से आठ घंटे के भीतर इलाज मिल जाए तो ठीक, नहीं तो उन्हें बचा पाना काफी मुश्किल हो जाता है।

पिछले कई सालों से इन पीड़ित बच्चों के लक्षणों का अध्ययन कर राज्य के स्वास्थ्य विभाग ने उस एसओपी को तैयार किया था। तय हुआ था कि बच्चों को भूखे पेट सोने से रोका जाए। चमकी बुखार की स्थिति में सबसे पहले उसका शुगर लेवल चेक किया जाए और अगर शुगर लेवल तेजी से घट रहा है, तो उसे ग्लूकोज चढ़ाया जाए। अगर समय से, यानी बुखार आने के पाँच से आठ घंटे के बीच यह उपचार मिल जाए तो ज्यादातर बच्चे ठीक हो जाते हैं।

2018 तक यह एसओपी कारगर रहा। उस साल राज्य में सिर्फ सात बच्चे इस बीमारी से मरे थे। मगर 2019 में एक बार फिर से वह पुराना दौर लौट आया। मुजफ्फरपुर जिले के दो बड़े अस्पताल एसकेएमसीएच

और केजरीवाल अस्पताल में तेज बुखार से तड़पते और रह-रह कर ऐंठ जाते बच्चे रोज थोक के भाव में पहुँचने लगे और रोज बड़ी संख्या में उनकी लाशें बाहर निकलने लगीं। मीडिया में रोज मृत और इलाजरत बच्चों की संख्या आती और सब लोग उस संख्या को देखकर मौन हो जाते। ऐसा लग ही नहीं रहा था कि कोई कुछ कर सकता है, कोई इन बच्चों को मरने से बचा सकता है।

फिर एक रोज लगा कि कुछ करना चाहिए। कुछ युवक तैयार हुए, घर-घर जाकर लोगों को जागरूक करने लगे। बुखार आए तो क्या करना चाहिए, थर्मामीटर से बुखार कैसे चेक करना चाहिए, पट्टी कब और कैसे देना चाहिए। ओआरएस पिलाना चाहिए, अस्पताल ले जाना चाहिए। इन युवकों ने उसी सरकारी एसओपी के आधार पर अपना अभियान शुरू किया, जिसके जरिए स्वास्थ्य विभाग ने 2015 से 2018 तक इस रोग पर काबू पाने की कोशिश की थी।

कुछ युवा साथी एसकेएमसीएच, मुजफ्फरपुर भी पहुँच गए और वहाँ मरीजों के परिजनों की मदद करने लगे। टीम बड़ी हो गई, काफी लोग हो गए, जो नहीं आ सकते थे उन्होंने पैसे भेजे, मदद भेजी। टीम 70 गाँवों तक गई। इन सबसे क्या फर्क पड़ा, यह एक अलग कहानी है। असली सवाल तो यह है कि जिस राज्य में हर साल थोक में बच्चे बुखार से मर रहे हों, वह कैसे आगे बढ़े? क्या हमारी स्वास्थ्य सेवा, प्रशासन की तैयारी इतनी कमजोर है कि हम छोटे-छोटे बच्चों को भी नहीं बचा पाते? यह एक अलग किस्म का रुकतापुर जंक्शन है।

सवाल यह भी है कि 2015 में एक्यूट इंसेफेलाइटिस सिंड्रोम (चमकी बुखार) से लड़ने के लिए बना एसओपी इन चार-पाँच सालों में क्यों पूरी तरह फेल हो गया? क्या सरकारी व्यवस्था इस साल लोगों को बुखार चेक करने और बुखार में पट्टी देने के लिए भी नहीं बता सकी? इसका जवाब 11 जून, 2019 को केन्द्रीय स्वास्थ्य राज्यमंत्री अश्विनी चौबे के एक बयान से मिला। उन्होंने पटना के आईजीआईएमएस अस्पताल में एक समारोह में कहा कि लगता है चुनावी व्यस्तताओं की वजह से

अधिकारी इंसेफेलाइटिस जागरूकता का प्रसार नहीं कर पाए। बाद में मुख्यमंत्री नीतीश कुमार ने भी स्वीकार किया कि इस साल जागरूकता के काम में कमी रह गई, यह स्थिति उसी की वजह से पैदा हुई है।

हालाँकि अधिकारी इसके साथ-साथ तेज गर्मी, लू और इससे पैदा होने वाले डिहाइड्रेशन और ग्लूकोज की कमी को भी वजह बता रहे थे। मगर सच तो यह है कि अगर सम्बन्धित अधिकारियों ने ध्यान दिया होता और उस साल भी एसओपी का ठीक तरीके से पालन किया गया होता तो स्थिति इतनी भयावह नहीं होती। राज्य का स्वास्थ्य विभाग तब जाकर होश में आया जब 10 जून को एक ही दिन में 20 बच्चों की मौत हो गई। हालाँकि तब भी अधिकारी मामले को हाइपो-ग्लाइसीमिया बताकर आँकड़ों के जाल में उलझाने की कोशिश करते रहे।

उस दौरान केन्द्रीय टीम जब जाँच के लिए मुजफ्फरपुर पहुँची, तो वहाँ उन्होंने देखा कि एक ही बेड पर दो-दो बच्चों को लिटाकर इलाज चल रहा था। उन्होंने इस पर कड़ी आपत्ति जताई और साफ-सफाई को लेकर भी सवाल उठाया। टीम ने कहा कि इस बीमारी के फैलने के पीछे हाइपो-ग्लाइसीमिया और एईएस के साथ-साथ कुपोषण भी एक बड़ी वजह है। अगर पहले से शारीरिक रूप से कमजोर बच्चे गर्मियों में रात में भूखे पेट सोते हैं, तो इस बीमारी की चपेट में आने की आशंका काफी बढ़ जाती है।

मुजफ्फरपुर के प्रमंडलीय आयुक्त ने एक प्राथमिक स्वास्थ्य केन्द्र का औचक निरीक्षण किया और यह जानने की कोशिश की कि बीमार बच्चे सीधे एसकेएमसीएच क्यों आ जाते हैं। स्थानीय अस्पतालों तक क्यों नहीं पहुँचते। अगर समय रहते स्थानीय अस्पतालों में बच्चों को शुरुआती इलाज मिल जाए, तो उनकी जान बच सकती है। लेकिन उन्होंने पाया कि उस अस्पताल में एसओपी का पालन ही नहीं हो रहा था। यही बात दूसरे स्थानीय चिकित्सा केन्द्रों के बारे में भी कही जा सकती है।

काश यह सब पहले हो जाता, तो इतने बच्चों की असमय मौत नहीं होती। मगर सरकार को शायद इन बातों की कोई परवाह नहीं थी। इसका

अन्दाजा तब पता चला जब केन्द्रीय स्वास्थ्य मंत्री हर्षवर्धन ने मुजफ्फरपुर आकर रिसर्च सेंटर खोलने वाला वही पुराना वादा दुहरा दिया, जो वे पाँच साल पहले 2014 में कहकर गए थे। अगर वे थोड़े भी संवेदनशील होते तो इस बात के लिए माफी माँगते कि पाँच साल पहले उन्होंने जिस काम का वादा किया था, वह आज तक शुरू भी नहीं हो पाया है। फिर मुख्यमंत्री नीतीश कुमार भी पहुँचे। चमकी बुखार का कहर शुरू होने के 17 दिन के बाद। वहाँ से लौटकर उन्होंने बताया कि वे 610 बेड वाले एसकेएमसीएच अस्पताल की बेड संख्या बढ़ाकर 2500 करने जा रहे हैं।

मगर सवाल यह है कि क्या एसकेएमसीएच में बेडों की संख्या बढ़ाकर या चमकी बुखार की जाँच के लिए मुजफ्फरपुर में रिसर्च सेंटर खोलकर इस रोग पर काबू पाया जा सकता है? अगर हाँ, तो पिछले तीन-चार साल के दौरान इन दोनों कामों के बगैर ही स्वास्थ्य विभाग ने आखिर कैसे इस रोग पर काबू पा लिया था?

स्वास्थ्य विशेषज्ञ और जानकार मानते हैं कि इस रोग को काबू करने के लिए एसकेएमसीएच में बेड की संख्या बढ़ाने के बदले ग्रामीण स्तर पर स्वास्थ्य उपकेन्द्र, प्राथमिक स्वास्थ्य केन्द्र और आँगनबाड़ी की स्थिति को मजबूत करने की जरूरत है।

जब यह बीमारी चरम पर थी, तब मेरी बातचीत बिहार बाल संरक्षण आयोग के पूर्व सदस्य और मुजफ्फरपुर में संक्रामक रोग के विशेषज्ञ डॉ. निशींद्र किंजिल्क से हुई। उन्होंने बताया कि पिछले कुछ साल से इस रोग का अध्ययन करने की वजह से मैं इस नतीजे पर पहुँचा हूँ कि यह रोग इसलिए जानलेवा हो जाता है, क्योंकि मरीज के परिजनों का भरोसा सबसे अधिक एसकेएमसीएच पर है और वे स्थिति चिन्ताजनक होने पर सीधे वहीं भागते हैं। वहाँ जाने में लगे समय और अत्यधिक भीड़भाड़ के कारण इलाज शुरू होने में काफी वक्त लग जाता है, जबकि ऐसे मरीजों के पास मुश्किल से छह से आठ घंटे का वक्त होता है। यह इलाज प्राथमिक स्वास्थ्य केन्द्र पर भी हो सकता है और स्वास्थ्य उपकेन्द्रों में प्राथमिक उपचार किया जा सकता है।

डॉ. निशींद्र कहते हैं, "इस रोग में बुखार होने पर बुखार कम करने की दवा देना है और ओआरएस पिलाते रहना है। ज्यादातर बच्चे इसी उपाय से ठीक हो जाते हैं और यह काम एक प्रशिक्षित एएनएम भी कर सकती है। मगर इस इलाके में इन प्राथमिक स्वास्थ्य केन्द्रों और स्वास्थ्य उपकेन्द्रों की स्थिति बहुत बुरी है, इसलिए मरीजों को सीधे मुजफ्फरपुर लाना पड़ता है।"

अगर उनकी बात सच है तो दोष संसाधनों का नहीं, माइक्रो प्लानिंग का था। और पूरे इलाके में घूमने के बाद मुझे उनकी बात काफी हद तक सच लगी। दरअसल दिमाग़ी बुखार से मर जाने वाले बच्चों की जो दुनिया है, वह इतनी नाजुक है कि एक छोटा सा झटका उन्हें सीधे मौत के दरवाजे पहुँचा देता है। इनके जीवन के अपने दुष्चक्र हैं और अपनी परेशानियाँ। इसे समझने के लिए मैं आपको थोड़ा फ्लैशबैक में ले चलूँगा।

2

यह 2015 के चुनाव के वक्त की कहानी है। हम उस गाँव में सरकारी राशन बँटने के अभियान के मौजूदा हालात को समझने गए थे। पटना में आयोजित एक कार्यक्रम में गाँव की पंच द्रौपदी देवी ने बताया था कि इस गाँव में 400 से अधिक माँझी परिवार रहते हैं, मगर उनमें से अधिकतर को अभी तक उजला वाला राशन कार्ड (खाद्यान्न सुरक्षा योजना) नहीं मिला है। वे लोग काफी गरीब हैं और राशन कार्ड नहीं मिलने की वजह से उन्हें काफी दिक्कत होती है। मगर जब हम उस गाँव पहुँचे तो मुझे अपनी रिपोर्ट का विषय ही बदलना पड़ा। वहाँ जो समस्या हमारे सामने खड़ी थी, वह राशन कार्ड की समस्या से कहीं अधिक विकराल थी।

वह हरपुर गाँव था। मुजफ्फरपुर जिले के मोतीपुर प्रखंड का। माँझियों की बस्ती में घुसते ही एक खुला अहाता नजर आया, जहाँ औरतें बैठकर कुछ काम कर रही थीं और नंग-धड़ंग बच्चों का हुजूम था। कुछ बच्चे खा रहे थे, कुछ खेलने में जुटे थे। मैंने जब उनकी तसवीर लेनी चाही तो बड़े बच्चे शरमाकर भागने लगे और छोटे भयभीत होकर रोने लगे। उन्हीं में से सवा साल का एक बच्चा था, नाक से पानी बह रहा था और वह सामने रखी थाली में मूढ़ी खा रहा था। पेट फूला हुआ था और बाँहें काफी दुबली-पतली थीं। वह मुझे देखकर चीख-चीखकर रोने लगा था। पड़ोस में बैठी एक महिला ने बताया, "बाबू एकर माय मर गई है।"

"कब?"

"पिछलका साल अगहने में।"

"कैसे मर गई और इसकी देखभाल कौन करता है"

"बड़ बहिन हय..."

जब यह बातचीत चल ही रही थी, तभी पीछे से 13-14 साल की एक किशोरी आकर खड़ी हो गई और उसने अपने भाई को झट से उठाकर गोद में ले लिया। मैंने देखा कि उस बच्ची के माथे पर सिन्दूर लगा हुआ था।

"...और यह लड़की कितने साल की है?"

"18-20 के होइहैं बाबू..."

वहाँ की महिलाएँ उस बच्ची की उम्र छुपाने की कोशिश करने में जुट गईं। उन्हें शायद बाल विवाह के कानून के बारे में थोड़ी-बहुत जानकारी थी। मगर तभी द्रौपदी देवी ने डपटकर पूछा...

"18-20 के होइहैं...?"

तो बक से लड़की ने खुद कह दिया कि वह 13-14 साल की है। फिर महिलाओं ने उस परिवार की कहानी सुनानी शुरू कर दी।

पाँचवें बच्चे को जन्म देने के बाद इस बच्चे की माँ मीना देवी जो खुद बमुश्किल 35 साल की होगी पिछले साल गुजर गई। खून की कमी थी। माँ ने अपनी मौत से पहले अपनी सबसे बड़ी बेटी 13 साल की चमेली की शादी करवा दी थी। चमेली के पिता और उसके पति दोनों रोजगार करने के लिए पंजाब गए हुए थे। वह यहाँ अपने चार छोटे भाई-बहनों की देखरेख अकेली कर रही थी। उसे देखकर मुझे उसकी उमर की उन लड़कियों की याद आ गई, जो साइकिल से फर्राटे भरते हुए स्कूल जाया करती हैं। चमेली के लिए स्कूल जाना तो लगभग असम्भव था। उसे तो अपनी नई गृहस्थी को जमाना था और साथ ही अपने टुअर(अनाथ) छोटे भाई-बहनों की देखभाल भी करना था। क्या उसकी कहानी अपनी माँ मीना देवी जैसी ही होगी या उससे भी अधिक क्रूर?

इस बीच द्रौपदी देवी ने बताया कि किशोरियों को बँटने वाला आयरन टैबलेट का वितरण एक-सवा साल से बन्द है। हाल में हुए दवा घोटाले की शोरगुल में सरकारी दवा की खरीद ही पूरे राज्य में ठप है। मुझे वे आँकड़े याद आ गए, जिनके मुताबिक बिहार में 60 फीसदी से अधिक महिलाएँ एनीमिक हैं।

तभी कांति कुमर नाम की 40-45 साल की एक महिला गोद में सात-आठ साल के अपने पोते को लिये आकर खड़ी हुई। शायद टोले में हल्ला हो गया था कि राशन कार्ड का पता लगाने वाले लोग आए हैं। वे हमें सरकारी अफसर समझ रही थीं। ऐसा हम पत्रकारों के साथ अक्सर हो जाता है।

आते ही उन्होंने अपनी रामकहानी शुरू कर दी। मगर मेरी निगाह उनकी गोद में टँगे सात-आठ साल के लड़के पर थी।

"क्या नाम है?"

"किशन माँझी।"

"क्या हुआ इसको?"

"खड़ा नहीं हो पाता है।"

"काहे?"

"कमजोर है..."

"अतिकुपोषित है सर," पीछे से द्रौपदी देवी ने कहा।

"हम कहे कि इसको एनआरसी सेंटर में भरती करवा दो, मगर इ लोग मानें तब न। पिछले साल इ टोला से 17 ठो अतिकुपोषित बच्चा को एनआरसी सेंटर में भरती करवाए थे। सब की माय दस दिन, बारह दिन में भाग के आ गईं।"

"17 बच्चे यहाँ अतिकुपोषित हैं?"

मेरे अनुभवहीन सवाल पर द्रौपदी देवी व्यंग्य वाले भाव से हँस पड़ी। बोली,

"17 ही ठो थोड़े हैं। हर घर में हैं। 400 परिवार का इ टोला है। आप जिस घर में जाइएगा आपको कुपोषित बच्चा मिलेगा। 500 से कम बच्चा यहाँ थोड़े हैं। सब गरीब-गुरबा हैं, खाने का इन्तजाम नहीं है। आँगनबाड़ी में 40 बच्चों का एडमिशन हो सकता है। बाकी बच्चा कहाँ जाए? और आँगनबाड़ी में भी पोषाहार दो महीना से बन्द है।"

मुझे वे तमाम आँकड़े याद आने लगे कि बिहार में हर दो में से एक बच्चा कुपोषित है और इनमें 7 फीसदी बच्चे अतिकुपोषित हैं

(एनएफएचएस 4 के आँकड़ों के मुताबिक)। पिछले दिनों जिज्ञासा संस्था के लोगों ने मुजफ्फरपुर के चार प्रखंडों में बेसलाइन सर्वे करवाया तो पता चला कि यहाँ 30 हजार से अधिक बच्चे कुपोषित हैं और 12 हजार अतिकुपोषित। 422 घरों की इस बस्ती में हर जगह एक जैसा माहौल था। खदबदाते बच्चे, काम करती औरतें और बीड़ी पीते बूढ़े।

जवान लोग कहाँ गए?

पैंजाब...कमाने गए हैं।

आगे एक घर में सात साल का अनुल माँझी मिल गया। अपने दादा के साथ मकई का सत्तू खा रहा था। बिलकुल नंग-धड़ंग बैठा था।

दादा ने कहा, "असवारी हुई है, देवी आई है। तीन दिन से बोखार है।"

द्रौपदी देवी ने कहा, "चेचक। टोले में आधे दर्जन से अधिक बच्चों को चेचक हुआ है। रामप्रवेश माँझी के बेटे की तो मौत भी हो गई है। पिछले साल भी दो बच्चा खराब हो गया था, चेचक के कारण। हर साल बच्चे मरते हैं।"

"इलाज नहीं कराते? अस्पताल नहीं ले जाते?"

अनुल माँझी के पिता डांगर माँझी ने कहा, "पैसा नहीं है बाबू। डागदर बहुत पैसा माँगता है। सरकारी अस्पताल में डागदर मिलता कहाँ है...?"

"वोट डालोगे?"

"हाँ, बाबू।"

"नेताजी आएँगे तो कुछ माँगोगे...?"

"हाँ बाबू, माँगेंगे काहे नहीं, हमरे गाँव तक आने के लिए रोड नहीं है। रोड यहाँ का सबसे बड़ा मुद्दा है।"

चेचक के फंदे में फँसे अनुल माँझी के पिता के मुँह से सड़क की माँग सुनकर आप सहज ही समझ सकते हैं कि हमारा लोकतंत्र कहाँ जा

रहा है। जिनके बच्चे रोज मर रहे हैं और मौत की कगार पर हैं, उन्हें भी बेहतर स्वास्थ्य सुविधाएँ और इलाज नहीं चाहिए, रोड चाहिए। लिहाजा सरकार भी खानापूर्ति करके अपने कर्तव्यों की इतिश्री कर लेती है। इसलिए जब सुप्रीम कोर्ट सवाल पूछता है, तो सरकार को बताना पड़ता है कि हमारे पास न अस्पताल हैं, न डॉक्टर।

राष्ट्रीय ग्रामीण स्वास्थ्य मिशन के मानदंडों के अनुसार हर तीन से पाँच हजार की आबादी पर स्वास्थ्य उपकेन्द्र होना चाहिए, तीस हजार की आबादी पर प्राथमिक स्वास्थ्य केन्द्र और एक लाख की आबादी पर रेफरल अस्पताल। मगर इस इलाके में इन सुविधाओं के मामले में बड़ा गैप है। इससे सम्बन्धित आँकड़े यह कहते हैं—

एईएस प्रभावित जिलों में स्वास्थ्य सुविधाएँ। पहला आँकड़ा अपेक्षित, दूसरा उपलब्ध संसाधन का।

जिला	स्वास्थ्य उपकेन्द्र	प्राथमिक स्वास्थ्य केन्द्र	रेफरल
मुजफ्फरपुर	960/500	160/16	48/1
सीतामढ़ी	680/341	113/17	34/0
शिवहर	130/103	21/5	6/1
पूर्वी चम्पारण	1000/400	167/27	50/5
वैशाली	680/337	113/16	34/3
समस्तीपुर	850/354	141/20	42/1

इन आँकड़ों से जाहिर है कि इन इलाकों में मानदंडों के मुताबिक खास तौर पर प्राथमिक स्वास्थ्य केन्द्रों की बड़ी कमी है। अगर ये समुचित मात्रा में हों तो इस रोग से मुकाबले में इनकी बड़ी भूमिका हो सकती है। मगर सरकार बड़े अस्पतालों के विकास पर तो खूब पैसा खर्च करती है, ग्रामीण स्तर पर स्वास्थ्य सुविधाओं को विकसित करने में रुचि नहीं लेती।

डॉ. किंजल्क ने बताया कि एक दिक्कत इन ग्रामीण अस्पतालों में डॉक्टरों का नहीं पहुँचना भी है, जिसके कारण क्षेत्र के लोगों में इन अस्पतालों के प्रति भरोसा नहीं जगता और वे सीधे एसकेएमसीएच भागते हैं। इसलिए सरकार को पहले इन ग्रामीण स्वास्थ्य संरचनाओं का विकास करना चाहिए और यहाँ डॉक्टरों की उपस्थिति सुनिश्चित करनी चाहिए।

दूसरी समस्या इस इलाके में कुपोषण का प्रकोप है। इस रोग से प्रभावित ज्यादातर जिले पोषण की रैंकिंग में देश में आखिरी तीस जिलों में हैं। यह प्रमाणित हो चुका है कि इस रोग को बढ़ाने में कुपोषण की बड़ी भूमिका है। मुजफ्फरपुर के शिशु रोग विशेषज्ञ डॉ. अरुण साहा कहते हैं कि "हमने पाया है, जिस तरह आम बच्चों के लिवर में ग्लूकोज संरक्षित होता है, कुपोषित बच्चों के लिवर में वह नहीं होता। इसलिए आम बच्चे अगर हाइपो-ग्लाइसीमिया का शिकार होते हैं तो उनके लिवर में संरक्षित ग्लूकोज, जिसे हम ग्लाइकोजीन फैक्टर कहते हैं, वह उनके शुगर लेवल को स्टैबलाइज कर देता है और उन्हें बचा लेता है। मगर कुपोषित बच्चे आसानी से इसका शिकार हो जाते हैं।"

एईएस प्रभावित जिलों में 5 साल से कम उम्र के बच्चों में कुपोषण की दर

जिले	कुपोषण (स्टनिंग) (प्रतिशत)	एनीमिया (प्रतिशत)	देश में रैंकिंग (599 जिलों में)
मुजफ्फरपुर	47.9	58.5	569
सीतामढ़ी	57.3	69.0	596
शिवहर	53.0	63.7	599
पूर्वी चम्पारण	47.2	65.7	572
समस्तीपुर	49.2	65.4	513
वैशाली	53.7	67.4	438

जिले	6-23 माह के बच्चे जिन्हें सन्तुलित आहार मिल पाता है। (प्रतिशत)
मुजफ्फरपुर	8.2
सीतामढ़ी	7.4
शिवहर	10.0
पूर्वी चम्पारण	8.0
समस्तीपुर	5.1
वैशाली	11.7

मगर कुपोषण को दूर करने के सरकारी प्रयास नाकाफी हैं। इसके लिए आँगनबाड़ी जैसी संस्था की शुरुआत की गई थी। मगर इस क्षेत्र में ज्यादातर आँगनबाड़ी केन्द्रों के पास अपने भवन नहीं हैं, लिहाजा वहाँ आधी-अधूरी सुविधाएँ मिलती हैं। सीतामढ़ी में आँगनबाड़ी केन्द्रों के साथ काम करने वाले सामाजिक कार्यकर्ता नागेन्द्र प्रताप सिंह कहते हैं कि "कई बार तीन-तीन महीनों के लिए सरकार की तरफ से पोषाहार की आपूर्ति बन्द कर दी जाती है। इसके अलावा इन केन्द्रों पर भ्रष्टाचार की अपनी समस्या है। माताओं को मिलने वाले टेकहोम राशन में अक्सर मात्रा की कमी की शिकायत मिलती है।"

सामाजिक कार्यकर्ता शाहीना परवीन कहती हैं कि "पहले आँगनबाड़ी में अपने क्षेत्र के बच्चों को प्रोत्साहित कर केन्द्र तक लाने का नियम था, मगर अब सरकार ने कह दिया है कि जो बच्चे आते हैं, उन्हें ही पोषाहार देना है। ज्यादा बच्चे आएँ, सभी बच्चे आएँ, इसकी कोशिश नहीं करना है। लिहाजा बड़ी संख्या में गर्भवती स्त्रियाँ और बच्चे इस सुविधा से वंचित हैं।" वे कहती हैं, "सबसे जरूरी है स्वास्थ्य उपकेन्द्रों का अपना भवन होना और वहाँ एएनएम की उपस्थिति। अगर यह व्यवस्था हो जाए तो ये केन्द्र मोहल्ला क्लीनिक की तरह काम करेंगे और मरीजों को तत्काल प्राथमिक चिकित्सा मिल सकेगी।"

मगर यह सब करने के लिए किसी भी सरकार के पास दृढ़ इच्छाशक्ति और योजनाओं को धरातल पर उतारने का जज्बा होना चाहिए। बिहार की सरकारी मशीनरी में न वह जज्बा दिखता है, न ऐसे आधारभूत मसलों पर काम करने की मजबूत इच्छाशक्ति।

3

बिहार में बच्चों की जान बहुत सस्ती है, यहाँ जन्म लेने वाले हर एक हजार बच्चों में से 58 पाँच साल पूरा होने से पहले दुनिया छोड़ देते हैं। हर एक लाख में से 274 महिलाएँ बच्चों को जन्म देने के वक्त गुजर जाती हैं (एनएफएचएस 4 के आँकड़े)। जो बच जाती हैं, उनका जीवन भी बहुत सुखद नहीं होता। कुपोषण एक ऐसा ही रोग है, जो बच्चों को विकसित नहीं होने देता, न शारीरिक तौर पर न मानसिक रूप से। ऐसे कई बच्चे कुपोषण पुनर्वास केन्द्रों में मिलते हैं।

ऐसा ही एक केन्द्र मेरे गाँव पूर्णिया जिले के धमदाहा में भी है। एक बार गाँव गया था, तो उस सेंटर को देखने चला गया। वहाँ मिली रोशनी कुमारी। दो साल की रोशनी और उसकी माँ से देर तक बतियाता रहा और कुपोषण के जाल को सुलझाने की कोशिश करता रहा। वहाँ से लौटकर मैंने जो कुछ लिखा, वह यह है—

दो साल की रोशनी या तो अपने बिस्तर पर सोई रहती है या अपनी माँ गुचकी देवी की गोद में रहती है। वह जमीन पर खड़ी नहीं हो पाती। पलकें अक्सर मूँदे रहती है और बोलती है तो ठीक से आवाज भी नहीं निकलती। देखने से लगता है कि वह आठ-दस महीने से ज्यादा की नहीं होगी। रोशनी बिहार राज्य के उन नौ लाख अभागे बच्चों में से है, जिन्हें मेडिकल की भाषा में सैम या सिवियर एक्यूट मॉलन्यूट्रिश कहा जाता है। इस स्थिति में अगर बच्चा ज्यादा दिन तक रहे तो या तो वह विकलांग हो सकता है या उसकी मृत्यु हो सकती है। हालाँकि उसका सौभाग्य यह रहा है कि उसके गाँव चँदरही की आशा कार्यकर्ता ने उसकी इस बीमारी

को पहचान लिया और उसे इस पोषण पुनर्वास केन्द्र में भरती करा दिया, जहाँ उसका इलाज हो रहा है। वरना ज्यादातर बच्चों के माँ-बाप इतने गरीब और कम जागरूक होते हैं कि एक तो उन्हें अपने बच्चे की सही हालत का पता तक नहीं होता, और होता भी है तो उन्हें समझ नहीं आता कि वे उनका इलाज कहाँ और कैसे कराएँ।

हालाँकि रोशनी कुमारी महज दो साल की है, मगर उसकी छोटी सी जिन्दगी में झाँकें तो हम समझ सकते हैं कि आखिर क्यों यह बच्ची इस खतरनाक स्थिति तक पहुँच गई। रोशनी अपनी माँ गुचकी देवी की दसवीं संतान है। उससे छोटा उसका एक भाई भी है, जो सिर्फ चार महीने का है। हालाँकि उसके ग्यारहों भाई-बहन अभी जिन्दा नहीं हैं, इनमें से पाँच की मृत्यु हो गई। रोशनी की इस कहानी को सुनकर नेशनल फेमिली हेल्थ सर्वे-4 (एनएफएचएस-4) का वह आँकड़ा याद आ जाता है, जिसके मुताबिक राज्य में हर एक हजार में से 58 बच्चे पाँच साल से कम उम्र में दम तोड़ देते हैं। हालाँकि रोशनी के यहाँ मरने वाले बच्चों का प्रतिशत काफी अधिक है। आप हर दो में एक भी कह सकते हैं।

उसका सबसे बड़ा भाई दीपक जो 15-16 साल का है, फिलहाल पंजाब में मजदूरी कर रहा है और उसकी एक बहन जो दीपक से साल भर छोटी है, उसकी शादी हो चुकी है। उसके छह जिन्दा भाई-बहनों में से तीन तो छोटे हैं, मगर जो तीन बड़े हैं, उन्होंने भी कभी स्कूल का मुँह नहीं देखा। यानी अशिक्षा, बाल विवाह और बाल मजदूरी सारे लफड़े एक साथ एक ही परिवार में मिलते हैं। एनएफएचएस-4 के मुताबिक आज भी बिहार में 43 फीसदी बच्चियाँ ऐसी हैं, जो छह साल से अधिक उम्र की हैं, मगर स्कूल नहीं गईं।

बाल विवाह की शिकार तो उनकी माँ गुचकी देवी भी हुईं, जो अभी खुद को 32 साल की बताती हैं। उनकी शादी महज 12 साल की उम्र में हो गई थी। और यह कोई अजूबी बात नहीं है, क्योंकि बिहार के गाँवों में आज भी 44.5 फीसदी लड़कियों की शादी 18 साल से कम उम्र में हो जाती हैं और वे गर्भवती भी हो जाती हैं। गुचकी 16 साल की उम्र

में पहली दफा माँ बनीं और तब से लगभग हर साल-दो साल पर वह गर्भवती होती रही हैं।

बन्ध्याकरण का ऑपरेशन क्यों नहीं कराया या गर्भनिरोधक उपाय क्यों नहीं अपनातीं? यह पूछने पर गुचकी कहती हैं कि उन्हें पता ही नहीं उपाय क्या हैं और ऑपरेशन कहाँ और कैसे होता है। गुचकी देवी ही क्यों, बिहार में तीन-चौथाई महिलाएँ आज की तारीख़ में परिवार नियोजन के उपायों को नहीं अपनातीं, एनएचएफएस-4 के आँकड़े कहते हैं।

वे बताती हैं कि ग्यारह बार गर्भवती रहने के दौरान एक बार भी उन्होंने कभी आयरन की गोलियों का सेवन नहीं किया और कोई डॉक्टरी जाँच नहीं कराई। उसके सभी ग्यारहों प्रसव घर पर ही हुए, अप्रशिक्षित दाइयों के सहारे। गुचकी देवी बिहार की उन 36 फीसदी महिलाओं में से एक हैं, जिन्होंने कभी किसी अस्पताल में प्रसव नहीं कराया। यहाँ प्रशिक्षित दाइयों की सेवा लेने वाली महिलाओं की संख्या महज 8 फीसदी ही है। 34 फीसदी महिलाएँ ही गर्भाधान के बाद डॉक्टरी सलाह ले पाती हैं और सिर्फ 9.7 फीसदी महिलाएँ ही गर्भावस्था के दौरान आयरन टैबलेट लिया करती हैं।

यही कहानी रोशनी के जन्म के वक्त भी हुई। उसका जन्म घर में ही एक अप्रशिक्षित दाई के हाथों हुआ। जन्म से पहले उसकी माँ ने आयरन टैबलेट नहीं खाया था और जन्म के बाद उसे पहले घंटे में अपना दूध भी नहीं पिला सकी थी। हालाँकि कुछ चीजें उसके साथ अच्छी हुईं, वह यह कि उसे छह महीने तक माँ का दूध मिला। आशा कार्यकर्ता की सजगता की वजह से उसका टीकाकरण भी हुआ। मगर जबसे उसने भोजन लेना शुरू किया, उसे कभी ढंग का खाना नहीं मिला। उसे सम्पूर्ण पोषक आहार की उम्मीद भी नहीं है, क्योंकि बिहार में सम्पूर्ण पोषक आहार सिर्फ 9.2 फीसदी बच्चों को उपलब्ध है।

इसकी वजह बताते हुए रोशनी की माँ गुचकी देवी कहती हैं, क्या करें, दोनों आदमी (पति चन्द्रकिशोर ऋषिदेव और वह) अनपढ़ हैं। कोई और काम नहीं कर सकते, इसलिए मजदूरी करते हैं। दिन भर मजदूरी

करते हैं, तब जाकर किसी तरह घर चलता है। उसमें भी किसी रोज खाने का इन्तजाम होता है, तो किसी दिन भूखे रहना पड़ता है। दोनों आदमी मिलकर मजदूरी करते हैं, फिर भी महीने में छह-सात सौ रुपए से अधिक की आमदनी नहीं होती। दोनों खुद शारीरिक रूप से इतने कमजोर हैं कि ठीक से मेहनत-मजदूरी नहीं कर पाते।

रोशनी पिछले साल पाँच दफा बीमार पड़ी। डायरिया वगैरह की भी शिकार हुई। हर बार उसके माता-पिता उसे गाँव के एक स्थानीय आरएमपी(झोला छाप) डॉक्टर के पास ले गए और इलाज कराया। हालाँकि उनके दूसरे बच्चे भी बीमार पड़ते रहते हैं और पति-पत्नी भी। ऐसे में गाँव के डॉक्टर से दिखाने के बावजूद उनका इलाज का खर्च काफी अधिक हो जाता है और वे इस वजह से कर्जदार भी हो जाते हैं। इसलिए छोटी-मोटी बीमारियों को वे हरसम्भव टालने की कोशिश करते हैं। जब स्थिति बहुत खराब हो जाती है, तभी डॉक्टर के पास जाते हैं। सरकारी अस्पताल क्यों नहीं जाते? यह पूछने पर गुचकी देवी कहती हैं, एक तो अस्पताल दूर है, फिर वहाँ ठीक से इलाज भी नहीं होता।

रोशनी का पूरा परिवार फूस की एक झोंपड़ी में किसी तरह रहता है। वहाँ उसके पास न शौचालय है और न ही पेयजल का अपना साधन। खाना बनाने के बाद बेकार पानी भी वे खुले में ही बहाते हैं। जमीन इतनी कम है कि वहाँ साफ-सफाई के बारे में, शौचालय या सोख्ता बनाने के बारे में वे सोच भी नहीं सकते। और यह स्थिति सिर्फ रोशनी की नहीं है, बिहार के तीन-चौथाई घरों की है, जहाँ शौचालय और स्वच्छता के समुचित इन्तजाम नहीं हैं।

इस तरह रोशनी बिहार के उन नौ लाख बच्चों की जमात में शामिल हो जाती है, जिन्हें गम्भीर रूप से अतिकुपोषित कहा जाता है। यह अकेली रोशनी की कहानी नहीं है, काश यह अकेली रोशनी की ही कहानी होती।

बिहार के हर इलाके में कुपोषण और स्वास्थ्य सुविधाओं के अभाव में मरते बच्चों की कहानियाँ मिल जाती हैं। दरभंगा जिले में कोसी नदी के सटा कुशेश्वर स्थान का इलाका तो इसके लिए बदनाम है ही। उस

इलाके के एक गाँव कुबौल में मुझे एक टोला ऐसा मिला, जहाँ 130 औरतों में से 80 के किसी न किसी बच्चे की असामयिक मौत हो चुकी थी। ज्यादातर माताओं ने दो से तीन बच्चों को गँवाया था, कई माताओं के चार-चार, पाँच-पाँच बच्चे पाँच साल की उम्र पार नहीं कर पाए थे। जहानाबाद के कांको प्रखंड के सुलेमानपुर पंचायत के रानीपुर गाँव में एक रिपोर्ट के सिलसिले में मेरी मुलाकात जनक देवी नामक महिला से हो गई, उनकी कहानी तो ऐसी थी कि दिल दहल जाता था। उन्होंने 16 बच्चों को जन्म दिया था, जिनमें से दो को ही वह बचा पाने में कामयाब हुई, 14 की असमय मौत हो गई।

4

साल 2019 में चमकी बुखार की वजह से इतने बच्चे क्यों मर गए? बिहार में तकरीबन हर साल चमकी बुखार का कहर क्यों पाँव पसारता है? इन सवालों का जवाब जानने के लिए बिहार के कुछ युवाओं ने 2019 के जुलाई महीने में एक सर्वेक्षण किया। लोगों से मिले चन्दे के पैसे से उन्होंने यह सर्वेक्षण उन 225 परिवारों के घर-घर जाकर किया, जिनके बच्चे साल 2019 में चमकी बुखार से पीड़ित थे। उस सर्वेक्षण के नतीजे मैं यहाँ डाल रहा हूँ, ताकि हम समझ सकें कि बिहार में बच्चों की जान क्यों इतनी सस्ती है।

प्रमुख नतीजे—

- उस साल चमकी बुखार से प्रभावित होने वाले परिवारों में मुख्यतः दलित, पिछड़े और अल्पसंख्यक समुदाय के लोग थे। 27.8 फीसदी बच्चे महादलित, 10.1 फीसदी बच्चे दलित, 32.2 फीसदी बच्चे पिछड़े समुदाय, 16.3 फीसदी बच्चे अतिपिछड़े समुदाय और 10.1 फीसदी बच्चे अल्पसंख्यक समुदाय से सम्बन्धित थे। सामान्य श्रेणी के बच्चों की संख्या महज 3.5 फीसदी ही थी।
- चमकी बुखार से पीड़ित ज्यादातर बच्चों के परिवार की मासिक आमदनी 10 हजार रुपए से कम थी। 2.2 फीसदी बच्चों के परिवार की मासिक आमदनी 10 हजार रुपए से अधिक थी। 45.4 फीसदी परिवारों की मासिक आमदनी तो 5 हजार रुपए से भी कम थी। यानी इस बुखार का असर अमूमन गरीब और

दलित-पिछड़ी जाति के परिवारों पर ही रहा। हालाँकि इनमें से 22 फीसदी परिवारों का नाम पंचायत की बीपीएल सूची में दर्ज नहीं था। यानी सरकारी रजिस्टरों में वे गरीब नहीं थे।

- पीड़ित बच्चों के 76.2 फीसदी परिवार वालों को चमकी बुखार के बारे में पहले से कोई जानकारी नहीं थी।
- बीमार बच्चों में सिर्फ 15.2 फीसदी स्कूल जाते थे, 29.5 फीसदी आँगनबाड़ी जाते थे। 25.2 फीसदी बच्चे घर में रहकर माँ का हाथ बँटाते थे, 30 फीसदी अकेले या दूसरे बच्चों के साथ दिनभर बाहर भटकते थे।
- बीमार बच्चों में से सिर्फ 58.1 फीसदी को ही जेई (जापानी बुखार) का टीका लगा था। 59 फीसदी बच्चों के घर में टीकाकरण का कार्ड था, शेष बच्चों के घर में यह कार्ड नहीं था।
- बीमार बच्चों के परिजनों के हिसाब से सिर्फ 57.6 फीसदी आँगनबाड़ी केन्द्रों में ही नियमित पोषाहार का वितरण होता है। सिर्फ 34.1 फीसदी आँगनबाड़ी केन्द्रों में नियमित वजन लिया जाता है और फीते से बाँह को मापा जाता है। 15.7 फीसदी केन्द्रों में सिर्फ वजन लिया जाता है। शेष 50.3 फीसदी केन्द्रों में बच्चों का न वजन लिया जाता है, न फीते से बाँह को मापा जाता है।
- 70.5 फीसदी परिवारों ने इस बात से साफ-साफ इनकार किया कि उन्हें किसी आँगनबाड़ी कार्यकर्ता, आशा या अन्य सरकारी कर्मचारी ने चमकी बुखार के बारे में पूर्व जानकारी दी थी। जबकि यह उनकी जिम्मेदारी थी।
- 53.3 फीसदी बीमार बच्चों ने बुखार आने के 24 घंटे पूर्व की अवधि में लीची खाई थी। 70.9 फीसदी बच्चे इस दौरान देर तक धूप में खड़े या घूमते रहे थे।
- बीमार पड़ने पर 53.3 फीसदी बच्चों के परिवार वाले उन्हें

लेकर सीधे एसकेएमसीएच या केजरीवाल अस्पताल गए। 17.2 फीसदी परिवार बच्चों को पास के प्राथमिक स्वास्थ्य केन्द्र ले गए। 4.8 फीसदी बच्चों का पहले झाड़-फूँक कराया गया। 15 फीसदी बच्चे का पहला इलाज गाँव के डॉक्टर ने किया। 11 फीसदी प्राइवेट डॉक्टर की शरण में गए।

- बीमारी की स्थिति में अस्पताल पहुँचने के लिए सिर्फ 9.7 फीसदी परिवार ही सरकारी एम्बुलेंस की सुविधा हासिल कर पाए। लौटते वक्त 27.8 फीसदी बच्चों को यह सुविधा हासिल हुई। नियमानुसार बीमार बच्चों को अस्पताल की तरफ से चार सौ रुपए वाहन किराए के रूप में मिलने थे, मगर यह लाभ सिर्फ 10.6 फीसदी परिवार हासिल कर पाए।
- एसकेएमसीएच और केजरीवाल अस्पताल के कर्मियों की भूमिका अमूमन बेहतर बताई गई। 94.3 फीसदी बच्चों का इलाज वहाँ पहुँचने के एक घंटे के भीतर शुरू हो गया। 90.8 फीसदी परिवार ने कहा कि डॉक्टर का व्यवहार अच्छा था। 90.2 फीसदी परिवार ने अस्पताल के स्वास्थ्य कर्मियों के व्यवहार की सराहना की। मगर सिर्फ 70.8 फीसदी परिवार को ही अस्पताल में मुफ्त दवा उपलब्ध हो पाई।
- बीमार बच्चों के 81.5 फीसदी परिवारों के पास आयुष्मान कार्ड उपलब्ध नहीं था। हालाँकि किसी भी परिवार ने इस बीमारी में इस कार्ड की सुविधा का इस्तेमाल नहीं किया।
- अस्पताल से ठीक होकर लौटने वाले 33.9 फीसदी बच्चों में किसी-न-किसी तरह की बीमारी या परेशानी के लक्षण पाए गए। इन बच्चों में काफी गुस्सा आने, सुस्त रहने, कभी-कभी बेहोश हो जाने, खड़े होने में कमजोरी, देखने में दिक्कत जैसी परेशानियाँ दिखीं।

इन आँकड़ों से जाहिर है कि बिहार में स्वास्थ्य सुविधाओं को लेकर सुविधाओं और सजगता की स्थिति काफी लचर है। सच यह है कि अभी

काम बहुत है और सरकार में इसे लेकर इच्छाशक्ति की घोर कमी दिखती है। हालात तो ये हैं कि प्राथमिक स्वास्थ्य केन्द्रों में थर्मामीटर तक नहीं मिलता। यह हमारा आँखों-देखा अनुभव है।

जैसा कि पहले जिक्र किया जा चुका है, चमकी बुखार के दौरान युवाओं की टीम मुजफ्फरपुर के ग्रामीण इलाकों में घूमकर लोगों को जागरूक कर रही थी। वे लोगों को इस बुखार से बचने और सामना करने के तरीके तो बता ही रहे थे, थर्मामीटर और ओआरएस भी बाँट रहे थे। बोचहा प्रखंड के पास जब युवा यह काम कर रहे थे, तभी प्राथमिक स्वास्थ्य केन्द्र, बोचहा के एक स्वास्थ्यकर्मी ने उनसे एक थर्मामीटर की माँग कर दी। उन्होंने कहा कि उनका थर्मामीटर टूट गया है और फिलहाल अस्पताल में मरीजों के लिए कोई थर्मामीटर नहीं है। यह एक वाकया चमकी बुखार का मुकाबला करने में जुटे बिहार के स्वास्थ्य विभाग के संसाधनों की पोल खोल देता है। इसके बावजूद कि हर पीएचसी में गठित रोगी कल्याण समिति के पास ठीक-ठाक आकस्मिक फंड होता है ताकि वे ऐसी जरूरी चीजों का इन्तजाम कर सकें।

नीति आयोग द्वारा हाल ही में जारी हेल्थ इंडेक्स, 2019 भी इस बात की पुष्टि करता है। इस रिपोर्ट के मुताबिक बिहार हेल्थ इंडेक्स के मामले में देश के सबसे पिछड़े राज्यों में से है, यह सिर्फ उत्तर प्रदेश से ऊपर है। पिछले साल के मुकाबले इसका प्रदर्शन खराब ही हुआ है।

रिपोर्ट देखने पर मालूम हुआ कि संसाधन और कर्मियों की कमी पिछड़ेपन की सबसे बड़ी वजह है। राज्य में पंचायत स्तर के स्वास्थ्य उपकेन्द्र में एएनएम के 59.5 फीसदी पद खाली हैं। ऐसे में यह समझा जा सकता है कि गाँव के स्तर पर राज्य में स्वास्थ्य सेवाओं की स्थिति क्या होगी। राज्य के प्राथमिक स्वास्थ्य केन्द्र और सामुदायिक स्वास्थ्य केन्द्र में भी स्टाफ नर्स के 50.7 फीसदी पद खाली हैं।

राज्य का सबसे बुरा परफॉर्मेंस केन्द्रीय सहायता राशि को राज्य के खजाने से इम्प्लीमेंटिंग एजेंसी तक पहुँचाने में रहा है। इस फंड की राशि को पटना से जिलों के अस्पतालों तक पहुँचने में औसतन 191 दिन लग

जाते हैं। यह स्थिति पिछले एक-दो साल में बिगड़ी है। 2015-16 में फंड महज 40 दिनों में अस्पतालों तक पहुँच जाता था।

राज्य सरकार ने खुद जुलाई, 2019 में सुप्रीम कोर्ट में हलफनामा दायर कर जानकारी दी थी कि उनके राज्य में डॉक्टरों के 57 फीसदी पद और नर्सों के 71 फीसदी पद रिक्त हैं। उस वक्त कोर्ट ने सरकार को इस परिस्थिति के लिए चेतावनी देते हुए कहा था कि इन पदों पर स्वास्थ्यकर्मियों की नियुक्ति करना हमारा नहीं, आपका काम है। मगर तकरीबन एक साल बाद बिहार की स्थिति और खराब हो गई। पिछले दिनों हमने मुजफ्फरपुर के उन पाँच प्रभावित प्रखंडों में स्वास्थ्य सुविधाओं का आकलन किया, जहाँ चमकी बुखार की वजह से सबसे अधिक मौतें होती हैं, तो पता चला कि एक साल में भी सरकार ने इस मसले पर कोई काम नहीं किया। स्थितियाँ और बदतर ही हो गई हैं।

हमने पाया कि उस वक्त भी वहाँ डॉक्टरों के लगभग 70 फीसदी पद रिक्त थे। 88 डॉक्टरों की जरूरत थी, सिर्फ 27 डॉक्टर पदस्थापित थे। ए-ग्रेड नर्सों के सभी 114 पद रिक्त थे। ज्यादातर अस्पतालों में कोई लैब टेक्नीशियन नहीं था। मतलब साफ था कि 2019 में बड़ी संख्या में बच्चों की मौत और सुप्रीम कोर्ट की चेतावनी के बावजूद बिहार सरकार ने स्वास्थ्य विभाग के मैन पावर को बढ़ाने की दिशा में कोई काम नहीं किया। 2020 में विधानसभा में सरकार ने कहा कि मार्च महीने तक स्वास्थ्य विभाग के सभी रिक्त पदों को भर लिया जाएगा। मगर इससे पहले कि इन रिक्त पदों को भरा जाता कि कोरोना की बीमारी शुरू हो गई और लॉकडाउन लग गया। लिहाजा, कोरोना जैसे वैश्विक संकट का सामना भी राज्य के स्वास्थ्य विभाग ने इसी आधे-अधूरे मैन पावर के साथ किया।

2020 में पटना हाईकोर्ट में राज्य के स्वास्थ्य विभाग ने खुद जानकारी दी कि राज्य में डॉक्टरों के कुल 11645 पद स्वीकृत हैं, मगर

इन पदों पर सिर्फ 2877 डॉक्टर सेवारत हैं। सबसे बुरी स्थिति ग्रामीण और सुदूर इलाके में है, जहाँ 7227 डॉक्टरों की जगह पर सिर्फ 1333 डॉक्टर पदस्थापित हैं। जाहिर है, इन सबका असर कोरोना के खिलाफ जंग में पड़ा। खस्ताहाल स्वास्थ्य सुविधा और मैन पावर के घोर अभाव की वजह से कोरोना से लड़ने में बिहार अफसल और असहाय दिखा। अस्पतालों के दहलाने वाले वीडियो वायरल हो रहे थे। कहीं तीन दिनों से शव पड़ा था, तो कहीं रोगी को देखने के लिए डॉक्टर नहीं थे। एक वीडियो में सरकार के अंडर सेक्रेटरी लेवल के अधिकारी एम्स, पटना के बरामदे पर पड़े नजर आए, जिन्हें एडमिट नहीं किया जा रहा था। बाद में उनकी दुखद मौत हो गई। ऐसे ही एक वीडियो में चम्पारण के एक अस्पताल में एक मरीज अव्यवस्था की शिकायत कर रहा था, बाद में उसकी भी मृत्यु हो गई। भागलपुर में एक कोरोना मरीज के दवा दुकान पर खड़े-खड़े मर जाने की तस्वीर भी इसी तरह वायरल हुई। बाद में केन्द्र सरकार को हस्तक्षेप करना पड़ा और पूरे मामले को अपने हाथ में लेना पड़ा। राज्य सरकार को कोरोना की अवधि में होने वाली फजीहत की वजह से दो बार स्वास्थ्य विभाग का प्रधान सचिव बदलना पड़ा।

ये आँकड़े और सरकारी व्यवस्था से जुड़े ये अनुभव शायद यह समझने के लिए पर्याप्त हैं कि क्यों हर साल बिहार में सैकड़ों बच्चे बुखार की वजह से मर जाते हैं। सवाल सिर्फ चमकी बुखार का नहीं है। बिहार में बच्चे तो वैसे भी मरते हैं। नहीं मरते हैं तो ठिंगने रह जाते हैं, अविकसित, मंद बुद्धि और फिर उनका अन्त पंजाब के खेतों में मजदूरी करते हुए या दिल्ली की सड़कों पर नारियल बेचते हुए होता है। इसके कई आयाम हैं। यहाँ बच्चों को न दूध मिलता है, न बताशा, और कब आकाश से बुलावा आ जाए कहना मुश्किल है।

जय-जय भैरवी

शोषण की इंतिहा और अदालती लड़ाई लड़ती लड़कियाँ

'जय-जय भैरवी, असुर भयाउनि' गीत की रचना मैथिली के सुप्रसिद्ध कवि विद्यापति ने की थी। शक्ति के उपासक मैथिल जब दुर्गा और काली जैसी पराक्रमी देवियों की आराधना करते हैं, तो उन्हें हमेशा यही गीत सूझता है। मगर यही मैथिल और बिहारी समाज अपने आसपास रहने वाली भैरवियों को कभी शक्तिशाली बनने नहीं देता। कभी वे विवाह के नाम पर बिकती हैं तो कभी ताउम्र अविवाहित रह जाती हैं। कभी विवाह से मना करने पर तेजाब से भी नहला दी जाती हैं। इनमें से कुछ भैरवियाँ ऐसी भी हैं जो आँख से आँख मिलाकर जवाब देने का साहस करती हैं। इस अध्याय में ऐसी ही भैरवियों की कथा है।

1

वह 2006 के जून महीने की एक सुबह थी। मैं कटिहार जिले के बरारी प्रखंड के हिन्दुस्तान संवाददाता दिलीप मिश्रा के साथ इस स्टोरी के सिलसिले में उनकी बाइक पर निकला था। बिहार में यह मेरी पहली घुमन्तू रिपोर्टिंग थी। उन दिनों मैं हिन्दुस्तान अख़बार के भागलपुर यूनिट में काम कर रहा था। मेरी ड्यूटी पहले पन्ने पर थी, मगर मुझे खबर लिखने का चस्का था।

इससे छह महीने पहले अपने गाँव पूर्णिया जिले के धमदाहा में मेरी मुलाकात कुछ ऐसे लोगों से हुई, जिन्होंने अपनी बेटियों की शादी हरियाणा और पंजाब के इलाके में करवा दी थी। बदले में लड़के वालों ने उन्हें कुछेक हजार रुपए दिए थे। वे लोग काफी गरीब थे, भूमिहीन खेतिहर मजदूर, ज्यादातर मुशहर जाति के। एक-दो डिसमिल जमीन में उनकी फूस की झोंपड़ी हुआ करती थी, जिसमें वे अपने बड़े से परिवार के साथ ठुँसे रहते थे। सुबह सब लोग काम की तलाश में निकलते और देर रात जब लौटते तो अगर कुछ इन्तजाम हुआ तो रात का खाना पकता। कुछ लोग भू-स्वामी गिरहथों (गृहस्थों) के घर से जूठा भी बटोर लाते थे।

तो इन लोगों को यह सौदा काफी पसन्द आया। बेटियों की शादी भी हो जा रही है और बदले में पैसे भी मिल रहे हैं। ऐसे ही एक व्यक्ति को मैंने अपने दोनों गालों में मीठा पत्ता पान की गिलौरी भरे, हाथ में मछली की पॉलीथिन लिये बाजार से लौटते देखा। व्यक्ति हमारा परिचित था। जैसा कि गाँवों में होता है, उस व्यक्ति में आए इस बदलाव को देख लोग चौंक गए और उसे दरवाजे पर बुलाया गया। उस भोले व्यक्ति ने

फटाफट सारी कहानी बता दी और यह भी बताया कि टोले के कई लोगों ने पैसे लेकर अपनी बेटियों की शादी पंजाब, हरियाणा और पश्चिमी यूपी के इलाकों में कराई है, कई लोग कराने की तैयारी में हैं। पत्रकारिता की मेरी सहज बुद्धि जाग उठी थी। मैंने कई सवाल किए। जैसे, क्या वहाँ से उनकी बेटियाँ लौटकर आती हैं? क्या वे वहाँ अपनी बेटियों को देखने जाते हैं? फोन वगैरह करते हैं? इन तमाम सवालों के जवाब में उस व्यक्ति ने 'ना' ही कहा। मगर वह सशंकित नहीं था। उसने लड़के वालों से बात की थी, उनका स्टेटस देखा था। वह इस नशे में था कि उसकी बेटी पैसे वालों के यहाँ ब्याही गई है। उसका जीवन सुधर गया है। अब वह अपनी छोटी बेटी की शादी भी ऐसे ही घर में कराएगा। बहरहाल, मैंने इस परिघटना को सामाजिक बदलाव की एक नजीर के रूप में लिखा और वह अख़बार पहले पन्ने पर बॉटम में छपी। वह इस मसले से सम्बन्धित पहली खबर थी।

मगर छह महीने के भीतर दो-तीन लोग मुझसे मिलने भागलपुर पहुँच गए थे। उनकी बेटियाँ जो साल-दो साल पहले ब्याहकर पंजाब गई थीं, वे न लौटकर आईं, न उनका फोन आता था, न चिट्ठी-पत्री, न अगुआ कुछ बताता था कि वे किस हाल में हैं। कटिहार के अख़बार में दो-एक खबरें भी छपीं। एक खबर इन्हीं दिलीप मिश्रा की थी। इन खबरों को बटोरकर मैं अपने तत्कालीन सम्पादक विश्वेश्वर कुमार के पास पहुँचा और कहा कि सर, यह मामला काफी गम्भीर है। सम्पादक ने तत्काल मेरा तीन दिन का टूर बना दिया और कहा कि जाओ पूरे इलाके में घूमकर खबर करो। जरूरत पड़े तो और वक्त लेना। यह प्रस्ताव मेरे लिए बिलकुल नया था, मुझे मालूम भी नहीं था कि इसे ही घुमन्तू पत्रकारिता कहते हैं। मगर यह काफी आकर्षक था।

दिलीप अपने इलाके में काफी पॉपुलर थे। यह बात उनके साथ निकलते ही समझ में आ गई थी। कदम-कदम पर उन्हें लोग रोक रहे थे, अपनी फरियाद सुना रहे थे। वह थोड़े झिझक भी रहे थे, क्योंकि उनके पीछे मैं उनका सीनियर, हेडऑफिस से आया पत्रकार था। मैं दूसरी

वजह से आशंकित था, क्योंकि यह काम अपनी पहचान उजागर किए बगैर जानकारी बटोरने का था। इतने पॉपुलर आदमी के साथ घूमूँगा तो असली कथा शायद ही मिलेगी। पहले उन्होंने इस यात्रा के लिए एक सूमो गाड़ी का इन्तजाम कर रखा था, जो उस जमाने में स्टेटस सिंबल हुआ करती थी। एक स्थानीय नेता को जब पता चला कि हिन्दुस्तान के भागलपुर ऑफिस से एक पत्रकार रिपोर्टिंग के लिए आया है, तो उन्होंने टंकी फुल करवाकर ड्राइवर के साथ गाड़ी दिलीप मिश्रा के दरवाजे पर भिजवा दी थी। मगर मैंने बड़ी निष्ठुरता से उस प्रस्ताव को खारिज कर दिया। मुझे अन्देशा था कि बड़ी गाड़ी से अगर किसी गाँव में पहुँचा तो लोग नेता या अफसर समझ लेंगे और सच्ची बात नहीं बताएँगे। मैंने कहा, "आपकी मोटरसाइकिल से ही चलेंगे और उसकी टंकी में तेल मैं ही डलवाऊँगा।"

बाद के दिनों में मैंने इसे अपना नियम बना लिया। 90-95 फीसदी रिपोर्टिंग बाइक पर घूमते हुए ही की। यह तो सिद्धान्त था ही कि किसी अधिकार सम्पन्न व्यक्ति की सुख-सुविधा का उपभोग करने से पत्रकार अनावश्यक दबाव में आ सकता है।

दिलीप को लेकर मेरे मन में जितनी शुरुआती आशंकाएँ थीं, बाद में सब निर्मूल साबित हुईं। बहुत जल्द वह मेरे रंग में ढल गए और कहने लगे कि हेडऑफिस से कोई आता है तो प्रखंड संवाददाता से यही सब अपेक्षाएँ रखता है, कटिहार के जिला ब्यूरो प्रभारी का भी यही निर्देश रहता है, इसलिए उसने यह सब इन्तजाम कराया। खैर, फिर अगले तीन दिन तक हम दोनों उनकी मोटरसाइकिल पर किसी मित्र और पेशेवर पत्रकार की तरह घूमते रहे। मैं खबरें बटोरता रहा और वे अपने कैमरे से तसवीरें उतारते रहे। हम लोग सबसे पहले जिस गाँव में पहुँचे उसका नाम था, भैंसदियर।

भैंसदियर का नाम मैंने सुन रखा था। मुझे यह नाम हमेशा अजीब लगता था। भैंस का दियर...हमारे इलाके में लोग देवर को दियर कहते हैं। मगर वहाँ जाकर पता चला कि गाँव को लोग भैंसदीरा कह रहे हैं।

तब भेद खुला। दीरा यानी दियारा। तो वह गाँव गंगा नदी का दियारा होगा, जहाँ भैंसों का बथान लगता होगा। पास में ही काढ़ागोला था, वह भी कभी एक दियारा था। सम्भवत: किसी वक्त गंगा, कोसी और महानंदा का संगम होने की वजह से यह इस इलाके का महत्त्वपूर्ण तीर्थ रहा होगा। सिखों के नौवें गुरु तेगबहादुर जब असम की यात्रा पर जा रहे थे तो कुछ दिनों के लिए वे काढ़ागोला में अपने काफिले के साथ ठहरे थे। सम्भवत: बाढ़ की वजह से आगे जाना मुमकिन नहीं रहा होगा। उनके इस पड़ाव के दौरान दूर-दूर से श्रद्धालु उनके पास पहुँचते थे, वे सबको सिखों का प्रसिद्ध कड़ा प्रसाद देते थे। इसलिए इस जगह का नाम काढ़ागोला पड़ गया। इस इलाके के कई लोग सिख बन गए। उन्होंने अपना एक गुरुद्वारा भी बना लिया। इस यात्रा के तीसरे दिन दिलीप मिश्रा मुझे उस गुरुद्वारे में भी ले गए थे। इस पिछड़े इलाके के लिहाज से गुरुद्वारा काफी भव्य था। वहाँ मुझे अपने गाँव के कुछ मजदूर भी मिल गए, जो सिख बन गए थे और उसी गुरुद्वारे में नौकरी करते थे। उनकी कहानी फिर कभी। फिलहाल भैंसदियर गाँव और वहाँ के उन परिवारों की कथा, जिन्होंने समृद्धि देखकर अपनी बेटियों की शादी हरियाणा और पश्चिमी यूपी के पुरुषों से करा दी थी, मगर बाद में उनकी बेटियों का पता नहीं चला।

दिलीप सबसे पहले जिस लड़की के घर मुझे ले गए थे, उसका नाम समिसवा था। हमें देखते ही उसकी माँ रोने लगी और बिलख-बिलख कर कहने लगी, पड़ोस के गाँव के दशरथ चौधरी के कहने पर उसने अपनी बेटी समिसवा की शादी पश्चिमी यूपी के एक युवक से करा दी थी। मगर दो-तीन साल हो गए उसे कोई खबर नहीं कि उसकी बेटी कहाँ और किस हाल में है। जब वह और उसके पति रामौतार ऋषि, शादी के अगुआ दशरथ चौधरी से इस बारे में पूछते हैं, तो वह कहता है कि पहले दस हजार दो, फिर वे उसकी बेटी लौटा देंगे। दरअसल यह दस हजार शादी का खर्चा था। लड़के वालों ने यह राशि दशरथ चौधरी को दी थी, जिसमें से दशरथ चौधरी ने पाँच हजार रामौतार ऋषि को दिए थे। रामौतार ने कुछ पैसे बेटी के कपड़े और गहने पर खर्च किए,

बाकी बचे पैसों को खा-पी गया। अब वह एकमुश्त दस हजार रुपए कहाँ से लाए, उसे कुछ सूझ नहीं रहा। उसके घर-द्वार को देखकर भी यह बात आसानी से समझ आ रही थी कि दस हजार तो दूर उसके लिए एक हजार रुपए जुटाना भी मुश्किल होगा। वे अगुआ दशरथ चौधरी की खुशामद करते कि कम से कम बेटी से एक बार फोन पर बात ही करा दे। मगर अगुआ हर बार टाल जाता।

भैंसदियर गाँव के ऋषिदेवों के मुहल्ले में ऐसे तीन-चार परिवार मिले, जिनकी यही कथा थी। ये सब थोड़े से पैसों के लालच में फँसकर अपनी बेटियों को खो बैठे थे। अब उन्हें समझ नहीं आ रहा था कि करें तो क्या करें। बेटियों की माँएँ रोज रोतीं और बाप का जीना मुहाल कर देतीं। बाप खुद को कसूरवार मानकर शर्म से आँखें गड़ाए बैठा रहता। इनकी कहानियाँ सुन-सुनकर मन व्याकुल होने लगा।

फिर दिलीप मुझे पड़ोस के गाँव बाड़ीनगर ले गए, जहाँ हमारी मुलाकात किरण यादव से हुई। किरण से मिलना इस लिहाज से सार्थक रहा कि उसकी शादी भी इसी तरह कराई गई थी, मगर वह अपने ससुराल से जान बचाकर अपने गाँव भाग आई थी। उसको मालूम था कि वहाँ इन लड़कियों के साथ क्या होता है। उससे मिलने से पहले मेरे दिमाग़ में यही बात थी कि हरियाणा और पश्चिमी यूपी के इलाकों का लिंगानुपात काफी गड़बड़ है, इसलिए वहाँ के लोग हमारे इलाके में शादी करने आते हैं। थोड़े से पैसे खर्च करने पर यहाँ औरतें मिल जाती हैं। पर अगर मामला सिर्फ विवाह का है, तो फिर ये लड़कियाँ लौटकर मायके क्यों नहीं आतीं? उन्हें अपने माँ-बाप से फोन पर ही सही बात क्यों नहीं करने दिया जाता? यह सामान्य मामला तो कतई नहीं था।

किरण ने बताया कि उसके पति उसे कहीं बेचने की तैयारी कर रहे थे, इसलिए वह जान बचाकर भाग आई। उसने बताया कि कोसी-सीमांचल के इलाके से ब्याहकर जानेवाली लड़कियों को वहाँ पत्नी का दर्जा कम ही मिलता है। रात में सोते वक्त भले ही पत्नी बन जाए मगर पूरे दिन मजदूर की तरह खटाया जाता है। लड़कियों की इतनी कमी

है कि अक्सर उन्हें चार-चार, पाँच-पाँच भाइयों की बीवी बनकर रहना पड़ता है। और मन भर गया तो बेच देते हैं, किसी और को। खरीदार न मिला तो कोठे वालों को भी और अगर वहाँ भी नहीं बिकी तो किडनी ही बेच देते हैं। यहाँ से जो लड़कियाँ पटरानी बनने का ख्वाब लेकर जाती हैं, वे वहाँ निरी गुलामी का जीवन गुजारती हैं। इसलिए किसी को चिट्ठी-पतरी या फोन करने भी नहीं देते।

किरण के शब्द हमारे ऊपर हथौड़े की तरह बरस रहे थे। हमने कभी सोचा नहीं था कि सीधी-सादी शादी जैसी कहानी का अंजाम इतना बुरा हो सकता है। उसके चेहरे पर जो दर्द था, वह कभी आँसुओं में बदल जाता तो कभी वह गुस्से में रणचंडी की तरह दिखने लगती। उसने फिर हमें अपने भागने की कथा भी बताई। एक अकेली लड़की का पश्चिमी यूपी के सहारनपुर जिले के किसी गाँव से भाग आना आसान भी नहीं था। मगर उसका साथ उसके यहाँ काम करने वाले एक बिहारी मजदूर ने दिया। ट्रेन का टिकट कटाया और अपने साथी मजदूरों के साथ बिठा दिया। पता नहीं उस मजदूर का क्या हुआ। शायद उसने भी काम छोड़ दिया होगा, जैसा वह बता रहा था। किरण डर भी रही थी कि कहीं उसके ससुराल वालों ने मुकदमा न कर दिया हो, यूपी की पुलिस उसे ढूँढ़ने उसके गाँव न पहुँच जाए, उसे लेकर न चली जाए। हालाँकि उसके टोले के लोग कह रहे थे, किसी सूरत में इसे जाने न देंगे।

किरण की बात सुनने के बाद मन निराश हो गया था, कहीं और जाने की इच्छा नहीं थी। पड़ोस के बाजार में हमने थोड़ा नाश्ता किया और चाय बनने का इन्तजार करने लगे। हमने मन बना लिया था कि आज इसी स्टोरी को लिखकर भेज देंगे, आगे की खबर कल करेंगे। मगर रुकना हमारे नसीब में नहीं था। दिलीप के एक इन्फॉर्मर ने खबर दी कि भैंसदियर गाँव में ही एक दलाल है, जिससे बातचीत की जा सकती है। मगर पहचान छिपानी पड़ेगी। मतलब हमें शादी वाली पार्टी बनना पड़ेगा। चेहरे से मैं थोड़ा परदेसी टाइप लगता था और चंडीगढ़ शहर में एक साल रहने का अनुभव भी था, तो दूल्हा बनने का अवसर

मुझे ही दिया गया। दिलीप खुद मेरे लोकल एजेंट बन गए और दलाल के घर की तरफ निकल गए।

तकरीबन बारह-तेरह साल बाद इस कथा को लिख रहा हूँ, मगर मुझे ठीक-ठीक याद है कि दरवाजे पर अपनी खाट पर उस दलाल ने हमें बैठने की जगह दी थी। साफ चादर भी बिछाया था, एक भरा गिलास दही का शरबत भी पिलाया गया। गिलास की गन्दगी के बावजूद मुझे वह पीना पड़ा था। दलाल का नाम तो याद नहीं मगर यह बात मुझे अच्छी तरह याद है कि उसने पचास हजार से शुरुआत की थी और तीस हजार पर मान गया था। लड़की के रूप-रंग और उसके मेहनती स्वभाव का भी उसने जिक्र किया था। उसने बताया था कि पाँच दिनों के लिए आकर इसी गाँव में रहना होगा। उसने हरियाणा के कई गाँवों का नाम लिया जहाँ के लोगों का रिश्ता उसने कराया था। वह 'लड़की दिलाई' शब्द का उल्लेख कर रहा था और अपनी आवाज में हरियाणवी पुट लाने की खूब कोशिश कर रहा था। जब अपने काम के लायक जानकारी हमें मिल गई, तो हम कोई और बहाना करके वहाँ से निकल गए।

पहले ही दिन तरह-तरह के लोगों से बात हुई। समझ में आया कि हम जिसे एक आम समस्या समझ रहे हैं, वह मानव तस्करी की गम्भीर बीमारी का रूप ले चुकी है। कोसी और सीमांचल इलाके के हर गाँव में, खासकर अति पिछड़े और दलित समुदाय के बीच यह बीमारी फैल चुकी है। हर गाँव की चार-छह लड़कियाँ इस तरह ब्याही जा चुकी हैं। इनमें से एक-दो परिवार ऐसे मिल ही जाते हैं, जो अपनी बेटी के भविष्य के लिए फिक्रमन्द रहते हैं। सोचिए, इन परिवार वालों को दलाल बमुश्किल पाँच से पन्द्रह हजार रुपए देते हैं। इनमें से कई लोगों को यह मालूम भी होता है कि शादी के बाद बेटी शायद ही लौटकर आए। बेटियों की बलि चढ़ा दी जाती है। ऐसा करने वाले पिता, माताओं और बेटियों को झूठा आश्वासन देते हैं कि ये लोग ठीक हैं, जाँचे-परखे हैं।

ऐसा इसलिए भी है कि ये लोग गरीबी के दलदल में इस कदर फँसे रहते हैं कि इनके पास बेटियों की शादी ढंग से करने का कोई विकल्प ही नहीं रहता। दलालों से मिलने वाला पैसा इनके जीवन में क्षणिक राहत की तरह आता है। ये दाँव खेलते हैं कि शायद इनकी बेटियों की किस्मत अच्छी हो। वैसे भी इस इलाके में जो लोग घरबार देखकर मोटा दहेज देकर अपनी बेटियाँ ब्याहते हैं, उनका ही दाँव कितना सफल होता है? कितनी बेटियाँ सुखी होती हैं, इसका कोई हिसाब है क्या...? इसलिए हमारे इलाके में यह कहावत प्रचलित है, किस्मत होगी तो बेटी राज करेगी, नहीं तो उसका तो जन्म दुख भोगने के लिए ही हुआ है। सीता ही कौन सी सुखी थी, स्वयंवर रचाकर ब्याह करने के बावजूद...

खैर, पहले दिन की खबर पहले पन्ने पर आठ कॉलम में लीड स्टोरी के तौर पर लगी। खूब अटैकिंग हेडिंग और एक्सक्लूसिव तसवीरों के साथ। यूपी का दूल्हा और दलाल, सिसक रही हैं कोसी की बेटियाँ। हमें लगा कि इस खबर का जोरदार असर होगा। समाज में चर्चा होगी और हालात बदलेंगे। हिन्दुस्तान उस जमाने में बिहार का लीडिंग अख़बार था। सच पूछिए तो लोग अख़बार का मतलब हिन्दुस्तान ही समझते थे। मगर हमारा अनुमान गलत निकला। मैं तो अजनबी था, मगर दिलीप को भी अगले दिन किसी ने नहीं कहा कि क्या जबरदस्त खबर लिखी है, यह गलत सिस्टम है, बदला ही जाना चाहिए था। हाँ, एक-दो लोगों ने जरूर कहा कि आपका नाम पेज वन पर पढ़ा। अच्छा लगा।

हम थोड़े उदास जरूर हुए, मगर काम तो करना ही था। दिलीप मुझे कटिहार के ही कोढ़ा प्रखंड के मूसापुर दरगाहा गाँव लेकर गए। बताया गया कि इस गाँव की कम से कम सौ लड़कियों की शादी इसी तरह के यूपी और हरियाणा से आए लड़कों के साथ हुई है। न जाने कितनी ऐसी लड़कियाँ हैं, जो ब्याहकर गईं तो लौटीं नहीं। किस हाल में हैं, पता नहीं चल पाया। उसी गाँव में सोमिया(बदला हुआ नाम) नाम की एक लड़की मिली, जिसने स्थानीय दलाल छोटू पर पोठिया थाना में रेप का मुकदमा दर्ज कराया था।

सोमिया ने बताया कि छोटू ने तीन साल पहले उसकी शादी पश्चिमी यूपी के एक लड़के से करा दी थी। वह खुशी-खुशी ससुराल गई थी। मगर कुछ ही महीने बाद उसके पति ने पैसे लेकर उसकी शादी अपने ही भतीजे से करा दी। वह कहता था कि वह पैसे से खरीदकर सोमिया को लाया है। इसलिए उसका हक बनता है कि वह किसी और को उसे बेच दे। भतीजे के पास भी वह अधिक दिन रह नहीं पाई, भतीजे ने उसे किसी और के हाथ बेच दिया। जहाँ से भागकर सोमिया मायके आ गई।

जब सोमिया के भागकर आ जाने की खबर दलाल छोटू को मिली तो वह आगबबूला हो गया। उसके धंधे के रेपुटेशन का सवाल था। उसने अपने दोस्तों के साथ सोमिया के घर पर हमला कर दिया। सोमिया ने बताया कि चार लड़कों ने मिलकर उसके साथ रेप किया, जिसकी रपट उसने थाने में लिखा दी है। हालाँकि तब तक किसी की गिरफ़्तारी नहीं हुई थी।

उसी गाँव में साहिबा की कहानी का पता चला। उसे ब्याहकर ले गए लोगों ने दिल्ली स्टेशन पर ही उसका सौदा करना शुरू कर दिया था। उसके भाई ने शोर मचाया और पुलिस आ गई तो लोग भाग गए और वह लौटकर गाँव आ गई। मगर कुछ ही दिनों बाद जब उसके पिता की मृत्यु हो गई तो उसी दलाल आलम ने उसकी शादी जबरन किसी और बाहरी लड़के से करा दी। तब से वह लापता है।

हम इन कहानियों को बटोरकर लौट ही रहे थे कि एक दरवाजे पर कुछ अजनबी लोग दिखे। पता चला कि ये लोग बहराइच से आए हैं। छह लोग थे। उनके साथ एक लड़का चन्द्रपाल था जो बोलने में अक्षम था। उसी की शादी करानी थी। मगर पैसे की थैली खोलने के बावजूद कोई लड़की वाला तैयार नहीं हो रहा था। छह दिन यहाँ गुजारने के बाद वे लोग लौटने की तैयारी कर रहे थे। उन लोगों ने बहुत भलमनसाहत दिखाई और हमें अपनी तसवीर लेने की इजाजत भी दी और बताया कि वे लोग अच्छी सोच से यहाँ आए हैं। जो लड़की ले जाएँगे, उसे पूरे

सम्मान के साथ रखेंगे। मगर चेहरे पर किसके लिखा होता है कि कौन भला है कौन बुरा।

अगले दिन भी हमारी खबर पहले पन्ने पर उसी तरह छपी। मगर उस रोज भी खबर पर कोई चर्चा, बहस या असर नहीं दिखा। तीसरे दिन हमने स्ट्रैटेजिकली पुलिस प्रशासन पर हमला किया और लिखा कि जिले में लगातार मानव तस्करी जैसी घटनाएँ हो रही हैं, मगर पुलिस कहीं एक्शन नहीं ले रही। हमने एसपी से जब बयान लिया तो उसने कहा कि शादियाँ माँ-बाप की मर्जी से हो रही हैं, इसमें हम क्या कर सकते हैं? मगर पहली नजर में ही मामला मानव तस्करी का था। तीसरे दिन की हेडिंग थी—पुलिस की भूमिका सिर्फ दावत उड़ाने वाली, और इस खबर का असर हुआ।

पुलिस ने दो-तीन महिलाओं को जुटाया, खासकर जिन महिलाओं से हमने रिपोर्टिंग के दौरान बातचीत की थी और उनको लेकर एसपी महोदय अदालत पहुँच गए, हमारे खिलाफ रेप का मुकदमा दायर करवाने। मैं खबर करके भागलपुर लौट आया था। दिन के तीसरे पहर जब मैं दफ्तर में था तो दिलीप का फोन आया और उन्होंने कहा कि हमारे खिलाफ रेप का मुकदमा कराने की तैयारी है। मैंने फोन अपने सम्पादक को दे दिया।

वह मेरे पत्रकार जीवन में कभी न भूलने वाला दिन है। सम्पादक ने दिलीप मिश्रा से एसपी का नम्बर लिया और तत्काल फोन लगाया और फिर मैंने देखा कि एक सम्पादक का तेवर क्या होता है। विश्वेश्वर कुमार की कड़कती आवाज न्यूज रूम में गूँज रही थी, आपको जिले में ड्यूटी करनी है या लाइन हाजिर होना है। आपने क्या समझ लिया हमारा रिपोर्टर खिलौना है। जब चाहेंगे आप डरा-धमका देंगे। उधर से एसपी क्या कह रहे थे, मालूम नहीं। मगर दिलीप बाद में बहुत प्रसन्न नजर आए।

बाद में पता चला कि खबर का असर भी हुआ है। कई पंचायतों से खबरें आने लगीं कि वहाँ मुखिया ने एक कमेटी बनाई है, जिसका काम गाँव में शादी के खयाल से भटकने वाले अजनबियों पर निगाह रखना है। कुछ पंचायतों में शादी के रजिस्ट्रेशन का नियम भी सख्ती से लागू

कराया गया। कुछ एनजीओ भी इस मसले पर सक्रिय हुए। मगर इन सबका नतीजा क्या निकला उसका कोई आकलन नहीं हुआ है। अभी भी ऐसी शादियों की खबरें आ ही जाती हैं। और याद आता है, उस हरियाणवी नेता का वह चुनावी भाषण जिसमें उन्होंने कहा था कि अगर उनकी पार्टी जीती तो वे बिहार से लड़कियाँ लाकर कुंवारों की शादी करा देंगे। यह खबर भी मिलती है कि पश्चिमी यूपी और हरियाणा में आज भी बिहारी लड़कियों का बाजार सजता है, हाँ, दस-बारह सालों में रेट बढ़कर 50 हजार और 70 हजार पहुँच गया है।

विवाह के नाम पर बेची जा रही बेटियों की यह कथा बिहार की स्त्रियों के जीवन का एक पक्ष है। दूसरा पक्ष यह है कि कई औरतें विवाह के पैगाम के इन्तजार में पूरी जिन्दगी अविवाहित रह जाती हैं। अजीब बात यह है कि इस अकल्पनीय त्रासदी की खबर इनके आसपास रहने वाले दूसरे समुदाय के लोगों तक को नहीं होती।

2

रजिया खातून की उम्र अब पचास साल हो गई है मगर अभी तक अविवाहित हैं। ऐसा नहीं है कि अविवाहित रहने का फैसला उन्होंने खुद लिया था। हर सामान्य औरत की तरह उनकी भी ख्वाहिश थी कि अपना परिवार हो, भरा-पूरा और खुशियों से भरा। समय से शादी हुई होती तो आज वह नाती-पोतों वाली होतीं। मगर आज परिवार के नाम पर उनके घर में एक विधवा माँ, एक तलाकशुदा छोटी बहन और बहन का एक बेटा है।

"जीवन कैसे चल रहा है?" यह सवाल सुनते ही उनका गला रुँधने लगता है।

भर्राए गले से कहती हैं, "भाई लोग कुछ-कुछ मदद कर देते हैं, तो खाना-पीना हो जाता है।" यह कहते-कहते उनकी रुलाई फूट पड़ती है और फिर कुछ देर तक वह सिसकती रहती हैं।

एक ऐसे समाज में जो खुद को शेख मुसलमानों से अधिक इज्जतदार मानता है, औरतों का घर से निकलना भी अपराध समझता है, उन्हें मेहनत-मजदूरी की इजाजत नहीं देता। वहाँ औरतों का इस तरह अकेला रह जाना कितना दुखदायी हो सकता है, इसकी कल्पना भी नहीं की जा सकती। मगर कोसी-सीमांचल के इलाके में बसे शेरशाहबादी मुसलमानों के समुदाय में लगभग हर जगह दस में से दो औरतें अविवाहित रह जाती हैं और दो शादी के तत्काल बाद तलाक मिलने की वजह से अकेले जीवन गुजारती हैं।

रजिया खातून की पंचायत कोचगामा की ही बात की जाए, जो सुपौल जिले के बसन्तपुर प्रखंड में स्थित है। वहाँ इस बिरादरी में 35 साल से अधिक उम्र की 140 से अधिक ऐसी महिलाएँ हैं, जो अविवाहित हैं। इनमें ऐसी महिलाओं की संख्या अच्छी-खासी है, जो 50 और 60 के लपेटे में हैं। इनके अलावा 32 तलाकशुदा औरतें हैं और 45 विधवाएँ। एक छोटे से पंचायत में 217 महिलाओं का अकेले जीवन जीने को विवश होना कोई सामान्य बात नहीं है। लोग बताते हैं कि शेरशाहबादी मुसलिम समाज में इस तरह की बातें आम हैं, हर जगह हो रही हैं।

इसी गाँव की साठ साल की नूर बानो बिलकुल अकेली रहती हैं। पिता की मौत के बाद से उन्होंने पूरा जीवन अकेले जिया है। पेट पालने के लिए बकरियाँ पालती हैं। थोड़ी-बहुत जमीन है, जिसे बँटाई पर दे रखा है। खुद खेती करने की बात वह सोच भी नहीं सकतीं। 40 साल की नजमा खातून की शादी इसलिए नहीं हुई क्योंकि वह गूँगी हैं। 45 साल की साबिरा खातून को शादी के अगले दिन ही तलाक दे दिया गया, क्योंकि वह खूबसूरत नहीं थीं। इसी तरह 45 साल की चनवारा खातून हों या 55 साल की जमीला खातून या 58 साल की रिजवाना परवीन, इन सबकी एक ही कहानी है। खूबसूरत नहीं थीं या देने के लिए घर वालों के पास दहेज नहीं था। लिहाजा इनकी शादी नहीं हुई, हुई भी तो छोटे से वैवाहिक जीवन के बाद तलाक हो गया और फिर लम्बा जीवन अकेले गुजारने के लिए विवश होना पड़ा।

ऐसा क्यों होता है? खूबसूरत-बदसूरत महिलाएँ तो हर समाज में होती हैं, मगर उनकी शादियाँ ही न हों, ऐसा तो कभी सुना नहीं।

इसकी वजह बताते हुए कोचगामा के सामाजिक कार्यकर्ता अबू हिलाल कहते हैं, "हमारे समाज में शादी का पैगाम लेकर हमेशा लड़के वाले ही आते रहे हैं। लड़की का बाप पैगाम लेकर जाए, इसे अच्छी निगाह से नहीं देखा जाता। ऐसे में लड़के वाले उन्हीं लड़कियों के घर पैगाम लेकर जाते हैं, जो या तो खूबसूरत हों, या जिनका परिवार पैसे वाला हो। ऐसे में लड़कियाँ अगर साँवली हों या उसके माँ-बाप गरीब

हों तो वे पैगाम के इन्तजार में बैठी रह जाती हैं। उनकी शादियाँ टलती रहती हैं और ऐसी ही लड़कियों को अक्सर पूरा जीवन बिन ब्याहे गुजारना पड़ता है।"

साल 2016 में अबू हिलाल के बुलावे पर मैं उनके गाँव कोचगामा पहुँचा था और इस अजीब सी समस्या को समझने के लिए वहाँ की अकेली औरतों और समाज के प्रतिष्ठित लोगों से बातचीत की थी। बाद में इस मसले पर छोटी सी खबर भी लिखी, हालाँकि उस खबर का कितना असर हुआ कहना मुश्किल है। मगर इतना जरूर समझ आया कि अबू हिलाल अपने समाज में औरतों की स्थिति को लेकर व्यथित रहते हैं। उन्होंने तीन-चार महीने की मेहनत के बाद कोचगामा और बलभद्रपुर पंचायत में ऐसी महिलाओं की सूची तैयार की थी। वे चाहते थे कि सरकार इन बेसहारा महिलाओं की मदद करे। इन्हें विधवा पेंशन की तरह ही कुछ सरकारी सहायता मिल जाए। वे पटना स्थित हज कमेटी में भी इन बिन-ब्याही महिलाओं के दुख-दर्द की दास्तां पहुँचाने की कोशिश कर रहे थे। उन्होंने अपने समाज के नेताओं से भी इस मामले में जरूरी कदम उठाने की दरख्वास्त की थी। दिलचस्प बात है कि अबू हिलाल कोई बड़े आदमी नहीं हैं, जिन्हें राजनीति का चस्का हो। वे एक आम दर्जी हैं।

ऐसा नहीं है कि औरतों के साथ हो रही इस परेशानी को लेकर सिर्फ अबू हिलाल ही चिन्तित हैं। समाज का हर बेटी का बाप परेशान है, भयभीत रहता है कि कहीं यह हादसा उसके घर में ही न आ जाए। मगर इस बन्द समाज की अपनी रवायतें हैं, कोई उससे बाहर निकलने की हिम्मत नहीं करता, लिहाजा यह बात वहीं की वहीं रह जाती है।

शेरशाहबादी समाज ने 2013 में सुपौल, अररिया और नेपाल के अपनी बिरादरी के लोगों को एकजुट किया था ताकि इस समस्या से निजात पाया जा सके। यह बैठक अररिया जिले के बसमतिया हाईस्कूल के प्रांगण में हुई थी। वहाँ तय हुआ कि जिस तरह दूसरे समाज में लड़की वाले पैगाम लेकर लड़के वालों के घर जाते हैं, अपने समाज में भी

यह चलन शुरू हो। इससे परेशानी काफी हद तक सुलझ जाएगी। इस मीटिंग के बाद पत्र लिखकर समाज के सभी गाँवों में भेजा गया। मगर यह चलन शुरू नहीं हो पाया।

भगवानपुर गाँव के शेरशाहबादी समाज के मोहम्मद मुस्तफा इसकी वजह बताते हैं, जैसे ही कोई लड़की वाला पैगाम लेकर जाने की बात करता, लोग समझने लगते कि इसकी लड़की में कोई खोट है। उसकी शादी के लिए पैगाम नहीं आ रहा, तभी तो वह ऐसा काम कर रहा है। लिहाजा समुदाय की यह कोशिश औंधे मुँह गिर गई। अब ऐसे में एक ही रास्ता बचा था, वह आज भी जारी है। पर्व-त्योहार के मौके पर गाँव में चन्दा होता है और चन्दे में मिला अनाज और पैसा इन अकेली औरतों के बीच खैरात के रूप में बाँटा जाता है।

शेरशाहबादी समाज के लोग दहेज के बढ़ते चलन से भी परेशान हैं। इस्लाम में दहेज की मनाही है। मगर लोग चोरी-छिपे दहेज ले ही लेते हैं। अबू हिलाल बताते हैं कि कई लोग दहेज तो दहेज, देन मोहर की राशि भी एडवांस में ले लेते हैं। और इस वजह से पैसों का इतना बोझ हो जाता है कि बेटी के बाप की हिम्मत ही टूट जाती है। अगर घर में पैसे न हों तो बेटी का पैगाम न आने पर माँ-बाप चुपचाप बैठे रहते हैं, पैगाम न आना उनकी ढाल बन जाता है।

मगर इन हालात में अकेली महिलाओं का जीवन कष्टमय हो गया है। इनमें से ज्यादातर महिलाएँ पढ़ी-लिखी नहीं हैं। हिलाल बताते हैं कि परदे की वजह से ये महिलाएँ न मजदूरी करती हैं, न नौकरी। इन्हें एक ही काम की इजाजत है। पाट के धागे छुड़ाने की। वह भी रात तीन बजे से सुबह छह बजे तक अँधेरे में। जब कोई देखे नहीं। ये औरतें जीवन तो अकेले जीती हैं, मगर अपने पहाड़ से जीवन की गाड़ी को खींचने के लिए इनके पास आर्थिक साधन नहीं होते। हर तरह के खर्च के लिए ये लोग पहले अपने माता-पिता और फिर भाइयों पर निर्भर रहती हैं। जाहिर

सी बात है कि वक्त के साथ भाइयों के हाथ भी बँधने लगते हैं और ये उपेक्षित होने लगती हैं।

एक महिला ने नाम न उजागर करने की शर्त पर बताया कि घर का सारा काम उन्हें ही करना पड़ता है। इसके बावजूद उनके साथ नौकरों जैसा बर्ताव होता है। जीना दूभर हो गया है। वे चाहती हैं कि कहीं झाड़ू-पोंछे का ही काम मिल जाए तो हाथ में चार पैसे आएँ। मगर समाज उन्हें इस बात की इजाजत नहीं देता।

समाज के गण्यमान्य पुरुषों की इस मसले पर सोच काफी पुरातनपंथी है। एक सज्जन मो. अमजद गाजी जो शिक्षक हैं और शेरशाहबादी कब्रिस्तान कमेटी के सचिव हैं, कहते हैं, "इस समस्या का एक ही उपाय है। इस क्षेत्र में महिलाओं के लिए तकनीकी शिक्षा के केन्द्र खुलने चाहिए।" मगर साथ में वे यह शर्त भी रखते हैं कि उस शैक्षणिक केन्द्र में टीचर महिलाएँ ही होनी चाहिए, अगर पुरुष हों तो वे बुजुर्ग हों। पंचायत में हाईस्कूल है, मगर शेरशाहबादी समाज की कोई लड़की वहाँ पढ़ने नहीं जाती, क्योंकि वह को-एजुकेशन वाला है।

नूरुल हक जो गाँव के एक चिन्तनशील व्यक्ति हैं, कहते हैं, "महिलाओं की उच्च शिक्षा के लिए पड़ोस के गाँव शंकरपुर में एक बनात खुला है। यह लड़कियों का आवासीय मदरसा है। यहाँ केजी से फाजिलियत (एम.ए.) तक की पढ़ाई होती है। पढ़ाने वाली सारी महिलाएँ ही हैं। वहाँ 800 से अधिक लड़कियाँ पढ़ती हैं। 500 लड़कियाँ हॉस्टल में रहती हैं। मगर वहाँ पढ़ने का खर्च इतना अधिक है कि बहुत सारे लोग अपनी बेटियों को वहाँ भेज नहीं पाते। वहाँ कोचगामा की महज दस लड़कियाँ पढ़ती हैं। हालाँकि वहाँ की शिक्षा से इन महिलाओं को रोजगार मिल जाए यह भी मुश्किल लगता है। वैसे भी इस समाज में लोग लड़कियों को एक ही नौकरी करने की इजाजत देते हैं। वह है स्कूल टीचर की।"

नूरुल बताते हैं, "इस बीच कुछ परिवारों ने इस परेशानी से निजात पाने की एक अलग ही तरकीब निकाली। वे अपनी बेटियों की शादी

रामपुर(यूपी) के लड़कों से करवाने लगे। दरअसल रामपुर में मुस्लिम समाज में लड़कियों की कमी है। इस वजह से कई लड़कों की शादी नहीं हो पाती थी। ऐसे लड़के यहाँ आने लगे और पैसे देकर लड़कियाँ ले जाने लगे। मगर यह तरकीब भी नुकसानदेह ही साबित हुई। वहाँ लड़कियों के साथ अच्छा व्यवहार नहीं होता है और कुछ शिकायतें तो ऐसी मिलीं हैं कि वे लोग यहाँ से लड़कियों को ले जाकर वहाँ किसी और को बेच देते हैं।" ठीक उसी तरह जैसी कहानियाँ हमने पिछले अध्याय में पढ़ीं।

ऐसी एक महिला जो 20-25 साल पहले रामपुर ब्याही गई थी, "चार-पाँच साल में ही भागकर गाँव आ गई। वह कहती है, अपने गाँव में माँग के खा लेना, मगर दूसरे राज्य ब्याह करके मत जाना।" अपना अनुभव सुनाते हुए वह कहती है कि उसे तो ब्याहकर ले जाया गया था, मगर बाद में नौकरों की तरह व्यवहार किया जाने लगा। इसी चक्कर में उनकी एक बेटी की मौत हो गई। दूसरी को वह किसी तरह बचाकर वहाँ से भाग आई। यहाँ से गई लड़कियों को बेचने की बात की भी वह पुष्टि करती है। अब उनकी बेटी बड़ी हो गई है और उसकी शादी एक स्थानीय युवक के साथ करा दी है। तीनों एक साथ रहते हैं।

इस बीच एक नया मामला कश्मीरी युवक के साथ एक लड़की के विवाह का आया है। कई लोग इस इन्तजार में हैं कि इस विवाह का नतीजा देख लें, फिर हो सकता है वहाँ के दूल्हे इस गाँव आने लगें। गाँव के ही एक किसान नौशाद अली कहते हैं कि "इस समस्या का एक बड़ा कारण यह भी है कि हमारे यहाँ लड़कियों की संख्या अधिक है। गाँव में हम लोग देखते हैं कि 12 लड़के हैं तो 18 लड़कियाँ हैं। इस वजह से भी कई लड़कियों की शादी नहीं हो पाती।"

सामाजिक कार्यकर्ता और महिलाओं के मुद्दों पर लगातार आवाज उठाने वाली शाहिना परवीन कहती हैं, "वजह जो भी हो, इसका समाधान होना चाहिए। अगर अपने समाज में लड़के नहीं मिल रहे तो दूसरे समाज में शादी की जानी चाहिए। इस्लाम तो जात-पाँत नहीं मानता, फिर शादी के लिए लोग क्यों जात-पाँत के फेर में पड़ते हैं? और दूसरी सबसे बड़ी

बात यह है कि शादी हो न हो, इन लड़कियों को शिक्षा और आगे बढ़ने के दूसरे तमाम प्रशिक्षणों का अवसर मिलना चाहिए। अगर हाथ में चार पैसे होंगे तो अकेले जीवन जीना भी लोगों को नहीं अखरेगा। सरकार को भी इस मसले पर ध्यान देना चाहिए। जो महिलाएँ उम्र के तीसरे-चौथे पड़ाव पर हैं, उन्हें अभी तत्काल मदद की जरूरत है। उन्हें विधवा पेंशन जैसी कोई सहायता दी जा सकती है।"

शाहिना की बात से जाहिर है कि मसला सिर्फ शादी-ब्याह का नहीं है। क्योंकि औरतों के लिए शादी करना भी मुश्किल है, शादी न होना भी मुसीबत। अगर किसी लड़की ने किसी चाहने वाले को शादी से इनकार कर दिया, तब भी उसके जीवन का खतरे की जद में आ जाना मुमकिन है। नकारे जाने से नाराज लड़का लड़की के रूप का गुरूर तोड़ने के लिए उस पर तेजाब फेंक सकता है। यह तो शुक्र है कि अब तेजाब पीड़ित लड़कियों के लिए सरकार और समाज के नजरिए में कुछ बदलाव आ रहा है, हालाँकि बिहार में यह अभी भी सपना है।

3

2019 के लोकसभा चुनाव के दौरान ही उसके चेहरे पर तेजाब डाला गया था। वह भागलपुर की रहने वाली थी। 38 दिनों तक बनारस में इलाज चलने के बाद उसने दम तोड़ दिया। उस दौरान मैं रोज सोचता था कि बनारस जाकर उससे मिल आऊँगा। उसी बनारस में जहाँ उस लोकसभा चुनाव का सबसे बड़ा फैसला होने वाला था। प्रधानमंत्री नरेन्द्र मोदी खुद वहाँ से चुनाव लड़ रहे थे। दोनों पक्ष के धुरंधरों का वहाँ ताँता लगा था। मगर एक युवती की जान बचाई नहीं जा सकी। शायद उसकी जान बच सकती थी, अगर उसका कहीं और बेहतर इलाज होता। और यह कोई मुश्किल काम भी नहीं था, क्योंकि सरकारी नियम के मुताबिक अगर एसिड विक्टिम किसी भी निजी या सरकारी अस्पताल के दरवाजे पर पहुँच जाए तो उस अस्पताल को उसका मुफ्त इलाज करना है। इसके अलावा मिलाप संस्था ने उसके नाम पर लाखों रुपए जमा भी किए थे। मगर उसे न सही वक्त पर पैसा मिला, न सरकारी नियम काम आया। यहाँ तक कि जिला प्रशासन ने भी उस पर हुए तेजाब हमले के एवज में 37वें दिन जाकर मुआवजे की अनुशंसा की। वह भी सिर्फ एक लाख रुपए। जबकि नियमानुसार बर्न परसेंटेज के हिसाब से मुआवजा दिया जाता है और न्यूनतम राशि चार लाख है।

मगर कर भी क्या सकते हैं, बिहार में तेजाब की शिकार लड़कियों की किस्मत में ऐसी ही अवहेलना और मौत लिखी है। देश भर में सरकार और समाज ऐसी पीड़िताओं के प्रति सहानुभूति और तत्परता दिखाता है, उन्हें रोल मॉडल बनाता है, मगर हम आज भी उन्हें इसी तरह इग्नोर करते हैं।

मुझे बार-बार चंचल की कहानी याद आ जाती है। 2017 के जून महीने में जब यह खबर मिली कि एसिड हमले की शिकार चंचल पासवान नहीं रही तो कुछ पल के लिए मन डूब सा गया। याद आ गई उससे वह छोटी सी मुलाकात। ठीक एक साल पहले मैं पटना के मनेर स्थित उसके घर गया था। वह मौका भी कम गमगीन करने वाला नहीं था। वैशाली की एक तेजाब पीड़ित किशोरी ने बिजली का नंगा तार पकड़कर जान दे दी थी। मैं चंचल पासवान से मिलकर यह समझना चाहता था कि आखिर बिहार की एसिड विक्टिम लड़कियाँ इतने स्ट्रेस में क्यों रहती हैं। तब इस बात का जरा भी इल्म नहीं था कि एक साल बाद मुझे चंचल पासवान की आर्बिचुरी लिखनी पड़ेगी।

यह इल्म इसलिए भी नहीं था, क्योंकि उस मुलाकात में वह उत्साह से भरी नजर आ रही थी। उसके कमरे की दीवारों पर फिल्मी हीरो-हीरोइन की तसवीरें थीं। जॉन अब्राहम को वह सबसे अधिक पसन्द करती थी। क्योंकि वे उसके जीवन के नायक भी थे, उसके इलाज में मदद कर रहे थे। हाल ही में चंचल का बी.ए. पार्ट वन का रिजल्ट आया था और वह पास कर गई थी। उसने अपने डेस्कटॉप कम्प्यूटर में रखी अपनी तसवीरें मुझे दिखाई थीं, उन तसवीरों में वह सज-धज कर मॉडलिंग करने की कोशिश कर रही थी। उस रोज वह चहक रही थी। ऐसा लग रहा था कि उसने अपने मन पर पड़े तेजाबी जख्मों से निजात पा लिया है। मुझे उसमें बिहार की एसिड विक्टिम लड़कियों के लिए एक रोल मॉडल नजर आ रहा था। वह थी भी। उसने 2015 में सुप्रीम कोर्ट में मुकदमा लड़ा और देश भर की एसिड हमले की शिकार लड़कियों के लिए उन्हें दिव्यांगों की श्रेणी में रखने, सरकारी और निजी अस्पतालों में मुफ्त इलाज कराने और बर्न परसेंटेज के आधार पर मुआवजा हासिल करने का हक हासिल किया था। वह खुद के साथ-साथ दूसरी एसिड विक्टिम लड़कियों के लिए भी आवाज उठाया करती थी।

उसने इन विपरीत हालात में भी अपनी पढ़ाई को जारी रखा। रेगुलर कॉलेज गई, यह सोचे बगैर कि उसके झुलसे हुए चेहरे को देखकर कोई

क्या सोचेगा। बी.ए. फर्स्ट पार्ट की परीक्षा पास की और मॉडलिंग करने के अपने सपने को जिन्दा रखा।

मगर वह चल बसी। इलाज में कहीं कोई चूक रह गई थी। और इस तरह हमने एक बड़ी सम्भावना को खो दिया। वह हमारी लक्ष्मी हो सकती थी। मगर उसकी राहें इतनी आसान नहीं थीं। उस रोज भी जब मैं उससे मिलने गया था, तब भी उसकी परेशानियाँ कम नहीं हुई थीं।

उसने बताया था कि उसके मामले के सारे आरोपी जमानत पर रिहा हो गए हैं। वे लोग उसके घर के सामने खड़े होकर उसका मजाक उड़ाते हैं, गालियाँ देते हैं। चूँकि चंचल को सरकार से ठीक-ठाक मुआवजा मिला था और सामाजिक संस्थाओं के लोग भी अक्सर उससे मिलने आते थे, इसलिए समाज में यह बात फैला दी गई थी कि वह अपने जख्मों को दिखाकर माल बटोर रही है। आसपास की महिलाएँ पीठ पीछे कहती थीं कि इन लोगों ने अब इसे धंधा बना लिया है। उसका समाज में आना-जाना बन्द कर दिया गया था। कोई कहीं बुलाता नहीं था। लोग कहते थे, मुहल्ला छोड़कर कहीं और चली जाओ।

चंचल का कहना था कि समाज का बर्ताव तो बताने लायक नहीं है। उस पर तेजाब फेंकने के एक आरोपी की कुछ समय पहले शादी हुई। शादी काफी धूम-धाम से हुई और पूरा मोहल्ला उसमें शामिल हुआ। जबकि उन्हें इस घटना के बाद किसी समारोह में नहीं बुलाया जाता है। वे जहाँ जाती हैं, लोग तरह-तरह की बातें करने लगते हैं। चंचल ने कहा, “इसका मतलब तो यही न हुआ कि कसूरवार हम लोग हैं और अन्याय उनके साथ हुआ कि उन्हें जेल जाना पड़ा। समझ में नहीं आता है कि किसी लड़की के परिवार वाले कैसे ऐसे लड़के के साथ अपनी बेटी का ब्याह कर देते हैं। ऐसा लड़का जो किसी दूसरी लड़की के चेहरे पर एसिड डालने का आरोपी है। क्या उन लोगों को इस बात का डर नहीं लगता कि उनकी बेटी के साथ भी किसी दिन वह ऐसा ही व्यवहार कर सकता है।”

चंचल के मुताबिक सरकार का भी वही हाल है। पिछले दिनों जब वे अपना मामला लेकर मुख्यमंत्री के जनता दरबार में गईं, तो उन्हें यह कहकर लौटा दिया गया कि आज इस मुद्दे पर शिकायतें नहीं सुनी जाएँगी। एक तरफ लक्ष्मी जैसी युवती है, जो तेजाब पीड़ितों के लिए लड़ाई लड़कर समाज में अपनी पहचान बना रही है, सरकार और समाज उसे सम्मान देता है। दूसरी तरफ वह थी, जिसने अदालत में एक बड़ी लड़ाई जीती और सभी पीड़ितों के लिए हक हासिल किया, मगर उसे न सरकार नोटिस कर रही थी, न समाज। उलटे लोग कहते थे, मोहल्ला छोड़कर चली जाओ।

यह हमारे समाज की अजीब सी विडम्बना है। लोग पीड़ित के साथ खड़े होने के बदले उसको ही परेशान करते हैं। इसके बावजूद चंचल डटी थी और उसका पूरा परिवार उसका साथ दे रहा था। उसने अपना इलाज कराते हुए पढ़ाई को भी जारी रखा।

उस रोज हमारे साथ चंचल के मामले की सुप्रीम कोर्ट में पैरवी करने वाली वकील वर्षा जवलगेकर भी थीं, जो बिहार में महिला हिंसा के खिलाफ लम्बे समय से अभियान चला रही थीं। उन्होंने कहा था, "ज्यादातर मामलों में आरोपी दबंग पृष्ठभूमि वाले होते हैं और पीड़िता कमजोर वर्ग की। इसलिए उन्हें डराना-धमकाना आसान हो जाता है। हम लोगों ने कई बार आईजी (कमजोर वर्ग) से शिकायत कर ऐसे मामलों में जमानत रद्द करने का अनुरोध किया। हर बार भरोसा दिलाया गया, मगर कभी कार्रवाई नहीं हुई।"

वे कह रही थीं, "आरोपियों का खुलेआम घूमना यह मैसेज देता है कि उनका कुछ नहीं हो सकता। वे बार-बार अपने एक्शन से यह एहसास भी दिलाते हैं। ज्यादातर मामलों में मुख्य आरोपी नाबालिग साबित हो जाता है। फिर उस पर ढंग की कार्रवाई भी नहीं हो पाती। अक्सरहाँ आरोपी को जमानत मिल जाती है और वह पीड़िता को परेशान करने लगता है। कई बार ऐसे में पीड़िता की मौत तक हो जाती है।"

वैशाली जिले के सराय के पास अनवरपुर गाँव में इसी तरह एक

तेजाब पीड़िता किशोरी ने बिजली का तार पकड़कर जान दे दी, जिसका जिक्र पहले ही कर चुका हूँ। तेजाब से झुलसी हुई वह किशोरी समाज के व्यंग्य से तो परेशान थी ही, जमानत पर छूटे आरोपी रोज उसे और उसके भाई को धमकी देते थे। कहते थे, हमें सजा तो होगी ही तुम्हें और तुम्हारे भाई को भी जिन्दा नहीं छोड़ेंगे, खानदान को बर्बाद कर देंगे। कमजोर तबके से आने वाली वह युवती इन धमकियों को सह नहीं पाई और उसने इस दुनिया को अलविदा कह दिया। उस किशोरी का किस्सा उस अँधेरी सुरंग का दरवाजा है, जिसमें बिहार की तेजाब पीड़ित युवतियाँ लगातार घुट रही हैं।

नवादा की एक नाबालिग किशोरी की आपबीती इसका स्पष्ट प्रमाण है। जब उस पर तेजाब फेंका गया, तो तेजाब के छींटे उसके माँ-बाप और परिवार के अन्य सदस्यों पर भी पड़े। वे भी गम्भीर रूप से जख्मी हो गए, मगर मुआवजा सिर्फ उस किशोरी को मिला। आरोपी कुछ ही दिनों में जमानत पर छूट गए। छूटते ही वे उस किशोरी के घर में घुस गए। किशोरी से उन्होंने जमकर मार-पीट की। माता-पिता पर भी बल प्रयोग किया। उन लोगों ने इस वारदात की शिकायत पुलिस प्रशासन में हर स्तर पर की, मगर फिर भी आरोपियों की जमानत खारिज नहीं हुई।

वैशाली में खुदकुशी करने वाली किशोरी के घर जब मैं गया तो उसके भाई और पिता से मुलाकात हुई। भाई शशि उसकी कानूनी लड़ाई लड़ते थे और उसके इलाज में भाग-दौड़ भी करते थे। उन्होंने कहा, "इन गुंडों की वजह से मेरी बहन की पढ़ाई छूट गई। उसका तीस फीसदी शरीर और आधा चेहरा बुरी तरह झुलस गया था। वह चाहती थी कि उसका ठीक से इलाज हो और वह कम से कम अपना चेहरा खुद देख सके। मगर इलाज में कई स्तर पर कोताही हुई।"

घर आई तो धमकियों से परेशान रहने लगी। उसके पिता चीना शाह ने बताया, आरोपियों में से एक कई आपराधिक मामलों का आरोपी रह चुका है, वह अक्सर जान से मारने की धमकी देता है। एक आरोपी ने तो यहाँ तक कह दिया कि अगर जमीन बेचना होगा तो बेच देंगे, मगर किसी

को छोड़ेंगे नहीं। चीना शाह अति पिछड़ी जाति के सामान्य कारोबारी हैं और आरोपी दबंग जाति के हैं, ऐसे में उनका भयभीत होना स्वाभाविक है।

मामला सिर्फ प्रताड़ना का ही नहीं है, बिहार में तेजाब पीड़िताओं के इलाज और मुआवजे में भी कई स्तर पर लापरवाही बरती जाती है। चंचल से मुलाकात वाले दिन वर्षा ने बताया था, सुप्रीम कोर्ट ने कहा है, मुआवजा बर्न परसेंटेज के आधार पर मिले। उदाहरण के लिए उन्होंने चंचल का मुआवजा दस लाख तय कर दिया, जो 28 फीसदी बर्न का शिकार थी, मगर बिहार में ज्यादातर पीड़िताओं को तीन लाख के पुराने रेट से ही मुआवजा मिला है। कई मामले में मुख्य पीड़ित को तो मुआवजा मिलता है, मगर उसके साथ के दूसरे लोग जो तेजाब का शिकार होते हैं, उन्हें मुआवजा नहीं मिलता।

वर्षा के मुताबिक, सुप्रीम कोर्ट ने साफ कह दिया है कि पीड़िता चाहे सरकारी अस्पताल में पहुँचे या प्राइवेट में, उसका इलाज मुफ्त होना चाहिए। प्राइवेट अस्पताल मुफ्त इलाज के बदले सरकार से किसी तरह का रिम्बर्समेंट नहीं माँग सकते, मगर चंचल के मामले में ही फोर्टिस अस्पताल, दिल्ली में उसके इलाज का खर्च अभिनेता जॉन अब्राहम का ट्रस्ट वॉइस फॉर चेंज उठा रहा था। इन पीड़िताओं का दिव्यांग वाला प्रमाणपत्र भी बनना है, मगर शायद ही किसी मामले में यह बना हो।

4

लड़कियाँ हर बार लुटती-पिटती नहीं हैं, कई दफा कमर कसकर खड़ी हो जाती हैं और आँखों में आँखें डालकर हिसाब माँगती हैं।

जब हम रागिनी कुमारी(बदला हुआ नाम) से मिलने कटिहार जिले के अमदाबाद प्रखंड स्थित उसके गाँव लालबथानी पहुँचे, तो पता चला कि वह अपने एक साल के बच्चे को लेकर अपने वकील से मिलने गई है। उसके माता-पिता ने बड़े हिम्मत से कहा, "जब उसने लड़ाई छेड़ दी है, तो अब तो हर हाल में लड़ना ही होगा।" रागिनी कुमारी अभी तक नाबालिग है, दो साल पहले जब वह आठवीं कक्षा में पढ़ती थी तो उसके जीवन में प्रेम एक हादसा बनकर आया। स्कूल के ही एक लड़के मनीष मंडल से उसे प्रेम हो गया और शारीरिक सम्बन्ध भी बन गए। मगर जब गर्भ ठहर गया तो मनीष आनाकानी करने लगा। वह उसे गर्भपात कराने के टिप्स बताने लगा और दवाएँ लाकर देने लगा। मगर रागिनी ने गर्भपात करने से साफ-साफ इनकार कर दिया।

रागिनी के माँ-बाप ने उसका साथ दिया और मामला गाँव की सामाजिक पंचायत तक पहुँच गया। पंचायत ने फैसला सुनाया कि दोनों की शादी हो जानी चाहिए। मगर मनीष और उसके परिजन इसके लिए तैयार नहीं हुए और उसके बदले धोखे से रागिनी को अपने साथ ले जाकर उसका गर्भपात कराने की कोशिश की। इसके बाद रागिनी ने तय कर लिया कि वह हर हाल में बच्चे को जन्म देगी और अपने बच्चे की मदद से ही अपने धोखेबाज प्रेमी को सजा दिलाएगी। उसकी पढ़ाई

छूट गई है, बच्चे के पालन-पोषण का अतिरिक्त भार आ गया है। मगर वह सब कुछ झेलते हुए अपनी लड़ाई लड़ रही है।

यह सिर्फ एक रागिनी की कहानी नहीं है। बिहार के कोसी इलाके में ऐसे दर्जनों मामले हैं, जहाँ यौन शोषण की शिकार युवतियों ने सोशल टैबू को तोड़कर अपने बच्चे को जन्म दिया और बच्चे को जज साहब के सामने खड़ा कर दिया कि उसे और उसके बच्चे को न्याय दिलाइए।

ऐसे ही मामलों से निबटने के लिए 2013 में 33 बच्चों के डीएनए टेस्ट का आदेश जारी किया गया था। रोचक बदलाव यह है कि पहले ऐसे मामलों में लड़की को ही दोषी ठहराने और उसे गर्भपात की सलाह देने वाला परिवार और समाज अब उसके साथ खड़ा नजर आ रहा है। महिला अधिकारों के लिए प्रयासरत लोग इसे सकारात्मक बदलाव के तौर पर देख रहे हैं।

इन हिम्मती लड़कियों में कोलासी के महादलित टोले की लक्ष्मी(बदला नाम) भी है, जिसने दबंग अगड़ी जाति के अपने प्रेमी गुड्डू सिंह को अदालती कठघरे में खड़ा कर दिया है। उसकी नौ साल की बेटी अब स्कूल में पढ़ने लगी है और लक्ष्मी ने स्कूल में पिता के नाम की जगह गुड्डू सिंह का नाम लिखवाया है।

लक्ष्मी ने बताया कि गुड्डू सिंह अक्सर रात के वक्त उसके घर के सामने से बाइक से गुजरता है और जोर-जोर से चिल्लाकर माँ और बेटी दोनों को काट डालने की धमकी देता है। मगर दिन में उसकी हिम्मत नहीं होती इधर झाँकने की। गुड्डू सिंह के परिवार के लोगों ने उसकी झटपट शादी करा दी है, इसके बावजूद वे निश्चिन्त नहीं हैं, क्योंकि अदालती फैसला कभी भी उसे लक्ष्मी की बच्ची को अपनी बेटी मानने पर मजबूर कर सकता है। उसका भरण-पोषण करना पड़ सकता है और तमाम अधिकार देने पड़ सकते हैं।

जब मैं रागिनी और लक्ष्मी के घर में था तो मुझे कहीं से भी यह नहीं लगा कि अपनी बेटियों के इस फैसले की वजह से उनके माँ-बाप खुद को लज्जित महसूस कर रहे हों, मुँह छिपाने की स्थिति बन रही

हो। लक्ष्मी तो बड़ी बुलंद आवाज में अपने आँगन में गरज रही थी और उसकी माँ उसके पीठ पर खड़ी थी। उसी तरह रागिनी के घर वाले भी अपनी बेटी के समर्थन में थे। इस हौसले ने दोषी लड़कों और उसके परिवार वालों को मुँह छिपाने के लिए मजबूर कर दिया था।

इन लोगों के घरों में मैंने उस लड़की की कहानी भी सुनी, जो अपना मरा हुआ शिशु लेकर अदालत पहुँच गई थी और जज से गुहार लगाने लगी थी कि इसका भी डीएनए टेस्ट हो और इसके पिता को सजा मिले। जब मैं फलका प्रखंड के मोरसंडा गाँव में ऐसी ही एक किशोरी से मिलने गया तो घर वालों ने बताया कि वह 13-14 साल की बच्ची, अभी अपने बच्चे के साथ पूर्णिया स्थित चाइल्ड लाइन में रह रही है। उसका मुकदमा भी अदालत में है। ऐसे ही एक मामले में बच्चे को जन्म देने और अदालत में मुकदमा करने के बाद एक युवक ने अपनी प्रेमिका से समझौता कर लिया और फिलहाल दोनों की शादी हो गई है।

आखिर देश के इस सबसे अशिक्षित और निर्धनतम इलाके की लड़कियों में इतना हौसला कहाँ से आया। इस हौसले को हासिल करने में कांग्रेस नेता नारायण दत्त तिवारी के पुत्र रोहित को न जाने कितने साल लग गए थे। मगर इन लड़कियों को न सिर्फ कानून की जानकारी मिली, बल्कि डीएनए टेस्ट की तकनीक का भी पता था। इन्होंने उस सामाजिक टैबू को भी तोड़ा कि प्रेम में गर्भ ठहर जाना सिर्फ लड़कियों के लिए शर्मिंदगी का नहीं है, इन्होंने पलटकर प्रहार किया और अब लड़के मुँह छिपाए घूम रहे हैं।

पटना लौटकर इस बारे में जब मैंने महिलाओं के अधिकार के लिए आवाज उठाने वाली सामाजिक कार्यकर्ता शाहिना परवीन से बातचीत की तो उन्होंने कहा, "यह कोई सामान्य परिघटना नहीं है। इसे बड़े बदलाव के तौर पर देखना चाहिए। जिस देश में महानगरों की लड़कियाँ शादी से पहले गर्भवती हो जाने की बात को हर वक्त छुपाने की कोशिश करती हैं और प्रेम के असफल होने के बाद ठहरे हुए गर्भ से छुटकारा पाने में ही

भलाई समझती हैं, वहाँ अगर देश के सबसे पिछड़े इलाके की लड़कियाँ सोशल टैबू को तोड़कर आगे आ रही हैं, तो यह बड़ी बात है।"

सम्भवतः जिस तरह उस इलाके में मानव तस्करी और वेश्यावृत्ति के मामले लगातार आ रहे हैं, वहाँ की महिलाओं ने समझ लिया है कि अगर इज्जत की फिकर करते रहे तो जीवन नर्क हो जाएगा। वे अब पुरुषों की गलती पर परदा डालने के लिए तैयार नहीं हैं, वे इस परदे को हटाकर समाज को उसका असली चेहरा दिखाने की कोशिश कर रही हैं।

हालाँकि ज्यादातर मामलों में अदालती लड़ाई लड़ने वाली इन लड़कियों का लक्ष्य अपने प्रेमी को शादी के लिए मजबूर करना या अपने बच्चे को वारिस का हक दिलाना ही है। कई मामलों में तो वे गुजारा भत्ता पाने के लिए भी तैयार हो जा रही हैं। मगर फिर भी यह एक बड़ा बदलाव है। शाहिना कहती हैं, "इस तरीके से वे अपने शोषकों को मजबूर कर रही हैं कि वे अपना गुनाह कुबूल करें और उन्हें जायज हक दें।" यह उनका अपनी तरह का विरोध है, जो भले ही बहुत वैचारिक न हो, मगर ठोस और व्यावहारिक है। पहले तो ऐसे मामले घर की चहारदीवारी में ही दफन हो जाते थे।

मशहूर कथाकार शैवाल लड़कियों की इस पहल को उनका सामूहिक संघर्ष मानते हैं। वह कहते हैं—यह तो महिलाओं द्वारा छेड़ा गया सामूहिक युद्ध है और इसे रेखांकित किया जाना जरूरी है।

केकरा से करीं अरजिया हो सगरे बटमार

खेती, कारोबार और रोजगार का बंटाधार

'केकरा से करीं अरजिया हो सगरे बटमार' यह गीत बक्सर के जनवादी गीतकार विजेन्द्र अनिल ने लिखा है। इसे बिहार के हर इलाके में किसान और मजदूर तबके के लोग गाते और पसन्द करते हैं। इस गीत का अर्थ है, आखिर किससे गुहार करें, यहाँ तो हर कोई बटमार है, यानी राहगीरों को लूटने वाला है। बिहार के सन्दर्भ में यह गीत इतना सच्चा है कि कभी-कभी हैरत होती है इसके रचनाकार की प्रतिभा पर। चाहे यहाँ के किसान हों, मजदूर हों, दस्तकार हों या उद्यमी, सरकारी व्यवस्था की विसंगतियाँ हर किसी को लूटने के चक्कर में रहती हैं। मेहनत, पसीना और उद्यम के जरिए रोजी-रोटी का इन्तजाम करना और पैसे कमाना यहाँ आसान नहीं है।

1

साल 2016 की बात है। फरवरी महीना आधा बीत चुका था। राजधानी पटना में पक्ष-विपक्ष के बीच धान खरीद को लेकर रोज तू-तू, मैं-मैं जारी था। दरअसल सरकारी आँकड़ों के मुताबिक उस वक्त तक लक्ष्य का महज 16 फीसदी धान ही पैक्स (प्राइमरी एग्रीकल्चर क्रेडिट सोसाइटी, यह संस्था बिहार में धान की सरकारी खरीद के लिए अधिकृत है) द्वारा खरीदा जा सका था, जबकि धान की फसल दिसम्बर महीने में ही कटकर खलिहानों में पहुँच गई थी। धान की बालियाँ जरूर कुछ बड़े किसानों के खलिहान की शोभा बढ़ा रही थीं, मगर पैक्स के खुलने में देरी और सरकारी खरीद की सुस्ती की वजह से तीन-चौथाई से अधिक किसानों ने लोकल और बाहरी व्यापारियों को औने-पौने दर पर अपना सारा धान बेच दिया था। वह दर सरकार द्वारा घोषित दर 1410 से 400 रुपए कम थी, यानी महज 1010 रुपए।

बिहार में 2012 से ही धान की सरकारी खरीद की व्यवस्था है, सरकार किसानों की सहकारी संस्था पैक्स के जरिए खुद द्वारा घोषित समर्थन मूल्य पर किसानों का धान खरीदती है। ऐसी व्यवस्था देश के दूसरे इलाकों में भी है। खासकर पंजाब और हरियाणा में यह व्यवस्था इतनी सफल है कि यह किसानों की समृद्धि की बड़ी वजह बन गई है। मगर बिहार में इस व्यवस्था ने किसानों को खुशी कम, उदासी ज्यादा दी है। यही वजह है कि धान के किसान समय-समय पर यह माँग उठाते रहते हैं कि पैक्स द्वारा सरकारी खरीद की व्यवस्था को बन्द कर दिया जाए। पुराने दौर को याद करते हुए वे कहते हैं, ओपन मार्केट की व्यवस्था

ही बेहतर थी, जहाँ उन्हें 12-13 सौ रुपए प्रति क्विंटल की दर तो मिल ही जाया करती थी।

सरकारी खरीद की इन्हीं विसंगतियों को समझने के लिए मैं उन दिनों बिहार के 'धान का कटोरा' कहे जाने वाले इलाके पुराने शाहाबाद यानी वर्तमान भोजपुर, रोहतास और बक्सर जिले के गाँवों की यात्रा कर रहा था। हर जगह किसान एक ही परेशानी से जूझ रहे थे, धान का सही दाम नहीं मिल रहा। वे एक ही माँग कर रहे थे—पैक्स को बन्द करो।

उस रोज हम आरा जिले के सीमावर्ती तरारी प्रखंड की तरफ जा रहे थे। यह प्रखंड किसानों के धान खरीद आन्दोलन का केन्द्र रहा है। 2015 में यहाँ के किसानों ने पहले एक दिन के लिए, फिर एक हफ्ते के लिए प्रखंड कार्यालय की तालाबन्दी कर दी थी। दरअसल, धान खरीद लेने के बावजूद पैक्स की ओर से उन्हें कीमत का भुगतान नहीं किया जा रहा था। इस इलाके के 43,868 क्विंटल धान का पैसा किसानों को नहीं मिला था। यह मसला और धान खरीद के दूसरे मसलों को लेकर किसानों ने उस साल आठ फरवरी को फिर से आन्दोलन शुरू कर दिया था।

उस यात्रा में आन्दोलन के नेता शेषनाथ यादव हमारे साथ थे। वे बता रहे थे, "मोदी जी ने 2014 के चुनाव में कहा था, किसानों को उसकी लागत का दोगुना दाम मिलना सुनिश्चित कराएँगे। हमें उम्मीद बँधी थी। अगर किसान आयोग की सिफारिशों को देखें तो धान की खेती में प्रति क्विंटल औसत लागत 1600 रुपए आती है। इस हिसाब से धान का समर्थन मूल्य 3200 रुपए होना चाहिए। जबकि पिछले साल बोनस के साथ समर्थन मूल्य 1660 रुपए था। मगर इस बार इसे घटाकर 1410 रुपए कर दिया गया है। अगर दोगुना नहीं, डेढ़ गुना पर भी विचार किया जाए, जो 24 सौ रुपए होता है, तो किसान ऑलरेडी हजार रुपए के नुकसान में है। हालाँकि 1410 का रेट भी यहाँ के लोगों के लिए सपना है, सरकारी खरीद ही शुरू नहीं हो पा रही है। दिसम्बर में धान कट गया और दो महीने बाद अब जाकर कहीं-कहीं पैक्स के खरीद केन्द्र खुले हैं। किसान कितना इन्तजार करे। 80 फीसदी किसानों ने धान औने-पौने

दर पर बेच दिया। किसी को बेटी की शादी करनी थी, तो किसी को गेहूँ का पटवन करना था। वे पैक्स के खुलने का कब तक इन्तजार करते। इस तरह देखिए, किसानों को लागत से भी छह सौ रुपए कम में धान बेचना पड़ा।"

रास्ते में जगह-जगह गेहूँ और सरसों के पौधों के बीच धान के खलिहान नजर आ रहे थे। जैसे धान का सीजन बीत जाने के बाद भी बीता नहीं था। पैक्स की सरकारी खरीद शुरू होने का इन्तजार कर रहा था। हमें जाना किसी और रास्ते से था, मगर एक स्थानीय भाजपा नेता की हत्या के विरोध में लोगों ने रास्ता जाम कर दिया था, लिहाजा हमें सहार की तरफ से जाना पड़ा। हमारे मार्गदर्शक और किसान नेता शेषनाथ जी ने चुभती हुई टिप्पणी की, "देखिए, जब किसी पॉलिटिकल लीडर की हत्या का विरोध करना होता है, तो एक मिनट में भीड़ जमा हो जाती है। आन्दोलन भी हो जाता है। मगर किसानों के मुद्दे पर आन्दोलन में सौ को बुलाएँगे तो दस पहुँचेंगे। पार्टी वाले भी हमारे मुद्दे पर आन्दोलन करने से हिचकते हैं।"

सहार प्रखंड के एक गाँव दुलम्मीचक के पास हमने कुछ ट्रैक्टरों और ट्रकों पर धान की बोरियाँ लदती देखीं तो रुक गए। वहाँ दो किसान रामजी सिंह और मोहन सिंह मौजूद थे। कहने लगे, "कितना इन्तजार करते। धान बेच दिया।"

"किस भाव पर?"

उन्होंने कहा, "जेठ के 1050 के भाव पर।"

मतलब यह कि पैसा जेठ महीने में मिलेगा और 1050 रुपए प्रति क्विंटल की दर होगी। अगर अभी पैसे चाहिए तो सिर्फ 1010 रुपए का रेट मिलेगा। गाँवों में भी अपने किस्म का वायदा कारोबार चलता रहता है।

"पैक्स खुलने का इन्तजार क्यों नहीं किया?"

"अब लगता नहीं है कि पैक्स खुलेगा। रोज आजकल, आजकल करता है। ऊ भी हम लोग का धान थोड़े खरीदेगा। कह रहा था कि टारगेट कम आया है। उसमें भी बहुत जटिल नियम है। जैसे 1000 क्विंटल

खरीदने का टारगेट है, तो पहले 250 क्विंटल खरीदना है, उसका चावल तैयार कराना है, उसको पहुँचाना है। फिर अगले 250 क्विंटल धान को खरीदने का परमिशन मिलेगा। मार्च, 2016 तक का ही टाइम है। हम लोगों का नम्बर थोड़े आएगा। पहले अपने परिवार वालों का धान खरीद लेगा, तब न गाँव वालों का नम्बर आएगा।"

गाँव में यह खुला सच है कि भले ही पैक्स गाँव के सभी किसानों की संस्था है, मगर जो अध्यक्ष चुना गया है वह पहले अपने परिवार का ध्यान रखेगा, उसका धान खरीदेगा, फिर दूसरे किसानों का धान खरीदेगा।

किसानों की एक और परेशानी थी। जब धान कटकर खलिहान में आया था, तब ओपन मार्केट में इसका रेट 1080 रुपए प्रति क्विंटल था, मगर जैसे-जैसे टाइम बीतता गया और पैक्स खुलने की सम्भावना खत्म होती गई, रेट गिरता गया और 1010 पर पहुँच गया। इसलिए किसानों को डर था कि रेट कहीं और न गिर जाए। ऐसे में जो रेट मिल रहा था, उस पर बेचने में वे भलाई समझते थे।

हम उन्हें उनकी परेशानियों के बीच छोड़कर आगे बढ़ गए। रास्ते में यूपी के नम्बर वाले कई ट्रकों पर धान की बोरियाँ लादी जा रही थीं। शेषनाथ जी ने बताया, "इतना सस्ता धान और कहीं नहीं मिलेगा। इसलिए यूपी, हरियाणा, आन्ध्र प्रदेश और कई दूसरे राज्यों से व्यापारी यहाँ पहुँच रहे हैं। दरअसल वहाँ की राइस मिलों को सरकार को लेवी में चावल देना पड़ता है। वहाँ के मिल सिर्फ एक्सपोर्ट क्वालिटी का चावल तैयार करते हैं और वह महँगा चावल वे सरकार को देना नहीं चाहते। सो, हमारे गरीब इलाकों से भूसी के भाव सस्ता मंसूरी धान खरीदकर ले जाते हैं, सरकार को सप्लाई करने के लिए।"

हम धनछुआँ गाँव से गुजर रहे थे। तभी एक ऐसा दृश्य दिखा, जो हैरत में डालने वाला था। सड़क किनारे एक दरवाजे पर धान के सैकड़ों बोझे पड़े हुए थे। उन बोझों में धान की बालियाँ साफ नजर आ रही थीं। मन में सवाल उठा कि आखिर दो महीने से धान के बोझे ऐसे ही क्यों पड़े हैं? किसान ने अब तक इसकी दौनी क्यों नहीं की? फसल की

तैयारी में इतना इन्तजार? वे बोझे किसान बबन रॉय के थे।

बबन बताने लगे, “क्या करें। सोच रहे हैं, पैक्स वाला खरीदने का वादा करेगा तो दौनी कराएँगे। नहीं तो ऐसे ही छोड़ देंगे। दौनी कराने में भी कम पैसा थोड़े ही लगता है। अगर रेट नहीं मिलेगा तो इसमें पैसा काहे लगाएँगे?”

हमने पूछा कि “गाँव में और किसी का धान इसी तरह पड़ा हुआ है?” वह कहने लगे, “पूरे धनछुआँ गाँव का यही हाल है। इस गाँव का नाम धनछुआँ इसलिए पड़ा था कि पहले यहाँ धान खूब होता था। हालाँकि अब तो पैदावार पहले से भी बढ़ गया है, मगर खरीदार ही गायब हैं।”

वहीं खड़े राम दिनेश शर्मा ने उनकी बातों का समर्थन किया। कहने लगे, “20 बीघा जमीन में धान की खेती की थी। अभी तक दौनी नहीं कराए हैं, अब तक आठ से नौ हजार प्रति बीघा खर्चा कर चुके हैं, अब कितना खर्च करें। दाम मिले तब तो। इस बार तो फैसला कर लिए हैं, अगले साल से चना वगैरह की खेती करेंगे।”

धनछुआँ गाँव में डेढ़ हजार किसान हैं, सबका यही हाल था। एक किसान ने तो कहा कि सिक्योरिटी गार्ड की नौकरी कर लेंगे, मगर किसानी नहीं करेंगे।

उस गाँव के कोठी राम का तो और बुरा हाल था। लीज पर जमीन लेकर खेती करते हैं। 7-8 बीघा में खेती की थी, अपना धान पड़ा था। उस वक्त वे दूसरे किसानों के यहाँ दौनी कर रहे थे, ताकि मजदूरी से ही कुछ आमदनी हो जाएँ। जब मजदूरी मिलना बन्द हो जाएगा, तब अपने फसल की दौनी करेंगे।

हम जब तरारी जा रहे थे, तो रास्ते में एक ऐसा पैक्स केन्द्र मिला जिसमें राइस मिल भी था। शेषनाथ जी ने बताया कि “प्रखंड में तीन पैक्स वालों के पास मिनी राइस मिल भी हैं। यह उन्हीं में से एक है। पैक्स वाले धान खरीदकर चावल की कुटाई भी कर लेते हैं, फिर स्टेट फूड कॉरपोरेशन (एसएफसी) को उपलब्ध कराते हैं। मगर ऐसे पैक्स बहुत कम हैं।”

तरारी प्रखंड मुख्यालय में पचासों किसान हमारा इन्तजार कर रहे थे। वह एक बहुत छोटा बाजार था, जहाँ शेषनाथ जी ने सबको बुला रखा था। हमें चाय पीने का ऑफर किया गया और चाय की दुकान पर ही बहस शुरू हो गई। बड़का गाँव के किसान अरविन्द बताने लगे, "खलिहान में नौ बीघा का धान पड़ा है। पैक्स वाले किसानों से प्रति क्विंटल 200 रुपए की रिश्वत माँग रहे हैं। हालाँकि धान की कीमत कब देंगे, उसका कोई ठिकाना नहीं है। हमने दूसरे पैक्स वालों से भी पूछताछ की तो उन्होंने भी कहा कि खर्चा बहुत ज्यादा पड़ जा रहा है, आप लोगों से पैसा लेना ही पड़ेगा। ट्रांसपोर्टेशन, लोडिंग-अनलोडिंग के अलावा बिल पर दस्तखत करनेवाले हर अधिकारी को कमीशन देना पड़ता है। किसी को तीन रुपए प्रति क्विंटल, तो किसी को दो रुपए।

"इस पर भी वे लोग रिसीविंग देने के लिए भी तैयार नहीं हैं, पहले भी रिसीविंग नहीं देते थे। 40 किलो की जगह 45 किलो लिख लेते थे। खैर इस रेट में भी किसान धान दे ही देता, 1010 रुपए के रेट से तो ठीक ही था। मगर क्या करें, अभी तो पिछले सप्ताह क्रय केन्द्र खुला है। अब तो 10 फीसदी किसानों के पास धान बचा हो तो हो। बाकी लोगों ने औने-पौने दर पर धान बेच दिया। बिहार का धान यूपी और हरियाणा चला गया। जो मजबूत किसान हैं, उन्होंने ही बचाकर रखा है।"

दूसरों की जमीन लीज पर लेकर खेती करने वाले अनिल कुमार ने कहा, "इस साल मैंने 10 बीघा जमीन पर धान की खेती की है। 12 हजार रुपए प्रति बीघा की दर से जमीन लीज पर ली है। मगर लगता नहीं है कि लागत का आधा पैसा भी वसूल हो पाएगा। हम जैसे किसानों की एक परेशानी यह भी है कि हमें किसी तरह का सरकारी अनुदान नहीं मिलता, फसल क्षति के मुआवजे से भी वंचित कर दिया जाता है।"

एक किसान ने बताया कि "धान की दर का हाल यह है कि खरीदार तो खरीदते नहीं, मगर किसी दुकान में सामान खरीदना हो तो दुकानदार धान का रेट 7-8 रुपए प्रति किलो लगाता है। मतलब अगर एक किलो

चीनी खरीदनी हो तो दुकानदार पाँच किलो धान की माँग करता है। लोग क्या करें, जेब में पैसा नहीं है, तो यही उपाय अपनाना पड़ता है। दुकानदारों के लिए यह सौदा फायदे का है, इसलिए बड़े व्यापारी भी पैसे के बदले धान लेना ही प्रिफर करते हैं।"

बातचीत के दौरान ही कई किसान उग्र हो गए। एक किसान ने कहा, "भोजपुर जिले के सभी पैक्स संचालकों ने मिलकर फैसला किया है कि किसानों को 1200 रुपए से अधिक का रेट नहीं देना है। सरकार अलग रेट तय करती है, पैक्स अलग। सरकार कहती है कि किसान को धान की सही कीमत दे रहे हैं, मगर खरीद मूल्य का बड़ा हिस्सा पैक्स संचालक और बिचौलिया हड़प लेता है। इसलिए सबसे अच्छा होगा कि पैक्स को ही बन्द कर दिया जाए।"

वहाँ मौजूद सभी किसानों ने उनकी राय का समर्थन किया और जोर-जोर से कहने लगे, "पैक्स मतलब बिचौलिया। सरकार अगर किसानों का हित चाहती है तो पैक्स संस्था को खत्म करे, नहीं तो किसान मारे जाएँगे। बाजार ओपन करना होगा, फ्री सेल होना चाहिए।"

चन्दा गाँव के एक बुजुर्ग किसान बैद्यनाथ सिंह ने कहा, "जब पैक्स द्वारा खरीद नहीं होती थी, तो धान अमूमन 12-13 सौ रुपए क्विंटल बिक ही जाता था। पैक्स की खरीद जब से शुरू हुई है, धान का रेट मार खाने लगा है। अब तो हजार रुपए पर पहुँच गया है। अगर सरकार पैक्स संचालकों और अधिकारियों के भ्रष्टाचार और अनियमितता को रोक नहीं पा रही है तो इसे बन्द कर दे।"

नौउवाँ गाँव के अनिल मिश्रा ने कहा कि पैक्स की वजह से रेट तो गिर ही रहा है, धान की कीमत भी समय से नहीं मिलती। पिछले साल (2015 में) मैंने पैक्स वाले को धान दिया था, कीमत अभी तक नहीं मिली। इसकी शिकायत लेकर मैं मुख्यमंत्री के जनता दरबार तक जा चुका हूँ। पैक्स अध्यक्ष स्वीकार कर रहा है कि उसने मेरा धान लिया है, मगर बीसीओ कह रहे हैं, अनिल मिश्रा ने अपनी इच्छा से अपना धान पैक्स में गिरा दिया।

तरारी में ऐसे सैकड़ों किसान थे, जिनका मामला अनिल मिश्रा जैसा था। उनका नाम पैक्स खरीद की सूची में जोड़ा नहीं गया था। विरोध में पिछले साल (2015) किसान मजदूर जनाधिकार मंच के बैनर तले किसानों ने प्रखंड कार्यालय की तालाबन्दी कर दी। उस वक्त समझौता कराने पहुँचे एसडीओ ने आश्वासन दिया था कि किसानों का नाम सूची में जुड़ जाएगा। कई किसानों का नाम जुड़ा भी, मगर उनका धान तो ले लिया गया, पैसा नहीं मिला। फिर उग्र होकर किसानों ने आन्दोलन छेड़ दिया। एक सप्ताह के लिए प्रखंड कार्यालय की तालाबन्दी कर दी। एक बार फिर अधिकारियों ने आश्वासन दिया कि पैसा मिल जाएगा। मगर पैसा नहीं मिला, लोग विधानसभा चुनाव में व्यस्त हो गए। 2016 की फरवरी से फिर से पिछले साल का बकाया भुगतान करने, धान खरीद की प्रक्रिया तेज करने, लीज वालों का भी धान खरीदने आदि मुद्दों पर किसानों ने आन्दोलन शुरू किया है। मगर किसानों के आन्दोलन को कोई नोटिस तक नहीं कर रहा।

पिछले दिनों पूर्व सांसद और बिहार के पूर्व जल संसाधन मंत्री राजद नेता जगदानन्द सिंह का बयान अख़बारों में आया था कि धान की सरकारी खरीद की व्यवस्था लचर है। उनके छोटे भाई भोला सिंह को अपना धान औने-पौने दाम पर बेचना पड़ा। रोचक बात यह थी कि उस वक्त बिहार की सरकार में जदयू के साथ उनकी पार्टी राजद भी साझीदार थी। वे राजद के बड़े नेता हैं। एक तरह से इस बयान के जरिए वे अपनी ही पार्टी की सरकार पर सवाल उठा रहे थे। सत्ताधारी दल का एक नेता क्यों सरकारी खरीद की व्यवस्था पर सवाल खड़े कर रहा है, यह समझने के लिए मैं कैमूर जिले के रामगढ़ प्रखंड स्थित उनके गाँव सहुका पहुँच गया। वहाँ जगदानन्द सिंह के दरवाजे पर भोला सिंह समेत कई किसान मिले।

भोला सिंह ने इस आरोप को सही बताते हुए कहा, "हम लोग क्या कर सकते हैं। किसानों के सिर पर कई तरह की जिम्मेदारियाँ होती हैं और हमारी पूँजी तो धान ही है।"

सहुका गाँव के दूसरे किसान भी इस बात से सहमत दिखे कि पैक्स द्वारा खरीद की व्यवस्था शुरू होने के बाद से ही गड़बड़ियाँ शुरू हुई हैं। वे कहने लगे, पहले मिलर कटनी के वक्त खेत से ही धान उठा लेते थे। रेट में थोड़ा-बहुत हेर-फेर होता था, मगर पैसा टाइम पर मिल जाता था। मगर अब तो दिसम्बर में कटा धान खरीदने के लिए पैक्स फरवरी में तैयार हुआ है। किसान तब तक धान कहाँ रखे? फिर पैक्स वाला पूरी कीमत नहीं देगा, पैसा भी बाद में देगा।

भोला सिंह कह रहे थे, "पैक्स अध्यक्ष की भी मजबूरियाँ हैं। उसे हर किसी को पैसा देना है। अब तो सीओ एक बार रसीद काटने का पैसा माँगता है, दुबारा पैक्स अध्यक्ष से रसीद सत्यापन करने का पैसा लेता है। मतलब यह कि जो रसीद उसने खुद काटा उसी के सत्यापन के नाम पर वह फिर से घूस माँग लेता है। सारा बोझ तो किसान पर ही पड़ता है न। फिर पैक्स अध्यक्ष का टारगेट भी कम दिया गया है। वह क्या करे।"

आगे वे कहने लगे, "इस चक्कर में राइस मिलर बरबाद हो गए हैं। पहले कैमूर जिले में 300 से अधिक मिलर थे। यहाँ का चावल बाहर जाता था। अब बमुश्किल 100 मिलर बच गए हैं। अब धान के कटोरे में बाहर से चावल आ रहा है। हमारा धान बाहर की कम्पनियाँ खरीदकर ले जा रही हैं और चावल तैयार कर हमीं को बेच रही हैं। व्यवस्था में इतने बिचौलिए पैदा हो गए हैं कि किसान को उसका वाजिब दाम मिलना मुश्किल हो गया है। पुरानी व्यवस्था ही बेहतर थी।"

थोड़ी देर में पूर्व सांसद जगदानन्द सिंह भी वहाँ पहुँच गए। उन्होंने पैक्स को बन्द किए जाने की बात का सख्ती से विरोध किया। कहने लगे, "पैक्स बन्द करना समाधान नहीं है। पैक्स भी तो किसानों की ही संस्था है। हाँ, खरीद की मोनोपोली खत्म करने से व्यवस्था सुधर सकती है। हर किसी को धान खरीदने की छूट मिले। चाहे वह एफसीआई हो, बिस्कोमान हो, व्यापार मंडल हो या मिलर हो। प्रतिस्पर्धा होगी तभी बेहतर कीमत किसान को मिल पाएगी। 2005 से पहले जो जंगलराज के नाम से बदनाम सरकार थी, उसमें यही व्यवस्था काम करती थी और

किसान हो या मिलर किसी को परेशानी नहीं थी। जब तक वह व्यवस्था रही, सब कुछ ठीक-ठाक रहा। मगर जैसे ही नई व्यवस्था आई, किसान तबाह होने लगे।"

शेषनाथ जी ने बताया था कि धान खरीद की गड़बड़ियों में एक महत्त्वपूर्ण किरदार राइस मिलें हैं। पैक्स को धान खरीदकर चावल तैयार करने के लिए राइस मिलों को उपलब्ध कराना है। फिर तैयार चावल को एसएफसी के जरिए एफसीआई को देना है। मगर पिछले दो-तीन सालों में ऐसी गड़बड़ियाँ हुईं कि बड़ी संख्या में मिल मालिक डिफॉल्टर हो गए। कई मिल मालिकों के खिलाफ सरकार ने मुकदमा किया हुआ है। सबके सब फरार हैं। ऐसे में ज्यादातर मिलें बन्द पड़ी हैं। अब पैक्स वाले धान खरीदकर चावल तैयार करने को दें तो किस मिल को दें? जब तक पैक्स वाले अपने टारगेट का एक-चौथाई चावल तैयार नहीं करेंगे, उन्हें अगली एक-चौथाई की खरीद की अनुमति नहीं मिलेगी। इस नियम के पेच में भी धान की खरीद प्रभावित हो रही है।

मिल मालिकों का पक्ष जानने हम हसन बाजार पहुँचे। हसन बाजार में कुछ साल पहले तक काफी राइस मिलें संचालित होती थीं। लोग बताते हैं कि यहाँ से चावल उत्तर बिहार के इलाकों में तो जाता ही था, बांग्लादेश भी एक्सपोर्ट किया जाता था। मगर अब हालत यह है कि दूसरे राज्यों से चावल हसन बाजार आ रहा है। यहाँ की तीन मिलें गंगा, जमुना और सरस्वती काफी मशहूर थीं। हम जब इन मिलों के पास पहुँचे तो पता चला कि गंगा और सरस्वती तो बन्द पड़ी हैं, जमुना को किसी अन्य व्यक्ति ने खरीद लिया है और उसका नाम बदलकर दुर्गा राइस मिल कर दिया है।

मिल के नए मालिक राजकिशोर सिंह ने बताया कि आजकल राइस मिल चलाना आसान काम नहीं है। वे किसी तरह से अपनी इज्जत बचाकर काम कर रहे हैं। ज्यादातर लोग डिफॉल्टर साबित हो जा रहे हैं।

उन्होंने खुद तो कुछ नहीं कहा मगर उनके मिल में मौजूद एक स्थानीय व्यक्ति ने कहा, "दरअसल तय हुआ था कि मिलरों को सिर्फ

चावल तैयार करना है। ट्रांसपोर्टेशन का किरांया सरकार को देना है। मगर स्थानीय स्तर पर अधिकारियों ने परिवहन का किराया नहीं दिया और मिलरों से कहा कि वे तैयार चावल खुद एसएफसी के पास पहुँचाएँ। इस चक्कर में हील-हुज्जत चलती रही और मिलरों का चावल सड़ गया। यही वजह थी कि ज्यादातर मिलर डिफॉल्टर हो गए। यह सब एसएफसी(स्टेट फूड कॉरपोरेशन) के बीच में आने की वजह से हुआ। जब तक एफसीआई खरीद करती थी, तब तक एक भी मिलर डिफॉल्टर नहीं होता था। मगर जैसे ही एसएफसी को खरीद का पावर मिला, ज्यादातर मिलर डिफॉल्टर होकर भागे-भागे फिर रहे हैं।

धान खरीद की कड़ी का आखिरी और सबसे महत्त्वपूर्ण केन्द्र स्टेट फूड कॉरपोरेशन का गोदाम है। धान खरीद के बाद तैयार चावल एसएफसी के गोदाम में ही जमा होता है। स्टेट फूड कॉरपोरेशन की व्यवस्था को समझने हम मोहनिया स्थित गोदाम के पास पहुँचे। वहाँ देखा कि ट्रकों की लम्बी कतार लगी है। कम से कम सौ-डेढ़ सौ ट्रक जरूर होंगे। ट्रक वाले कहने लगे कि हम पिछले तीन-चार दिनों से इसी तरह खड़े हैं। एसएफसी का गोदाम बन्द है और अधिकारी गायब। तीन रोज से चावल रिसीव नहीं किया जा रहा है।

ट्रक वालों ने कहा कि हो सकता है, अगले दिन से चावल रिसीव किया जाना शुरू हो जाए। स्थानीय लोगों के मुताबिक, अक्सर यहाँ ट्रकों की लम्बी कतार लग जाती है। ट्रक को अगर कहीं भी तय समय से एक दिन अधिक रहना पड़े तो जिसका माल है उसे 1500 रुपए प्रति दिन की दर से पेनाल्टी देनी पड़ती है। इस व्यवस्था को देखकर यह समझा जा सकता है कि सरकारी धान की कुटाई से जुड़े राइस मिलर क्यों डिफॉल्टर होते हैं।

इस यात्रा के बाद लौटकर जब पटना आया तो धान खरीद में गड़बड़ियों की रिपोर्ट लिखने से पहले मैंने बिहार सरकार के तत्कालीन सहकारिता मंत्री आलोक मेहता के सामने कुछ सवाल रखे, जिनके जवाब में उनके अपने दावे और दृष्टिकोण थे।

1. किसान बता रहे हैं कि धान खरीद सुस्त गति से हो रही है।

—यह आरोप गलत है। आँकड़े बताते हैं, हम अभी ही पिछले साल के मुकाबले 50 हजार मीट्रिक टन अधिक धान खरीद चुके हैं। अभी खरीद का सीजन 31 मार्च तक जारी रहना है। हमारा लक्ष्य राज्य के सीमांत किसानों का सारा धान अच्छी कीमत देकर खरीदना है।

2. धान खरीद की प्रक्रिया देर से शुरू हुई। इस वजह से ज्यादातर छोटे किसानों ने अपना धान औने-पौने दर पर बेच दिया।

—अक्तूबर-नवम्बर के महीने में बिहार के वातावरण में 20 फीसदी से अधिक नमी रहती है। धान सूखा नहीं होता है। इसी वजह से हमने धान खरीद देर से शुरू कराई। जिनका धान अच्छी गुणवत्ता का नहीं होगा, उन्होंने बेचा होगा।

3. पैक्स अध्यक्षों को कम धान खरीदने का टारगेट दिया गया है, इस वजह से कई किसान छूट जाते हैं।

—यह नई प्रक्रिया है, इसलिए कई चीजें करने में दिक्कत आ रही है। मगर हमें उम्मीद है, इसे जल्द ठीक कर लिया जाएगा।

4. किसान आरोप लगा रहे हैं कि पैक्स अध्यक्ष 12 सौ रुपए से अधिक देने को तैयार नहीं हैं।

—पैक्स तो किसानों की संस्था है। अगर कहीं ऐसा मामला है तो किसानों को विरोध करना चाहिए। उचित प्रमाण के साथ शिकायत की जाएगी तो हम मुकदमा भी करेंगे।

5. लोग कह रहे हैं कि पैक्स की मोनोपोली खत्म हो, हर किसी को धान खरीदने का मौका दिया जाए।

—ऐसा वे लोग कह रहे हैं, जिनको नई व्यवस्था से परेशानी है। इसमें विपक्ष के लोग भी हैं। हम तो इस कोशिश में हैं कि 90 फीसदी खरीद पैक्स वालों के जरिए हो। हम साथ ही राइस मिलों और गोदामों को बढ़ाने की कोशिश भी कर रहे हैं।

चार साल बाद भी बिहार में धान खरीद की स्थिति में कोई बदलाव आया हो इसके प्रमाण नहीं मिलते। धान के अलावा सरकार कोई दूसरी फसल खरीद भी नहीं पाती। 2020 में इसी तरह बिहार के मक्का किसानों को अपनी फसल को हजार से ग्यारह सौ रुपए प्रति क्विंटल की दर से बेचने के लिए मजबूर होना पड़ा। इस मक्के को वे हर साल कम से कम 18 सौ रुपए प्रति क्विंटल की दर से बेचते थे। जिस फसल को मार्च-अप्रैल में बेचना था, वह अगस्त-सितम्बर तक खलिहानों में पड़ी रही। पटना हाईकोर्ट में किसानों ने मुकदमा भी किया कि मक्के की सरकारी खरीद हो, मगर सरकार ने इस मसले में कोई दिलचस्पी नहीं दिखाई। कुल मिलाकर किसानों को उनकी लागत की दोगुनी कीमत दिलाने का जो वादा था, वह हसीन ख्वाब बनकर रह गया। इसके बदले इस निजाम में किसान लागत से भी कम कीमत में अपनी फसल बेचने के लिए मजबूर हैं।

2

पूर्णिया शहर के खुश्कीबाग में उन दिनों दरभंगा के फोड़ियों के आने का मौसम था। बाँस की बनी जर्जर झोंपड़ियों वाला इनका मुहल्ला फिर से आबाद होने लगा था। दरअसल कभी दरभंगा-मधुबनी की शान मानी जाने वाली मखाने की खेती पिछले दो-तीन दशकों में कोसी-सीमांचल के इलाकों में शिफ्ट होने लगी है। इस शिफ्टिंग के साथ मखाने के बीज को फोड़कर फल निकालने वाले पारम्परिक एक्सपर्ट दरभंगा के फोड़ी भी हर साल चार से छह महीने के लिए इस इलाके में सीजनल माइग्रेशन करने लगे हैं।

यह साल 2017 की बात है। जब मैं वहाँ पहुँचा तो कुछ घरों से भुने हुए मखाने के बीज को लोहे की बड़ी सी चलनी में चालने की झिर-झिर आवाज बाहर आ रही थी। हालाँकि सीजन का पहला मखाना उस वक्त तक फोड़ा नहीं गया था। पिछले साल (2016) के आखिर में मखाने की कीमतों में जो भारी गिरावट दर्ज की गई थी, उसका असर इन फोड़ियों के चेहरों पर साफ नजर आ रहा था। फिर भी दरभंगा जिले से हर साल आषाढ़-सावन महीने में यहाँ आने और पूरे कोसी-सीमांचल में पसर जाने का इनका जो सिलसिला था, वह इस साल भी जारी था। इनके आने से कोसी-सीमांचल इलाके के मखाना उत्पादक किसानों में भरोसा जग गया था कि और कुछ हो न हो इस साल भी उनकी उपज को दाम तो मिल ही जाएगा।

दरअसल ये फोड़ी ही मखाने के बीज के इकलौते खरीदार भी हैं और प्रोसेसिंग के एक्सपर्ट भी। निषाद जाति से आने वाले ये लोग मखाने की

खेती और व्यापार के बीच की वह महत्त्वपूर्ण कड़ी हैं, जिनके बिना न मखाना किसानों का काम चलता है, न व्यापारियों का। ये न हों तो यहाँ के तालाब, चौरों और सूख रही नदियों में उगने वाले मखाने के बीज को कोई छुए तक नहीं। ये आते हैं, तभी किसानों की मखाने की फसल बिकती है। स्थानीय भाषा में गुड़िया के नाम से पुकारे जाने वाले इस बीज को मखाने के फल में बदलने का पारम्परिक हुनर इनके पास ही है।

ऐसे ही एक फोड़ी हैं, कमल साहनी। उनके झोंपड़ी के सामने उनकी पत्नी और पुत्र भुने हुए गुड़िया (मखाने के बीज) को लोहे की चलनी से चालते (साफ करते) नजर आए। उनकी एक बेटी झोंपड़ी के अन्दर मिट्टी के चूल्हे पर मिट्टी की कड़ाही में गुड़िया भून रही थी और दूसरी बाहर बोरे पर भुनी और चाली गई गुड़िया को सुखा रही थी। इस पूरे कारोबार को अपनी तरह से संचालित कर रहे कमल साहनी ने जानकारी दी कि तीन दिन बाद हम लोग इसको फोड़ेंगे तो उसमें से मखाना निकलेगा। कमल साहनी का परिवार एक दिन पहले दरभंगा के बहेड़ा से आया था। वे पिछले 15-20 सालों से पूर्णिया आ रहे हैं। चार-पाँच महीने यहाँ रहते हैं, दशहरा-दीवाली यहीं मनता है और छठ के वक्त यहाँ से अपने पुश्तैनी गाँव लौट जाते हैं।

उनके जैसे कम से कम 50 हजार परिवार हर साल इस इलाके में मखाना फोड़ने आते हैं। सहरसा, सुपौल, पूर्णिया, कटिहार, अररिया आदि जिलों में जगह-जगह इसी तरह झोंपड़ियाँ किराए पर लेते हैं और यह कारोबार करते हैं। कमल साहनी ने बताया कि दरभंगा में मखाने की खेती अब वैसी नहीं होती, जैसी कोसी और सीमांचल के इलाके में होती है। वहाँ तालाब सूखने लगे हैं और पानी की वैसी व्यवस्था नहीं है। जबकि इस इलाके में अभी भी काफी चौर हैं और कई नदियाँ हैं, जिनमें लगातार पानी कम हो रहा है, जिससे उनमें मखाने की खेती के लिए अच्छा माहौल बन रहा है। इसलिए दरभंगा की जगह पूर्णिया मखाना का बड़ा सेंटर बन गया है। वहाँ जब हम लोगों को काम मिलना कम हो गया तो हम लोग इधर आने लगे हैं।

प्रोटीन, कैल्सियम, आयरन और जिंक जैसे पौष्टिक तत्त्वों से भरपूर मखाना दुनिया भर में एक ऑर्गेनिक वेफर्स के तौर पर मशहूर है। इसकी खेती में किसी तरह के खाद या कीटनाशक का इस्तेमाल नहीं होता है। इसका 90 फीसदी उत्पादन बिहार में और खास तौर पर मिथिला के इस इलाके में होता रहा है। यहाँ की 20 हजार हेक्टेयर जमीन पर मखाने की खेती होती है और 25 हजार टन तक उत्पादन होता है। माना जाता है कि देश में मखाने का व्यापार 500 करोड़ रुपए का है, मगर उसका लाभ न यहाँ के मखाना उत्पादकों को होता है, न इन फोड़ियों को।

दरभंगा के बहेड़ा, बेनीपुर और बिरौल प्रखंडों से आने वाले ये फोड़ी यहाँ जिन झोंपड़ियों में रहते हैं, उनका किराया काफी अधिक होता है। एक सीजन का आठ से दस हजार तक। इसके अलावा उन्हें 700 रुपए प्रतिमाह की दर से बिजली बिल भी चुकाना पड़ता है। आप समझ सकते हैं कि झोंपड़ियों में रहने वाले ये गरीब लोग बिजली की कितनी खपत करते होंगे। मुझे किसी झोंपड़े में बल्ब और मोबाइल चार्ज करने वाले स्लॉट के अलावा कुछ नहीं दिखा। कुछ लोगों के पास इमरजेंसी लाइट थी, मगर वह भी बैटरी वाली। न पंखा, न टीवी। फ्रिज और वाशिंग मशीन की बात ही छोड़िए। मगर इन झोंपड़ों के मालिकों ने बिजली बिल 700 रुपए तय कर दिया था, तो कर दिया था। देना ही पड़ता है। वरना कहाँ जाएँ, दूसरी ऐसी जगह है कहाँ, जहाँ लोग मखाना भूनने और फोड़ने के लिए जगह दें। झोंपड़ी मालिक उनकी इस मजबूरी का फायदा बखूबी उठा रहे थे।

तकरीबन हर झोंपड़ी में माता-पिता के साथ उनके बच्चे भी आए हुए थे। आना ही पड़ा। बच्चों को अकेला कहाँ छोड़ते। इनमें ऐसे बच्चे बड़ी संख्या में थे, जिनकी स्कूल या कॉलेज जाने की उम्र थी। जाहिर सी बात है कि इन बच्चों की पढ़ाई चार-छह महीने के लिए बन्द हो चुकी थी। किशोरियों के बारे में तो मान लिया गया था कि अब इन्हें कितना पढ़ना

है, अब तो इनका शादी-ब्याह ही होगा। हाँ, लड़कों की पढ़ाई छूटने का उन्हें अफसोस होता था। ऐसे ही एक अभिभावक रामबाबू साहनी जो यहाँ तीन दिन पहले सपरिवार आए थे, कहने लगे, “क्या कर सकते हैं। पहले पेट का उपाय करेंगे तब न बच्चों की पढ़ाई देखेंगे।”

मखाना तैयार करने में परिवार के हर सदस्य की अपनी-अपनी भूमिका होती है। किशोरवय बच्चे गुड़िया भूनने, चालने, सुखाने और फोड़ने तक हर गतिविधि में हिस्सा लेते हैं। जो गुड़िया लकड़ी के हथौड़े से नहीं फूटती है, उसे छोटे-छोटे बच्चे अपने दाँतों से फोड़ते हैं। इसलिए भी वे बच्चों को अपने साथ ही रखते हैं।

हालाँकि इस काम में बच्चों समेत पूरे परिवार को झोंक देने के बावजूद इन फोड़ियों को कुछ खास हासिल नहीं होता। बेनीपुर से आई एक महिला गीता देवी ने बताया, “हर आदमी के हिसाब से एक दिन की मजदूरी ढाई सौ रुपए भी निकल जाए, तो हम लोग खुश हो जाएँगे। जो कमाते हैं, उसका बड़ा हिस्सा तो मकान मालिक को ही देना पड़ता है। फिर यहाँ रहने का खर्च अलग है।”

रामबाबू साहनी कहने लगे, “पाँच लोगों के परिवार को चार बोरा मखाना तैयार करने में तीन दिन का टाइम लग जाता है। एक दिन भूँजना, दूसरे दिन सुखाना, तीसरे दिन फोड़ना। एक क्विंटल गुड़िया सात हजार रुपए में खरीदते हैं (ताजा रेट ग्यारह हजार चला गया है, हालाँकि मखाने की कीमत भी उसी अनुपात में बढ़ गई है) और उससे चार बोरा यानी 40 किलो मखाना तैयार होता है। अभी रेट दो सौ रुपए किलो चल रहा है। तो कीमत समझिए कि आठ हजार रुपया मिली। यानी फायदा हुआ एक हजार का। यानी पूरे परिवार की तीन दिन की मेहनत का मुआवजा एक हजार रुपया। इसमें किराया और बिजली बिल काट दीजिए। तीन दिन का किराया 200 रुपए और बिजली बिल 25 रुपए। तो बताइए बचा क्या? फिर जलावन का अलग खर्चा है।”

दरअसल पिछले कुछ सालों से बूम पर रहा मखाना का बाजार 2015 के आखिर में अचानक मन्दी की चपेट में आ गया। इस वजह से

मखाना का खरीद मूल्य काफी कम हो गया। कमल साहनी ने बताया, "पिछले साल जुलाई में हम लोगों ने 280 रुपए किलो तक के रेट से मखाना बेचा था। मगर साल के आखिर में रेट गिरकर 200 रुपए पर आ गया। आज पुराने मखाने का रेट 180 रुपए किलो है और नए का 200 रुपए। चूँकि हम लोगों ने पिछले साल सात हजार रुपए प्रति क्विंटल के रेट पर गुड़िया खरीदा था, इसलिए सबको नुकसान हो गया। इस साल हम लोग गुड़िया खरीदने का रेट भी कम रखेंगे, ताकि कुछ तो नुकसान की भरपाई हो।

"2014 तक यहाँ से एक-एक परिवार 50 हजार से डेढ़-दो लाख तक कमाकर जाता था, मगर पिछले साल से कमाई में बट्टा लगने लगा है।"

फोड़ियों के मुहल्ले से ही सटा मखाने के व्यापारियों का गल्ला है। जहाँ ये लोग तैयार मखाना बेचते हैं। वहाँ स्थानीय व्यापारी रामकुमार केसरी मिले। उन्होंने कहा, "हाल के वर्षों में बाजार तेज देखकर पिछले साल से किसानों ने मखाना की खेती का रकबा बढ़ा दिया, और माल सस्ता देखकर कई व्यापारियों ने मखाने का स्टॉक बढ़ा लिया। जबकि बाहर से माँग उतनी आई नहीं। इसलिए इसका रेट गिरने लगा। कुछ साल पहले तक पाकिस्तान और मिडिल ईस्ट के देशों में मखाना की भरपूर माँग हुआ करती थी, क्योंकि मुस्लिम समाज के भोजन में मखाने का भरपूर इस्तेमाल होता है। वे हम लोगों की तरह इसे केवल भूँजकर या खीर बनाकर नहीं खाते। वे मटन-चिकेन, पुलाव और दूसरे व्यंजनों में भी इसे डालते हैं। मगर पिछले दो साल से उन इलाकों से इसकी माँग में कमी आई है। इसलिए यहाँ जो भरपूर उत्पादन हो रहा है, उसे बाजार नहीं मिल पा रहा। इस वजह से पिछले साल से मखाने का बाजार अभूतपूर्व मन्दी का शिकार है और इसका असर किसान से लेकर फोड़ी तक और व्यापारी तक हर किसी पर है।"

उस साल मखाना के किसान भी सकते में थे। उन्हें अन्दाजा नहीं था कि इस साल उनकी गुड़िया किस भाव से बिकेगी। रेट लुढ़ककर

40 से 50 रुपए प्रति किलो तक जा सकता है। अगर फोड़ी इस भाव से खरीदेंगे तभी वे 200 रुपए प्रति किलो बेचकर अपने लिए कुछ पैसे बचा पाएँगे। मगर इस रेट में किसानों को घर सं घाटा लग जाएगा।

हालाँकि देर-सवेर मखाने की कीमत में आई मन्दी खत्म हो गई और 2020 में इसकी न्यूनतम कीमत छह सौ रुपए तक पहुँच गई है। मगर एक दूसरे विवाद ने मखाने को अपनी चपेट में ले लिया है। वह है इसकी जीआई टैगिंग का। बिहार सरकार ने जहाँ इसकी जीआई टैगिंग के लिए 'बिहार का मखाना' के नाम से आवेदन किया है, वहीं मिथिला के लोग कहते हैं, मखाना तो हमारी पारम्परिक फसल है। इसकी जीआई टैगिंग 'मिथिला मखान' के नाम से होनी चाहिए। इस चुनाव में जीआई टैगिंग का मसला भी एक पॉलिटिकल विवाद बनता जा रहा है। मगर सवाल यह भी है कि क्या इससे मखाने के किसानों और फोड़ियों को कुछ लाभ मिलेगा?

3

नौ नवम्बर, 2017 को एशिया का सबसे बड़ा पशु मेला माने जाने वाले सोनपुर मेले में एक अजीबोगरीब घटना हुई। मेले में उस रोज दुकानदारों ने बन्दी कर दी थी। यह बन्द उन नर्तकियों की गिरफ़्तारी के विरोध में किया था, जिन्होंने दो रोज पहले डांस थिएटर के संचालन की इजाजत नहीं मिलने पर विरोध प्रदर्शन किया था। स्थानीय प्रशासन का कहना था कि डांस थिएटरों के सामने लगे अश्लील पोस्टरों से लग रहा है कि अन्दर अश्लील नृत्य होगा, इसलिए इजाजत नहीं दी गई है। मेला बन्द कराने वाले दुकानदार कह रहे थे कि इन नर्तकियों की वजह से ही तो मेले में ग्राहक आते हैं और उनकी बिक्री होती है, ऐसे में वे उन नर्तकियों पर हो रहे अन्याय का विरोध कैसे न करें? उनका साथ देना उनकी मजबूरी है।

यह सच है कि इस मेले में भीड़ हमेशा से दो-तीन वजहों से आती रही है। पहली वजह पालतू पशुओं और पक्षियों की खरीद-बिक्री तो, दूसरी ये डांस थिएटर। इन दोनों में कानून का लोचा रहता है और इन्हीं कानूनी सख्तियों की वजह से मौर्यकालीन कहा जाने वाला यह मेला उजड़ता जा रहा है। अब यहाँ न दुधारू पशु आते हैं, न हाथी, न पक्षी। प्रशासन का अगर यही रवैया रहा तो इन डांस थिएटरों का आना भी बन्द ही समझिए।

इस पूरे मसले को समझने के लिए कायदे-कानून से इतर पहले सोनपुर मेला की परम्परा को समझना चाहिए। गंगा और गंडक नदी के संगम पर हरिहरनाथ मन्दिर के पास लगने वाले इस मेले के बारे में

अनगिनत कथाएँ सुनने को मिलती हैं। मिथकीय भी और ऐतिहासिक भी। कुछ लोग इसे शैव और वैष्णव सम्प्रदायों का मिलन स्थल मानते हैं, तो कुछ लोग इसे गज और ग्राह के युद्ध से जोड़ते हैं। कुछ इतिहासकारों का कहना है कि मौर्यकाल से ही यहाँ पशुमेला लगता रहा है। पालतू और युद्धोपयोगी पशुओं का यह सबसे बड़ा मेला है। राहुल सांकृत्यायन के हवाले से यह भी कहा जाता है कि हरिहरनाथ मन्दिर में शुंगकालीन पत्थरों के अवशेष मिले हैं। चीनी यात्री ह्वेनसांग ने इस मेले का जिक्र अपने यात्रा वृत्तांत में किया है। अकबर के सेनापति मानसिंह द्वारा यहाँ से सेना के लिए हाथियों और घोड़ों को खरीदने का जिक्र तो है ही, यह जिक्र भी है कि पहले मेला किसी और जगह लगता था, मौजूदा जगह पर इस मेले को लगाने की शुरुआत औरंगजेब ने की।

इसका इतिहास जो भी हो मगर यह तय है कि इस मेले का महत्त्व सैनिकों और किसानों दोनों के इस्तेमाल के लिए पशुओं के एक बड़े बाजार के तौर पर था। यह मेला सबसे लम्बे समय तक चलने वाले मेलों में से एक है। एक महीने से अधिक वक्त तक यह मेला लगता है। बाद में इस मेले के दुकानदार सिंहेश्वर, गुलाबबाग, बौंसी वगैरह के मेले में चले जाते हैं। इस मेले में डांस थिएटरों की शुरुआत कब हुई इसकी पक्की जानकारी नहीं मिलती। मगर मुमकिन है कि युद्ध के लिए घोड़े-हाथी खरीदने आने वाले सैनिकों के मनोरंजन के लिए नर्तकियाँ भी यहाँ आने लगी होंगी।

2015 में जब मैं इस मेले में गया था तो गाय बाजार में मुश्किल से 40-50 गाएँ और बछड़े नजर आए। खाली मैदान में अपनी चार-पाँच गायों के साथ बैठे सन्तोष राय ने बताया, "अब कोई गाय खरीदने सोनपुर मेला थोड़े आता है। सबको मालूम पड़ गया है कि अब यहाँ गाय-बाछी नहीं आती है।"

क्यों नहीं आती है, के सवाल पर उसने कहा, "कड़ा कानून बन गया है। बाहर से गाय-बैल-भैंस लेकर आना-जाना मुसीबत का काम हो गया है। पहले हरियाणा वाला सब आता था, तो यहाँ रौनक रहती थी। मगर

चार-पाँच साल से ऊ सबने आना बन्द कर दिया। हम लोग लोकल हैं, ऐसे ही आ जाते हैं। देखते नहीं हैं, पहले इसी मैदान में 50-55 हजार गाय रहती थी, अब 50-55 ठो पुरना (गिनना) मुश्किल है।"

आँकड़े बताते हैं कि इस मेले में 2013 में 94 और 2012 में 107 गाएँ बिकी थीं।

थोड़ी दूर आगे जाने पर देखा कि बैल बाजार के नाम से जो जगह है, वह बिलकुल खाली है। उस जगह पर चौपहिया वाहनों की पार्किंग होने लगी थी। हाथी बाजार में कुछ हाथी वाले इसलिए आ गए थे कि सोनपुर मेले के पीछे कहानी हाथी की ही है। राज्य में हाथी की खरीद-बिक्री पर पहले से ही रोक है। वे पिछले कुछ साल से एक-दूसरे के साथ हाथी की अदला-बदली कर इस परम्परा को निभा लेते हैं। बकरी बाजार के छोटे से कैम्पस में कुछ बकरियाँ दिखीं। हाँ, घोड़े के बाजार में जरूर रौनक थी, हजार से अधिक घोड़े और उनके बच्चे इस बार भी पहुँचे हैं और खरीदार भी आ रहे थे।

आखिर ऐसा क्यों हुआ? एशिया के सबसे बड़े समृद्ध पशु मेले में शुमार सोनपुर मेले में न गाएँ पहुँची थीं, न भैंस और न दूसरे जानवर। पहुँचे थे, तो सिर्फ घोड़े। कहा जाता है कि कभी अफगानिस्तान, ईरान और इराक जैसे मुल्कों से लोग इस मेले में पशु खरीदने आते थे। चन्द्रगुप्त मौर्य के जमाने से बाबू कुँवर सिंह के जमाने तक युद्ध के लिए घोड़ों, हाथियों की सबसे बड़ी मंडी यही थी। महज कुछ साल पहले तक यहाँ बड़ी संख्या में दुधारू पशु बिकने आते थे और राज्य का पशुपालन विभाग खुद यहाँ से डेयरी संचालकों के लिए हर साल 10-12 हजार गाएँ खरीदा करता था।

वहाँ से लौटकर जब पशुपालन निदेशालय के सीनियर वेटनरी ऑफिसर डॉ. रमेश कुमार से मैंने इस बारे में बातचीत की तब उन्होंने बताया कि वे लम्बे समय तक समस्तीपुर जिले में पदस्थापित थे और मेले के दौरान हर साल अपने जिले के लिए 300 से अधिक गाएँ खरीदा करते थे। यह 2001-02 की बात थी। उस जमाने में बड़ी संख्या में डेयरी

फार्मिंग से जुड़े बैंकर और पशुपालन विभाग के अधिकारी पूरे राज्य से मेले में पहुँचते थे। मगर 2005 में जब जदयू-भाजपा की सरकार बनी तब बिहार में पशुओं के आवागमन को लेकर कड़े कानून बना दिए गए। इसके अलावा पड़ोसी राज्य उत्तर प्रदेश में भी इससे सम्बन्धित कानूनों को कड़ाई से लागू किया जाने लगा। इसलिए हरियाणा और पंजाब से अच्छी नस्ल के दुधारू पशुओं की आवक एकाएक बन्द हो गई।

तो क्या थे, वे कड़े सरकारी नियम?

उन्होंने बताया, वेटनरी डॉक्टर के फिटनेस प्रमाणपत्र के बिना पशुओं का आवागमन नहीं करा सकते। साथ में वेटनरी फर्स्ट एड बॉक्स रखना जरूरी है। इस बात का प्रमाणपत्र होना चाहिए कि जानवरों को कहाँ से कहाँ तक किस उद्देश्य से ले जा रहे हैं। हर दुधारू पशु के लिए औसत जगह दो वर्गमीटर से कम किसी हाल में न हो। रेल की बोगी में दस और ट्रकों में छह से अधिक पशुओं को एक साथ नहीं ले जा सकते। उन्हें पर्याप्त खिला-पिला कर यात्रा कराएँ और रास्ते के लिए भी पर्याप्त भोजन-पानी की व्यवस्था हो। एक जनवरी, 2016 से लागू होने वाले नए नियमों में गाड़ियों में हर पशु के लिए अलग केबिन बनाने और पशु ढोने वाले वाहनों को अलग परमिट लेने की शर्तें जोड़ दी गईं।

वैसे देखने में तो ये नियम पशुओं के हित में नजर आते हैं और इन्हें गलत भी नहीं कहा जा सकता। मगर व्यावहारिक नजर से देखें तो इस नियम को मौजूदा परिस्थितियों में लागू करना और साथ-साथ पशु मेले के स्वरूप को बरकरार रखना आसान नहीं है।

हालाँकि यह कहना गलत होगा कि ये कड़े नियम ही दुधारू पशुओं के इस मेले में नहीं पहुँचने की असली वजह हैं। दरअसल, इसके पीछे गोरक्षकों का आतंक और गाय के नाम पर हो रही राजनीति भी जिम्मेवार है, जिसके कारण आज देश में कहीं भी गायों को एक जगह से दूसरी जगह लेकर जाना काफी मुश्किल काम हो गया है।

गौरतलब है कि 2015 के बिहार विधानसभा चुनाव के दौरान भाजपा नेता सुशील मोदी ने सोनपुर मेले के जरिए होने वाली कथित पशु तस्करी

के मुद्दे को जोर-शोर से उठाया था। उन्होंने कहा था कि पहले सोनपुर मेले के नाम पर पशु तस्कर भारी संख्या में दुधारू पशुओं को लेकर बिहार आते थे और फिर उन्हें बांग्लादेश लेकर चले जाते थे। जब वे उपमुख्यमंत्री थे, तो उन्होंने बिहार से पशुओं के निर्यात पर रोक लगा दी।

2015 में जब भाजपा को हराकर बिहार में राजद और जदयू की सरकार बनी तो 22 नवम्बर, 2015 को पूजा करने सोनपुर पहुँचे राजद अध्यक्ष लालू प्रसाद ने भी कहा कि भाजपा नेताओं के हंगामे की वजह से सोनपुर मेले में पंजाब और हरियाणा से पशुओं की आवक बन्द हो गई है। उनकी सरकार मेले के गौरव को लौटाने के लिए कानून में बदलाव करेगी। हालाँकि वे कर कुछ नहीं पाए।

सोनपुर मेले में कथित पशु तस्करी के मामले को लेकर पहले भी इस तरह की राजनीति हुई है। अटल बिहारी वाजपेयी सरकार के दौरान तात्कालिक पर्यावरण मंत्री मेनका गांधी के हस्तक्षेप पर रेलगाड़ियों में दुधारू पशुओं के आवागमन पर रोक लगा दी गई थी, जिसे बाद में तब हटा लिया गया जब यूपीए-1 की सरकार में लालू प्रसाद रेलमंत्री थे।

2017 में ही सोनपुर मेले का चिड़िया बाजार भी बन्द हो गया। चिड़िया बाजार एक व्यवसायी अकेले लगाता था और वहाँ तोते और कुत्ते बेचता था। हर साल बाहर के मीडिया वालों के लिए चिड़िया बाजार हॉट स्टोरी होती थी कि यहाँ प्रतिबन्धित पक्षी बिक रहे हैं। दिल्ली के कई अंग्रेजी वाले पत्रकार इस हॉट स्टोरी को अलग अन्दाज में कवर करने सोनपुर पहुँचते थे। हालाँकि दुकानदार कुछ लव बर्ड्स टाइप पक्षी भी रखता था, जिनके व्यापार पर रोक नहीं थी। पशु अधिकारों के एक्टिविस्ट भी इस मेले में छापेमारी के लिए आते रहे हैं। और तो और यहाँ एक थाने का नाम भी चिड़िया बाजार थाना था, जिसका काफी मजाक बनाया जाता। अब यह बन्द हो गया है और लोगों का एक और आकर्षण भी कम हो गया है।

इस तथ्य का उल्लेख करने का मकसद चिड़ियों के व्यापार को स्वीकृति देना नहीं है। मगर यह भी सच है कि कुत्तों और लव बर्ड्स

टाइप पक्षियों की बिक्री पर कहीं रोक नहीं है। अगर प्रशासन चाहता तो इस दुकान को कानून के दायरे में लाया जा सकता था।

सोनपुर मेले में पहुँचने वाली नर्तकियों के जीवन में गहरा अँधेरा है। ये कई किस्म के शोषण का शिकार भी हो रही हैं। मगर इसे रोकना भी तो प्रशासन का ही काम है। प्रशासन का काम रास्ता निकालना है। हाँ, अगर बन्द करना है तो बन्द ही कर दे। इस मामले में मेरी कोई स्पष्ट राय नहीं है कि ऐसे नृत्य हों या न हों। मगर सोनपुर जैसे ग्रामीण मिजाज के मेलों के प्रशंसक यही चाहते हैं कि ऐसे मेले जिन्दा रहें, यह पहली प्राथमिकता होनी चाहिए। मगर कहीं न कहीं यह लगता है कि कानूनी सख्तियों के नाम पर इस ग्रामीण मेले को खत्म किया जा रहा है। आज सोनपुर मेला में सिर्फ सरकारी प्रदर्शनियाँ नजर आती हैं। इस स्वतः स्फूर्त मेले का यह स्वरूप नहीं था। इसे लोगों ने बनाया और सदियों तक अपने तरीके से जिन्दा रखा। मगर अब लगता है कि कहीं यह मेला उजड़ न जाए।

4

जब हम छोटे थे तो बिहार की सामान्य ज्ञान की किताबों में पढ़ाया जाता था कि मेंहसी बटन उद्योग का बड़ा केन्द्र है। मेरा ननिहाल सहरसा जिले के महिषी गाँव में है, मैं जब भी मेंहसी के बटन कारखाने के बारे में पढ़ता तो मान लेता कि यह कारखाना जरूर मेरे ननिहाल में ही होगा और यह सोचकर बड़ा गौरवान्वित होता। मगर जल्द ही मालूम हो गया कि यह बटन उद्योग वाला मेंहसी मेरे ननिहाल वाले महिषी से अलग है, यह चम्पारण में है। हालाँकि उस वक्त तक मेरे दिमाग़ में इस बात ने जड़ जमा ली थी कि मेंहसी जरूर कोई बहुत शानदार जगह होगी, जहाँ इतना बड़ा उद्योग संचालित हो रहा है।

बाद में पता चला कि मेंहसी नाम के इस कस्बे में घर-घर बटन बनाए जाते हैं, और वे कोई सामान्य प्लास्टिक वाले बटन नहीं हैं। यहाँ सीप के बने हुए बटन तैयार होते हैं, मोप बटन (मदर ऑफ पर्ल) के नाम से इसकी दुनिया भर में ख्याति है और खुदरा बाजार में इस बटन की कीमत एक रुपए से लेकर 5 रुपए प्रति बटन तक है। इस बात ने मेरे मन में मेंहसी की छवि को और निखार दिया।

मगर अफसोस, साल 2016 में जब मैं पहली दफा इन बटन कारखानों की रिपोर्टिंग करने पूर्वी चम्पारण जिले के मेंहसी कस्बे में पहुँचा तो बचपन से मेरे मन में बनी इस कस्बे की भव्यता और समृद्धि वाली छवि भरभराकर गिर गई। उस कस्बे में हर घर में सीप से बनने वाले बटन के कारखाने तो जरूर थे, मगर इन कारखानों की हालत सड़क किनारे चलने वाले किसी मोटर गैराज से बेहतर नहीं थी। वहाँ झोंपड़ियों

में पुराने जमाने के उपकरणों के सहारे कुछ लोग सीप को घिसकर बटन बनाते जरूर दिखे, मगर उन लोगों के शरीर पर कमीज तक नहीं थी, जिनमें वे उन बटनों को टाँक पाते।

उस यात्रा में हमारे साथ एक स्थानीय पत्रकार थे, जो हमें सबसे पहले मेंहसी के बथना गाँव ले गए। गाँव की शुरुआत में ही लकड़ी से बने और पाँव के पैडल से चलने वाले एक छोटे से कारखाने में हम पहुँचे। कारखाने के बाहर सीप का ढेर लगा था और चारों तरफ से खुली एक झोंपड़ी में इन देसी मशीनों से बटन बनाए जा रहे थे। इन मशीनों के परिचालन में बिजली या किसी अन्य किस्म की बाहरी ऊर्जा का इस्तेमाल नहीं होता था, ये हाथ और पाँव से ही चलाए जाते थे। जिस तरह दर्जी अपने पाँव से सिलाई मशीन को पैडल देता है, लगभग वैसी ही व्यवस्था थी और हाथ से वे उस मशीन के सहारे सीप को गोल-गोल काट और फिर उसे घिस रहे थे। दूसरी मशीन पर इसमें काज यानी छेद किया जा रहा था।

उस फैक्टरी के मालिक ने बताया कि यह मशीन लगभग वैसी ही है, जैसी सौ साल पहले हुआ करती थी, जब इस गाँव में बटन उद्योग की शुरुआत हुई थी। मुझे यह देखकर थोड़ी निराशा जरूर हुई कि इस उद्योग में सौ साल से कोई ढंग का तकनीकी बदलाव नहीं हुआ है।

मेरी निराशा पर मेरे साथी ने कहा, "ऐसा नहीं है कि तकनीक में बदलाव नहीं हुआ है। इसी गाँव में बिजली से चलने वाली मशीनें भी हैं, मगर जिन लोगों की आर्थिक स्थिति इतनी बेहतर नहीं कि उन मशीनों का इस्तेमाल क़र सकें, वे आज भी पुराने ढंग की मशीनों से ही काम चला रहे हैं।"

आगे की यात्रा में वे मुझे एक ऐसे आदमी के घर भी ले गए, जिनके दरवाजे पर चल रही फैक्ट्री में बिजली वाली मशीन का इस्तेमाल हो रहा था। मगर उसे देखकर भी मुझे अफसोस ही हुआ क्योंकि वे भी बहुत बेसिक किस्म की मशीनें थीं। जैसी आजकल चाकू में धार करने वाली मशीनें आती हैं।

वह बथना गाँव के उद्यमी मोहम्मद मुकीम का दरवाजा था, जहाँ वे सीपियों के ढेर से अच्छी सीपियाँ छाँट रहे थे और अन्दर कुछ मजदूर बटन में छेद करने में जुटे थे। मशीन से घिर्र-घिर्र की आवाज आ रही थी। बटन के घिसने और उसमें छेद करने से सीप का बुरादा हवा में उड़ रहा था। उस बुरादे की वजह से वहाँ रुक पाना मुश्किल हो रहा था। मगर जो मजदूर वहाँ काम कर रहे थे, वे बेपरवाह थे। उनकी नाक पर कपड़े की पट्टी तक नहीं थी।

हमने मोहम्मद मुकीम से इजाजत ली कि हम उनके कुछ मजदूरों से बात करना चाहते हैं। वे बड़े भले इनसान थे, उन्होंने हमें सहज ही अनुमति दे दी और खुद दूसरी तरफ चले गए ताकि मजदूर हमसे खुलकर बात कर सकें। सीप के उड़ते डस्ट के खतरे पर मजदूरों ने कहा, क्या किया जाए। हम सब जानते हैं, इसमें खतरा है। इसी की वजह से ज्यादातर लोगों को टीबी हो जाता है। मगर क्या नाक पर रूमाल बाँध लेने से खतरा टल जाएगा। इसके लिए जो मास्क चाहिए, वह हमारे पास नहीं है। फैक्टरी का मालिक खुद इतना सामान्य आदमी है कि उसे इसके लिए मजबूर नहीं कर सकते। आजकल वह खुद ही बड़ी मुश्किल से रोजगार कर पा रहा है।

मजदूरों ने बताया कि मालिक उन्हें एक हजार बटन घिसकर तैयार करने के बदले 25 से 40 रुपए तक देता है। अलग-अलग क्वालिटी का अलग-अलग रेट है और बटन में छेद करने की मजदूरी 15 रुपए प्रति हजार है। निश्चित तौर पर यह मजदूरी बहुत कम है, किसी तरह रोज का खाना-पीना चलता है। बिरले लोग ही दिन में दौ सौ रुपए कमा पाते हैं, क्योंकि बहुत कुशल मजदूर भी एक दिन में सात से आठ हजार सीप बटन ही घिस पाता है। मगर मालिक खुद भी बहुत लाभ में नहीं है। वह सीप खरीदता है, कारखाना चलाता है, बिजली का बिल देता है और एक हजार बटन तैयार करने की (घिसने और छेद करने के दोनों काम को मिलाकर) 50 से 65 रुपए तक मजदूरी भी देता है। जबकि आजकल थोक बाजार में मेंहसी के बटन की कीमत सिर्फ पौने दौ सौ

रुपए प्रति हजार ही है। कई बार तो मालिक के लिए लागत निकालना भी मुश्किल हो जाता है।

मजदूरों की बातें सुनकर मैं हतप्रभ रह गया। मैंने मजदूरों से अकेले में बात करने की गुजारिश इसलिए की थी कि वे अपने साथ हो रहे शोषण के बारे में बता सकें। मगर उनकी बातें सुनकर लगा कि यहाँ तो मालिक और मजदूरों में कोई फर्क ही नहीं है। दोनों की हालत लगभग एक जैसी है। मैंने मोहम्मद मुकीम को भी बुला लिया और फिर मुकम्मल महफिल जम गई।

मोहम्मद मुकीम ने बताया कि पूरे मेंहसी कस्बे की 13 पंचायतों में एक जमाने में सीप बटन के पाँच सौ से अधिक कारखाने थे, अब मुश्किल से सौ-डेढ़ सौ कारखाने बच गए हैं। ये भी मुश्किल से चल रहे हैं। सीप बटन को तैयार करने की लागत काफी अधिक है और चीन के इस कारोबार में उतरने की वजह से कम्पीटीशन काफी टफ हो गया है। अब काम करना मुश्किल होता जा रहा है। अगर ऐसी ही स्थिति रही तो पिछले सौ साल से चल रहे मेंहसी के इस सीप बटन उद्योग पर बहुत जल्द ताला लग जाएगा।

मोहम्मद मुकीम की बातें सुनकर सहज ही मेरे मन में सवाल उठा कि आखिर मेंहसी में सौ साल से चल रहे इस बटन उद्योग का इतिहास क्या है, इसकी कहानी क्या है। मेरी जिज्ञासा का जवाब पत्रकार साथी ने दिया। वे बताने लगे—"मेंहसी का सीप बटन उद्योग पूरे भारत में अपनी तरह का अनूठा उद्योग है। आज भी पूरे देश में मेंहसी को छोड़कर कहीं और सीप बटन, जिसे अन्तर्राष्ट्रीय बाजार में मोप(मदर ऑफ पर्ल) बटन कहते हैं, तैयार नहीं होता है। हालाँकि ये बटन बहुत मजबूत नहीं होते, मगर अपनी प्राकृतिक खूबसूरती की वजह से काफी पसन्द किए जाते हैं। इनका इस्तेमाल कुर्ते और शेरवानी, या महिलाओं के पारम्परिक सूट जैसे महँगे परिधानों में खास तौर पर किया जाता है।

"मेंहसी में इस उद्योग की स्थापना 1908 में एक स्थानीय स्कूल सब-इंस्पेक्टर ने की थी। उनका नाम राय भुलावनलाल था। दरअसल

उन्होंने जापान में ऐसे बटन बनते देखे थे और देश लौटकर अपने इलाके में ऐसे बटन तैयार करने की शुरुआत की। तब मेंहसी के पास से होकर बहने वाली बूढ़ी गंडक नदी में काफी सीप मिलते थे, लिहाजा कच्चा माल भी सहजता से उपलब्ध था। उनका प्रयोग सफल रहा और इस बटन को लोग पसन्द करने लगे। माँग बढ़ी तो व्यापार भी बढ़ा और धीरे-धीरे पूरे मेंहसी में घर-घर में सीप बटन तैयार होने लगे।

"एक जमाने में मेंहसी और आसपास के इलाके में सीप बटन के 1000 से अधिक छोटे-छोटे कारखाने खुल गए और 10 हजार परिवार प्रत्यक्ष रूप से इस उद्योग पर आश्रित हो गए। जब यहाँ का उद्योग पीक पर था, तब यहाँ रोजाना पाँच करोड़ बटन तैयार होते थे। मगर धीरे-धीरे इस उद्योग में उतार आने लगा, क्योंकि लोग तकनीकी रूप से अपग्रेड नहीं हुए, सरकार ने भी सहयोग नहीं किया और आज चीन सस्ते सीप बटन तैयार कर बाजार में मेंहसी के दबदबे को तोड़ रहा है।"

उनकी बात को आगे बढ़ाते हुए मोहम्मद मुकीम ने कहा, "इस कस्बे से सटे किसी भी गाँव में आप चले जाएँ बटन बनाने वाली मशीनें आपको हर दरवाजे पर मिलेंगी, ठीक वैसे ही जैसे दूसरे गाँवों में पशुपालकों के दरवाजे पर चारा काटने वाली मशीनें खड़ी रहती हैं। इन मशीनों में कुछ हाथ से चलने वाली हैं, तो कुछ मोटर चालित हैं। मगर ये तमाम मशीनें जुगाड़ टेक्नोलॉजी का नमूना हैं। अलग-अलग पार्ट पुर्जों को जोड़कर तैयार की गई हैं। अभी ऑफ सीजन है, इसलिए 95 फीसदी मशीनें बन्द पड़ी हैं। मई से लेकर अगस्त-सितम्बर तक इस कारोबार का सीजन रहता है, तब ये मशीनें चलती हैं। मगर इस उद्योग से बस खाने-पीने लायक पैसों का ही जुगाड़ हो पा रहा है, किसी की स्थिति में सुधार नहीं हो पा रहा है।"

इसके बाद वे कहने लगे, "आप ठीक कहते हैं, यह तकनीकी विकास का ही दोष है कि पिछले सौ से अधिक साल से लगातार सीप बटन तैयार करने के बावजूद हम लोग इस व्यापार में अब पिछड़ने लगे हैं। हमारी एक हजार बटन तैयार करने में 200 रुपए से अधिक की

लागत लग जाती है, जबकि आजकल खरीदार पौने दो सौ से अधिक की कीमत देने के लिए तैयार नहीं हैं। वे कहते हैं, चीन वाले इससे भी सस्ते मोप बटन इससे बेहतर क्वालिटी में उपलब्ध करा रहे हैं। इस गड़बड़ी की दो वजहें हैं। पहली, अच्छी गुणवत्ता वाला सीप अब इस इलाके में नहीं मिलता, हमें इसे यूपी के हरदोई जिले की गर्रा नदी से मँगाना पड़ता है, जो काफी महँगा हो गया है। दूसरा, हम लोग लोकल मशीनों से काम करते हैं, जिससे एक सीप से एक ही बटन बना पाते हैं, जबकि आधुनिक मशीनों से एक सीप से पाँच-पाँच बटन तक बनाए जा रहे हैं।"

उस रोज पत्रकार साथी ने मुझे राय भुलावनलाल का घर भी दिखाया और उनके परिजनों से भी मिलाया। यह पता चला कि उनकी जयंती पर 22 फरवरी को गाँव में हर साल कार्यक्रम होता है। उन्होंने यह भी बताया कि उनके द्वारा खोली गई सीप बटन की पहली फैक्टरी 1980 के दशक में ही बन्द हो गई।

रास्ते में हमें एक मजदूरन शहनाज खातून मिल गई, जो इस उद्योग में काम करने की वजह से दमे की शिकार हो गई थी। डॉक्टर ने उसे धूल और चूने (सीप के डस्ट) से दूर रहने की सलाह दी है। मगर वह विधवा औरत थी और घर चलाने के लिए कुछ करना ही था। वह फैक्टरियों में नहीं जाती थी, घर में ही सीप घिसने का काम करती थी। कहने लगी, "क्या करें! रोग से तो बाद में मरेंगे, भूख पहले मार देगी। इसलिए पहले भूख का इलाज कर रहे हैं।"

फिर हमने सीप बटन उद्योग के कच्चा माल के सप्लायर संजय कुमार गुप्ता, सरकार द्वारा इस उद्योग को बेहतर बनाने के लिए बनी स्फूर्ति योजना के सचिव मोहम्मद इरशाद और सीप से बनने वाली ज्लेवरी और डिजाइनर आइटम के निर्माता एन. आलम से मुलाकात की, ताकि इस कारोबार में आई मन्दी को समझ सकें।

एन. आलम के दरवाजे पर हुई इस बातचीत में कच्चा माल के सप्लायर संजय कुमार गुप्ता ने कहा, यूपी के हरदोई जिले में बहने वाली दर्रा नदी के सीप की गुणवत्ता बटन के लिहाज से बेहतरीन होती है।

पहले उस सीप को हम आसानी से ले आते थे, मगर अब यूपी सरकार ने वहाँ से सीप लाने पर रोक लगा दी है। हालाँकि सीप वहीं का आता है, बस यह अब तस्करी के रास्ते से आता है और इस वजह से महँगा हो गया है। अब चूँकि सीप लाने का खर्च बढ़ गया है, इसलिए ये महँगा हो गया है। ऐसे में दूसरे मद में कटौती करनी पड़ती है। फैक्ट्री मालिकों ने इसी वजह से अपने मुनाफे और मजदूरी में कटौती कर दी है। अगर बिहार सरकार इस मामले में यूपी सरकार से बात करती, तो शायद मसला सुलझ सकता था।

चीन के इस व्यापार में सक्रिय होने के बारे में हमें मोहम्मद इरशाद ने बताया, वे दिल्ली के गोविन्दपुरी के किनारी बाजार में मोप बटन का कारोबार भी करते हैं। उन्होंने कहा कि चीन ने कुछ सालों के दरम्यान अच्छी क्वालिटी का मोप बटन बहुत सस्ते दर में बाजार में उतार दिया है। इसके कारण दिल्ली में मेंहसी के बटनों का कारोबार करने वाले व्यापारी भी चीन का बटन खरीदकर उसे मेंहसी बटन के नाम से बेचने लगे हैं। कारोबारी तो कारोबारी हैं, उन्हें जिस काम में मुनाफा मिलता है, वे वही करने लगते हैं। ब्रांड मेंहसी का इस्तेमाल करते हैं, क्योंकि चीनी बटन का अभी ब्रांड बना नहीं है, पर माल चीन का खपाते हैं, क्योंकि उसमें मुनाफा अधिक है।

चीन का बटन सस्ता क्यों है, इसके जवाब में उन्होंने कहा, "उनकी टेक्नोलॉजी बेहतरीन है। वे एक सीप से पाँच बटन बनाते हैं। जबकि हमारी टेक्नोलॉजी पुरानी और जुगाड़ तकनीक पर आधारित है। हम एक सीप से एक ही बटन बना पाते हैं और दिन भर में एक मजदूर सात-आठ हजार बटन ही बना पाता है। इसके अलावा वे समुद्री सीप का बटन बनाते हैं, जो देखने में भले ही बहुत फाइन न हो, मगर टिकाऊ अधिक होता है। हम लोग नदी के सीप से बटन बनाते हैं, जो सुन्दर तो होता है, मगर टिकाऊ नहीं होता है।

"अगर हमें मेंहसी के सीप बटन उद्योग और इसकी पहचान को बचाना है तो सबसे पहले तकनीक सुधारनी पड़ेगी। अगर यहाँ भी एक

सीप से चार-पाँच बटन बनने लगें तो लागत अपने आप कम हो जाएगी। मगर मेंहसी के गरीब उद्यमियों को देखकर लगता नहीं है कि वे यह बदलाव कर पाएँगे। बिहार सरकार इस मामले में सक्रिय तो हुई है, मगर उसकी रफ़्तार बहुत धीमी है और तरीका बहुत उलझाऊ।"

पता चला कि सरकार की तरफ से मेंहसी में पौने दो करोड़ की लागत से दो क्लस्टर की स्थापना क्रमशः बथना और मेन मेंहसी गाँव में की जा रही है, जहाँ आधुनिक मशीनों के जरिए बेहतर उत्पाद तैयार करने की कोशिश की जाएगी। मगर यह कदम नाकाफी साबित होने वाला है, क्योंकि एक तो इन दोनों क्लस्टरों से सिर्फ 56 लोग ही जुड़ पाएँगे, मजदूरों की समस्या जस की तस रह जाएगी और फिर सीप लाने का मसला अपनी जगह कायम है।

मैं एक क्लस्टर को देखने भी गया। वहाँ क्लस्टर से जुड़े शेख जैनुल, शरफुद्दीन, मोहम्मद असलम, मोहम्मद हसनैन और अफसाना खातून से मेरी बातचीत हुई। वे क्लस्टर को लेकर उत्साहित थे। कह रहे थे, अब जो मशीन आ रही है, उससे बटन एक साइज का होगा, मोटा-पतला नहीं। सूराख भी एक जैसा होगा। मगर वहाँ भी ऐसा लगा कि मोहल्ले के प्रभुत्वशाली लोगों ने इस क्लस्टर पर कब्जा कर लिया है, वे उद्यमी थे, मजदूर नहीं। खुद काम करने के बदले अपने मजदूरों से काम करवाएँगे। जबकि जरूरत हुनरमन्द मजदूरों को इससे जोड़ने की है।

5

2017 के नवम्बर महीने में मैं किसी काम से राजधानी पटना स्थित परिवहन भवन के कैम्पस में गया था। वहाँ मुझे गौरव लग्जरी ट्रांसपोर्ट की दसियों मर्सिडीज बसें कबाड़ हालत में धूल फाँकती नजर आईं। इन बसों को इस तरह बुरी हालत में देखने की मुझे उम्मीद नहीं थी। कुछ ऐसा लग रहा था कि जिस तरह परिवहन भवन की भव्य इमारत खँडहर में तब्दील हो रही है, उसी तरह ये बसें भी कबाड़ बनने की तरफ बढ़ रही हैं। बाद में जब पता चला कि ये बसें एक बार भी चली नहीं हैं। ये सब की सब नई हैं और बिना सड़क पर उतरे, रखी-रखी कबाड़ हो गईं, तो और बड़ा सदमा लगा।

अभी तो चार-पाँच साल पहले ही गौरव लग्जरी की बस सेवा सरकार के संरक्षण में 'बदलते बिहार' के स्लोगन के साथ धूम-धाम से लांच हुई थी। इसकी खूब ब्रांडिंग की गई थी। तब इस पर सवारी करना स्टेटस सिंबल माना जाता था। लोग कहते थे कि इन आरामदेह और लग्जरी बसों की यात्रा की शानो-शौकत के सामने हवाई यात्रा भी फेल है।

उस वक्त यह कहा भी गया था कि एक हजार से अधिक ऐसी बसें बिहार-झारखंड की सड़कों पर दौड़ेंगी। मगर वहाँ पता चला कि चार साल बाद सिर्फ 12-15 बसें ही संचालित हो रही हैं। ये बसें भी आधी ही भर पाती हैं। संचालक कम्पनी परेशान हैं, कर्मचारी नौकरी छिनने की आशंका में डूबे हैं। बसों में दी जाने वाली सुविधाएँ एक-एक कर खत्म कर दी गई हैं। बिहार के स्वर्णिम दिनों की याद दिलाती इस मर्सिडीज बस सेवा को आखिर किसकी नजर लग गई? बिहार राज्य परिवहन

निगम के सहयोग से बिहार-झारखंड के चप्पे-चप्पे में इस लग्जरी बस सेवा के संचालन का सपना आखिर कहाँ गुम हो गया?

यह सवाल लिये मैं परिवहन भवन स्थित गौरव लग्जरी बस सेवा के सीनियर मैनेजर विजय कुमार सिंह से मिलने पहुँचा। वे कहने लगे, "यह ठीक है कि पिछले दिनों बिहार में हर जगह सड़कों का जाल बिछ गया, मगर फिर भी यहाँ की ज्यादातर सड़कों की गुणवत्ता ऐसी नहीं है कि यहाँ मर्सिडीज और वॉल्वो की बसें चलाई जा सकें। इसी वजह से कई बसें बहुत कम समय में खराब हो जा रही हैं। इन बसों के पार्ट्स भी यहाँ नहीं मिलते, इसलिए ये कई दिनों तक खड़ी रहती हैं।"

हालाँकि इस महत्त्वाकांक्षी बस सेवा के बिहार में सफल नहीं हो पाने की यह असली वजह नहीं थी। और न ही यह कि ये महँगी हैं और लोग इतना किराया देने में खुद को असमर्थ पाते हैं। मगर विजय सिंह असली कारण का जिक्र करना नहीं चाहते थे। मैंने बहुत कुरेदा तो उन्होंने कहा—

"सच यही है कि हमें सरकार का सहयोग नहीं मिला। 2011-12 में यह सेवा शुरू हुई थी। उस वक्त सरकार के साथ जो एग्रीमेंट हुआ था, उस पर सरकार कायम नहीं रह सकी। एग्रीमेंट के मुताबिक तय हुआ था कि बिहार में गौरव लग्जरी 500 बसों का संचालन करेगी। पहली किस्त में 45 बसें आईं, मगर सरकार ने सिर्फ 20 बसों को परमिट दिया। शेष 25 बसें साल भर बेकार इसी कैम्पस में खड़ी रह गईं और सड़कर बर्बाद हो गईं। इसी घटना ने कम्पनी के ओनर हैदराबाद के उद्योगपति गौरव संघी और उनके परिवार वालों का उत्साह खत्म कर दिया। आप ही सोचिए, एक-एक बस 1 करोड़, 30 लाख रुपए की आती है। किसी बिजनेसमैन का 32-35 करोड़ का इन्वेस्टमेंट ऐसे ही बेकार पड़ा रह जाए तो क्या उसे अखरेगा नहीं? कहाँ 500 बसों के परिचालन का एग्रीमेंट था, कहाँ 20 बसों को ही परमिट मिला।"

विजय सिंह कह रहे थे और मैं सुन रहा था। यह सिर्फ एक बस कम्पनी के साथ सरकारी धोखे की कहानी नहीं थी, बल्कि बिहार सरकार के उद्योग विरोधी रवैये की दास्तान थी। उनकी बात सुनकर मुझे समझ

आ रहा था कि आखिर क्यों बिहार में कारोबार करने से कारोबारी हिचकते हैं।

उन्होंने आगे बताया, "फिर बाद में हमने कुछ बसों का नेशनल परमिट लिया और कुछ बसों को वापस भेज दिया। तब से हम इन्हीं बसों को किसी तरह चलाने की कोशिश कर रहे हैं। अगर यहाँ 500 बसें चलतीं तो क्या सिर्फ संघी साहब का फायदा होता? जो दस हजार से अधिक कर्मचारी इन बसों के परिचालन के लिए काम करते उनका फायदा नहीं होता? लेकिन एग्रीमेंट की कई शर्तों का पालन नहीं हुआ। तय हुआ था निवेश का 20 फीसदी सब्सिडी के रूप में पाँच किस्तों में राज्य सरकार वापस करेगी, वह भी नहीं दिया गया। बसें कई जगह तोड़-फोड़ और हिंसा का शिकार हो जाती हैं, मगर सरकार कोई सुरक्षा नहीं देती।"

विजय सिंह कह रहे थे, "पिछले दिनों दो बसों में आग लगा दी गई। कोई ऐसा महीना नहीं होता जब बसों के 10-15 शीशे न टूटे हों। सर्वविदित है कि यह सब कम्पिटीटर बस संचालक कराते हैं। हम लोग सरकार से लगातार अनुरोध करते हैं, मगर कोई कार्रवाई नहीं होती। जबकि इस सेवा शर्त का कड़ाई से पालन होता है कि बस भरे न भरे, चले न चले, प्रति बस के हिसाब से फुल सीट के आखिरी स्टेशन तक के किराए का दस फीसदी विभाग को चुकाना है। हालाँकि हम इसका विरोध नहीं कर सकते, क्योंकि यह एग्रीमेंट की शर्त है। मगर आज इस सेवा की जो स्थिति है और यह स्थिति सरकार की वादाखिलाफी की वजह से है, तो सरकार को भी इसमें छूट देना चाहिए।"

मुझे याद आया कि इन बसों का किराया काफी अधिक रहता है। लगे हाथ मैंने उनसे यह सवाल भी पूछ लिया। इसके जवाब में उन्होंने कहा, "हमारा किराया दूसरे राज्यों में संचालित होने वाली मर्सिडीज बसों के मुकाबले कम ही है। दूसरे राज्यों में 2 रुपए प्रति किमी. के हिसाब से किराया लिया जाता है, जबकि हमारा अधिकतम किराया डेढ़ रुपए प्रति किमी. है। और सुविधा की कटौती इसलिए की गई कि कई बार

कम्बल चोरी होने, कम्बल में सिगरेट बुझाने और वोमिटिंग बैग में पान और गुटखा थूकने जैसी शिकायतें मिलीं। ऐसे में इन सुविधाओं को जारी रखना मुमकिन नहीं था।"

विजय सिंह के आरोप काफी गम्भीर थे, सरकारी अधिकारियों का पक्ष लेना जरूरी था। मैंने परिवहन विभाग में बातचीत की। वहाँ के एक अधिकारी ने अपना नाम जाहिर करने से मना कर दिया और कोई स्पष्ट जानकारी भी नहीं दी। वे सरकारी नियम कानून बताने लगे, कहने लगे, लाइसेंस और परमिट जारी करने की विभाग की प्रक्रिया है। हम उसी प्रक्रिया का पालन करते हैं। इस सवाल पर कोई अधिकारी कुछ बताने के लिए तैयार नहीं था कि बाहर से कारोबार करने के लिए आने वाले कारोबारियों से ऐसा बर्ताव होगा तो राज्य में कारोबार का माहौल कैसे विकसित होगा।

आज की तारीख़ में जब यह लिख रहा हूँ, गौरव लग्जरी सेवा की बसें सिर्फ एक रूट पर ही संचालित हो रही हैं, वे भी कब बन्द हो जाएँ, कहना मुश्किल है। इस अध्याय में किसानों और मजदूरों के साथ उद्यमियों के दर्द को मैंने इसलिए शामिल किया है, ताकि यह समझा जा सके कि नौकरशाही के ठस रवैये के साथ चलने वाली बिहार की रुकतापुर सरकार में सबका मान बराबर है। सब एक ही तरह से सरकारी रवैये के शिकार हैं। ऐसी ही कहानी रोहतास इंडस्ट्रीज की भी है। हालाँकि उसका मौजूदा सरकार से सीधा लेना-देना नहीं है, मगर यह समझा जा सकता है कि बिहार सरकार का उद्योग विरोधी रवैया लम्बे समय से ऐसा ही है। अगर मौजूदा सरकार की समझ में कोई फर्क होता तो वह कम से कम रोहतास इंडस्ट्रीज को फिर से चालू करने की कोशिश जरूर करती।

6

"जानते हैं, इस फैक्ट्री के मजदूर यूनियन की राजनीति से निकले दो लीडर—बिंदेश्वरी दुबे और केदार पांडेय बिहार के मुख्यमंत्री बन गए। मगर 17 इकाइयों के जरिए पूरे शाहाबाद के इलाके को सम्पन्न बनाने वाली डालमिया नगर की रोहतास इंडस्ट्रीज लिमिटेड को पुनर्जीवित करने का सच्चा प्रयास किसी राजनेता ने आज तक नहीं किया। सच पूछें तो इस औद्योगिक परिसर को वीरान बनाने का कोई गुनहगार है, तो अपने राज्य की राजनीति ही है। आज भी चुनाव आता है, तो राजनेता तरह-तरह के वायदे लेकर डालमिया नगर पहुँच जाते हैं। यहाँ ऐसा कर देंगे, वैसा कर देंगे। इस बार तसवीर बदल देंगे। मगर पिछले 35 सालों से लगातार ठगे ज़ा रहे डायमिया नगर के वासी और पूर्व कर्मियों के परिवार वाले अब मान चुके हैं कि इस वीराने में कभी बहार नहीं आएगी।"

बिहार के रोहतास जिले के डेहरी ऑन सोन स्थित डालमिया नगर के पुराने औद्योगिक परिसर के मजदूरों के जर्जर क्वार्टर में बैठे विनय कुमार मिश्रा उर्फ विनय बाबा जब हमें यह बता रहे थे, तो उनके चेहरे पर बिहार की राजनीति को लेकर घोर निराशा की भावना साफ नजर आ रही थी।

कुछ ही देर पहले हम डालमिया नगर के उस परिसर का अवलोकन करके यहाँ आए थे, जहाँ एक जमाने में 17 औद्योगिक इकाइयाँ काम करती थीं और बारह हजार से अधिक श्रमिक रहा करते थे। उस जर्जर वीरान परिसर में खेल के मैदानों को छोड़ दिया जाए, तो कहीं भी रौनक नहीं थी। एक परिसर में रेलवे के लोग स्क्रैप निकालने में व्यस्त थे। परिसर की हर इमारत पर वक्त ने काले निशान छोड़ दिए थे, जगह-जगह ईंटें

उखड़ रही थीं और दीवारों से पलस्तर झड़ रहा था। श्रमिकों के क्वार्टर को छोड़ दिया जाए तो बाकी हर इमारत वीरान ही थी। विश्वास नहीं हो रहा था कि कभी उद्योगपति रामकृष्ण डालमिया ने इस परिसर को पूरे इलाके की सम्पन्नता का केन्द्र बनाया होगा। यह परिसर जमशेदपुर के बाद तत्कालीन बिहार का दूसरा सबसे बड़ा औद्योगिक परिसर था। विश्वास यह भी नहीं होता है कि इसी फैक्ट्री समूह ने कभी ज्ञानपीठ जैसी संस्था और देश के सबसे बड़े अख़बार समूह को जन्म दिया था।

उन दिनों मैं 2019 के लोकसभा चुनाव की रिपोर्टिंग के सिलसिले में बिहार के अलग-अलग इलाकों में घूमकर रिपोर्टिंग कर रहा था। इसी सिलसिले में मैं डेहरी ऑन सोन पहुँचा था, जहाँ विनय बाबा से मुलाकात हुई थी। बाद में इसकी रिपोर्ट मीडिया विजिल नामक वेबपोर्टल में भी प्रकाशित हुई।

आज बिहार की सरकार राज्य में उद्योग को बढ़ाने के लिए तरह-तरह की कवायदें कर रही है। 2005 से ही देश भर के उद्योगपतियों को बड़े-बड़े लुभावने ऑफर दिए गए, मगर तब भी साइकिल उद्योग और छोटी-मोटी इकाइयों के अलावा यहाँ कोई उद्योगपति नहीं पहुँचा। ऐसे में यहाँ वीरान पड़ा यह औद्योगिक परिसर क्या सरकार को नजर नहीं आता? यहाँ की सम्भावनाएँ क्या उन्हें प्रेरित नहीं करतीं कि इसे फिर से विकसित किया जाए?

अगर यह उद्योग परिसर आज जिन्दा होता तो झारखंड के विभाजन का गम बिहार को इतना नहीं सताता। क्योंकि धनबाद, बोकारो, जमशेदपुर, राँची, हजारीबाग, पाकुड़ समेत सभी औद्योगिक नगर झारखंड के हिस्से में चले गए। अगर आज यह परिसर समय के साथ तालमेल बनाकर खड़ा होता तो अकेला ही पूरे बिहार की जरूरतें पूरा कर रहा होता। इसके बनने की कहानी भी दिलचस्प है।

1933 में डालमिया ने यहाँ शुगर फैक्ट्री लगाई थी। मगर जल्द ही उन्हें इस बात का आभास हो गया कि सोन नदी के किनारे का यह इलाका उद्योगों के लिए बेहतरीन है। इसलिए बाद में उन्होंने यहाँ पेपर, सीमेंट,

वनस्पति घी, एस्बेस्टस, कैमिकल और फाइबर प्लांट भी लगाए। सभी को रोहतास इंडस्ट्रीज लिमिटेड की छतरी के अन्दर लाया गया। यहाँ 17 इकाइयाँ एक साथ काम करने लगीं। वह दौर अद्‌भुत था। मगर फिर यह परिसर राजनीति की भेंट चढ़ने लगा।

यहाँ पहली उद्योग बन्दी 1968 में हुई, जब शुगर मिल को बन्द कर दिया गया। हालाँकि उस बन्दी का अधिक असर नहीं पड़ा। परमानेंट कर्मचारियों को दूसरी इकाइयों में रख लिया गया। तब भी 1500 कर्मी बेरोजगार हो गए। मगर 1984 में एक झटके में रोहतास इंडस्ट्रियल लिमिटेड की सभी 17 इकाइयाँ बन्द कर दी गईं। जब उद्योग बन्द होने जा रहा था, तब डालमिया नगर की तमाम इकाइयों में 12629 कर्मी काम करते थे। 10312 परमानेंट, शेष ठेका मजदूर। बाद में इससे जुड़ी सहायक इकाइयों में भी लोग बेरोजगार होने लगे।

ऐसी जानकारी मिलती है कि उस वक्त रोहतास इंडस्ट्रीज पर बिहार राज्य इलेक्ट्रिसिटी बोर्ड का बिजली बिल का 5.18 करोड़ बकाया हो गया था। यह बकाया ही बन्दी की वजह बना। अगर यह वजह सच है तो इससे बड़ी विडम्बना क्या हो सकती है, क्योंकि कभी इस परिसर में विद्युत का उत्पादन भी होता था और वहाँ पैदा होने वाली बिजली इंडस्ट्री के काम तो आती ही थी, इसकी सप्लाई दूर-दूर तक होती थी। इसका मतलब यह हुआ कि यहाँ पहले बिजली प्लांट ही बन्द हुआ होगा। वजह जो भी हो, मगर इस बन्दी के कारण तमाम श्रमिक एक झटके में सड़क पर आ गए, यह इलाका तबाह हो गया।

यहाँ की तबाही का मंजर बताते हुए प्रभात खबर के स्थानीय पत्रकार अमित कुमार कहते हैं कि बन्दी के बाद कई अधिकारी और कर्मचारी तो पलायन कर गए। मगर कुछ अधिकारियों को इसी शहर के बाशिंदों ने रोजी-रोटी के लिए रिक्शा खींचते हुए देखा है। अच्छे-अच्छे घरों की महिलाएँ दूसरे के घर में बरतन माँजने जाने लगीं। विनय बाबा बताते हैं कि यह तो अगली पीढ़ी की सजगता का परिणाम है कि कुछ साल के झटके के बाद स्थिति सँभल गई। उन लोगों ने अपनी मेहनत और

सामूहिक प्रयास से सरकारी नौकरियाँ हासिल कीं और अपने परिवार को संकट से उबारा।

भले ही इस फैक्ट्री समूह के बन्द होने की तबाही का दंश डालमिया नगर और डेहरी ऑन सोन के लोग आज भी झेल रहे हैं, मगर राजनेताओं को यह मसला सिर्फ चुनाव के वक्त याद आता है। हर चुनाव में स्थानीय नेता वादा करते हैं कि वे डालमिया नगर की रौनक को फिर से लौटाएँगे। मगर इनमें सचाई नहीं होती। सच यह है कि सरकार ने मान लिया है, डालमिया नगर अब विकसित नहीं हो सकता। लिहाजा इसकी जमीन और स्क्रैप की बिक्री धड़ल्ले से चल रही है।

हाल के दिनों में रोहतास इंडस्ट्रीज लिमिटेड का हवाई अड्डा औने-पौने दाम में लुधियाना के कुछ वस्त्र व्यापारियों को बेच दिया गया। बदले में स्थानीय लोगों को यह भरोसा दिलाया गया कि ये लोग यहाँ कपड़ों की इंडस्ट्री लगाएँगे। मगर स्थानीय लोगों को इस योजना पर भी कोई भरोसा नहीं है। वे कहते हैं, जब तक उद्योग लग न जाए, तब तक किसी बात पर भरोसा नहीं होता। डालमिया नगर पिछले कई सालों से इसी तरह की हवा-हवाई योजनाओं के बारे में सुनता आ रहा है, मगर इससे सिर्फ कुछ लोगों की राजनीति चमकती है, यहाँ उद्योग बन्दी के मारे लोगों की किस्मत नहीं।

साल 2020 में जब देश कोरोना और लॉकडाउन के संकट से जूझ रहा था, तब अचानक एक दिन ट्विटर पर 'इंडस्ट्रीज इन बिहार' का हैशटैग ट्रेंड करने लगा। यह बिहार के उन युवाओं की आकांक्षा का प्रतीक था, जो बिहार के माथे से बेरोजगारी और उद्योगहीनता का कलंक पोंछकर मिटाना चाहते थे। इस दौरान उन्होंने मिथिला के इलाके में आजादी से पहले के उन उद्योगों को याद किया, जो आजादी के बाद एक-एक कर बन्द होने लगे। उन चीनी मिलों को याद किया जो बन्द पड़ी हैं। उन तमाम कारखानों को याद किया, जो कभी बिहार के वैभव का प्रतीक थे।

ट्विटर पर उन उद्योगों और कारखानों के खँडहरों की तसवीरें तैरने लगीं। सवाल पिछले 15 साल से बिहार की कमान सँभालने वाली सरकार से था। यह केन्द्र के उस नारे का प्रतिकार भी था, जिसमें 'आत्मनिर्भरता' और 'लोकल के लिए वोकल' होने की बात कही गई थी। मगर राज्य के राजनीतिक दलों ने इस अभियान को बहुत नोटिस नहीं किया क्योंकि दुर्भाग्यवश उस वक्त राज्य में जो दो राजनीतिक दल मजबूत थे, उन सब पर बिहार को इस स्थिति में लाने का इल्जाम था। उस दौर में मान लिया गया था, बिहार में अब कोई बड़ा उद्योग खड़ा नहीं हो सकता है। दिलचस्प है कि महज 20 साल पहले तक जब झारखंड बिहार के साथ था, इसे ही देश का गुरूर कहा जाता था। माना जाता था कि प्रचुर खनिज संसाधन और सस्ते मजदूरों की वजह से यहाँ उद्योगों के पनपने की सबसे बेहतर सम्भावना है। मगर आज बिहार उद्योगों का कब्रगाह बना हुआ है।

हमरे गरीबन के झोपड़ी जुलुमवा

भूमिहीनता की समस्या और ऑपरेशन दखल दिहानी

'हमरे गरीबन के झोपड़ी जुलुमवा' यह बिहार के काफी पॉपुलर जनवादी गीत 'कहब त लाग जाई धक से' की एक पंक्ति है। इस गीत को दलितों के सवालों पर बनी फिल्म 'आर्टिकल 15' में भी गाया गया था। इस पंक्ति का भाव यह है कि बड़े लोगों यानी अमीर लोगों के पास बड़ी-बड़ी कोठियाँ हैं और उन पर कोई सवाल नहीं उठाता, मगर हम गरीबों की झोंपड़ियाँ भी लोगों को खटकती हैं। बिहार के सन्दर्भ में यह गीत इसलिए सच मालूम होता है और लोगों के दिलों को छूता है, क्योंकि सामाजिक-आर्थिक जनगणना 2011 के आँकड़े बताते हैं कि राज्य में 65 फीसदी ग्रामीण आबादी भूमिहीन है, इसमें दलितों-अति पिछड़ों की बड़ी आबादी है। बिहार सरकार का भू-राजस्व विभाग कई दफा यह जताता है कि वह राज्य में लोगों की भूमिहीनता को खत्म करने के लिए दृढ़-संकल्पित है। वह इसके लिए कई योजनाएँ भी चलाता है, मगर ये योजनाएँ धरातल पर अपना असर नहीं छोड़ पातीं। इस अध्याय में इसी सवाल से जुड़े कुछ किस्से हैं।

1

परचाधारी का नाम	-	फुलेना माँझी।
कब परचा मिला	-	1981 में।
कितनी जमीन का	-	एक एकड़ का।
कब्जा मिला	-	आज तक नहीं।
फुलेना माँझी कहाँ हैं	-	दो साल पहले गुजर गए।

"बाबूजी तो 38 साल तक कागज का टुकड़ा देख-देखकर सन्तोष करते रहे और जमीन पर कब्जा हासिल करने के लिए यहाँ-वहाँ दौड़ते रहे। अब हम तीनों भाइयों की बारी है। देखना है, यह सरकारी कागज कब असली जमीन में बदलता है।"

यह बातचीत पश्चिमी चम्पारण के उस प्रसिद्ध भितिहरवा पंचायत के बैरटवा गाँव में हो रही थी, जहाँ 1917 में महात्मा गांधी ने आश्रम और विद्यालय की स्थापना की थी, ताकि इस क्षेत्र में लोगों के स्वास्थ्य और शिक्षा का स्तर इतना बेहतर हो जाए कि कोई फिर इन भोले-भाले लोगों का शोषण नहीं कर पाए। वे उस साल इस इलाके में किसानों से जबरन नील की खेती करवाने वाले विलायती प्लांटरों के खिलाफ सत्याग्रह करने आए थे। उन्होंने किसानों को उस अमानवीय तिनकठिया प्रथा से मुक्ति भी दिलाई, जिसकी वजह से हर किसान को एक बीघा जमीन में से तीन कट्ठे पर नील की खेती करनी पड़ती थी।

जब किसानों के लिए चला सत्याग्रह खत्म हो गया, तब गांधी जी ने चम्पारण को शिक्षा और स्वास्थ्य के मामले में सशक्त बनाने

की पहल की। उन्होंने यहाँ तीन आश्रम सह विद्यालयों की स्थापना की, जिनमें भितिहरवा शामिल था। यह इस अर्थ में सौभाग्यशाली था कि यहाँ छह माह तक कस्तूरबा रहीं और डॉक्टर देव जैसे जुझारू व्यक्ति ने काम किया। ये विद्यालय बाद में भी चलते रहे। मगर इसी भितिहरवा पंचायत में एक परिवार मुझे ऐसा मिला जिसे सरकार ने 38 साल पहले जमीन का पट्टा दिया था और वह परिवार आज तक उस जमीन पर अपना कब्जा हासिल नहीं कर पाया था। यह उस तिनकठिया से कई गुना बड़ी विडम्बना थी, जिसकी लड़ाई लड़ने गांधी सौ साल पहले आए थे।

यह कहानी अकेले फुलेना माँझी की नहीं है। भितिहरवा और इसके पड़ोस की दो पंचायतों के 108 भूमिहीन परिवार इसी तरह 38 साल से जमीन का परचा लिये यहाँ-वहाँ भटक रहे हैं और सरकार इन्हें इनकी जमीन पर कब्जा नहीं दिला पा रही है। मैं 2019 के लोकसभा चुनाव की रिपोर्टिंग के सिलसिले में जब पूरे बिहार में घूम रहा था, तब ये लोग मुझे मिले। इनसे बातचीत करके मुझे ऐसा लगा कि 102 साल पहले चम्पारण में हुआ देश का पहला सत्याग्रह और उसके बाद खुले तीन स्कूल बेमतलब के साबित हो गए हैं। 100 साल में चम्पारण की भोली-भाली जनता और अधिक बेबस हुई है। उसके मौजूदा शोषक विलायती प्लांटरों से कहीं ज्यादा ताकतवर बन गए हैं।

भितिहरवा में आज आश्रम की जगह एक बेहतरीन संग्रहालय बन गया है। सरकार की सदिच्छा की वजह से वहाँ नियमित सभा, सेमिनार और आयोजन भी होते हैं। मगर सौ साल पहले का चम्पारण जिन सवालों से जूझ रहा था, वे अब और भी विकराल हो गए हैं। इसी भितिहरवा पंचायत में ढाई-ढाई सौ एकड़ के भूधारी भी हैं और इसी चम्पारण में चीनी मिलों के पास 5200 एकड़ के फार्म आज भी हैं और सरकार चाहकर भी इस जमीन को सीज नहीं कर पा रही है। सौ साल पहले तो सत्याग्रह के सामने अंग्रेज सरकार झुक जाती थी, अब इसी चम्पारण में सत्याग्रह भी नाकाम हो रहे हैं।

मुझे इन भूमिहीन परिवारों तक एक सत्याग्रही महादेव बैठा लेकर गए थे। बैरटवा गाँव में उन्होंने मुझे कई ऐसे परिवारों से मिलवाया जो दो-दो, चार-चार डिसमिल जमीन पर घर बनाकर रह रहे थे। उन घरों में अक्सर दो या तीन पीढ़ी के लोग एक साथ रहते थे। रात में सभी लोगों को सोने के लिए जगह नहीं मिलती थी, तो घर के मर्द सड़कों पर या बगीचों में दरी बिछाकर सो जाते थे। मेहमानों को भी अक्सर सड़क पर या बगीचे में सुलाया जाता था।

उसी बैरटवा गाँव के पास महादेव बैठा ने मुझे उस कारिन्दे से भी मिलाया जो कोलकाता में रहने वाले एक भू-स्वामी की 250 एकड़ जमीन पर मजदूरों से खेती करवाता रहा था। कहाँ लोगों को सोने के लिए भी जमीन नहीं थी तो कहाँ जमीन मालिक महानगर में मौज कर रहा था और उसकी 250 एकड़ जमीन पर खेती हो रही थी। हाँ, अब कारिन्दे को सुपरवाइजर कहा जाने लगा था। अंग्रेजों के जमाने में नील का प्लांटर कम से कम गाँव में तो रहता था। मजदूरों ने बताया कि ये खेतिहर आज भी मजदूरी के नाम पर पैसे नहीं छह किलो अनाज थमाते हैं। कई दशक पुरानी यह परम्परा आज भी कायम है।

बैरटवा में लोगों ने मुझे बताया कि उनके गाँव से सटा एक फार्म हाउस भी है, जो हरिनगर चीनी मिल के अधीन है और उस फार्म हाउस के कारिन्दे उन्हें हमेशा परेशान करते हैं। वे जमीन कब्जाने की कोशिश भी करते हैं। दूसरी कई तरह की अदावतें भी चलती रहती हैं।

चम्पारण के चीनी मिलों के फार्म हाउसों का किस्सा मुझे मालूम था। आजादी के बाद प्रसिद्ध समाजवादी नेता राममनोहर लोहिया की अगुआई में बिहार के समाजवादी नेता रामनन्दन ने एक रिपोर्ट तैयार की थी, जिसके मुताबिक चम्पारण के इलाकों से नील प्लांटरों के जाने के बाद यहाँ चीनी मिलों ने बड़े पैमाने पर जमीन कब्जा ली थी। उस रिपोर्ट के मुताबिक चम्पारण की नौ चीनी मिलों के पास उस वक्त 40 हजार एकड़ से अधिक जमीन थी। और इनकी वजह से 10 हजार से अधिक किसान भूमिहीन हो गए थे। उस वक्त चम्पारण के गाँवों में नया नारा

गूँजता था, निलहे गए और मिलहे आए। यानी नील प्लांटर गए तो हमें लूटने चीनी मिल वाले आ गए। ये चीनी मिल वाले विदेशी नहीं, भारतीय थे और इन्हें हमारे राजनेताओं का समर्थन और सहयोग हासिल था। इन्हीं मिल वालों में से एक हरिनगर चीनी मिल वाला भी था, जिसके पास लोहिया रिपोर्ट के मुताबिक उस जमाने में 10 हजार एकड़ के फार्म थे। कहा जाता है कि आज भी हरिनगर चीनी मिल के पास 52 सौ एकड़ जमीन के फार्म हैं, जबकि सरकार ने बारह साल पहले नियम बनाकर यह तय कर दिया है कि कोई भी शुगर प्लांट अपने पास 175 एकड़ जमीन से अधिक नहीं रख सकता है। यह सब जानकारी जुटाकर मैं चम्पारण आया था।

जब बैरटवा में हरिनगर चीनी मिल के फार्म हाउस का मसला उठा तो मेरे अनुरोध पर महादेव बैठा हमें एक ऐसे फार्म हाउस में ले गए जो इसी मिल के स्वामित्व में आता है। वह फार्म हाउस सम्भवत: 150 एकड़ का था। महादेव बैठा ने बताया कि रामनगर और आसपास के इलाके में इस चीनी मिल के ऐसे कई प्लांट हैं, जिनका रकबा 150 से 250 एकड़ के बीच है। इन सभी फार्म हाउसों में गन्ने की खेती मजदूरों से करवाई जाती है।

औपनिवेशिक काल में फिजी, गुयाना और मॉरिशस में किस तरह गन्ने की खेती करवाई जाती थी, यह तो मैंने देखा नहीं, मगर उस फार्म हाउस को देखकर मुझे लगा कि शायद यही तरीका रहा होगा। फार्म हाउस का दफ्तर एक ऊँची चारदीवारी के बीच घिरा था, जिसमें चीनी मिल के कई स्टाफ रहते थे। उनमें से कुछ स्टाफ रोज मजदूरों को खेत पर ले जाकर मजदूरी करवाता था, कुछ सिपाही थे, जो पीतल की मूँठ वाली लाठी लेकर गाँव में यह देखने के लिए टहलते थे कि कहीं कोई उनके फार्म के खिलाफ गड़बड़ी तो नहीं कर रहा। कुछ पढ़े-लिखे स्टाफ के लोग थे, जो शायद हिसाब-किताब का काम देखते होंगे।

हमारे पास कैमरे थे और पत्रकार होने का आत्मविश्वास भी, मगर

उस सुनसान इलाके में हमें यह भय भी था कि ज्यादा पूछताछ करने पर ये लाठी वाले कारिन्दे हम पर हमला कर सकते हैं। महादेव बैठा भी अन्दर से डरे हुए थे। हालाँकि उन कारिन्दों ने हमें अपना काम करने दिया। एक मजदूर मड बूट पहने और कन्धे पर कुदाल लिये काम करके लौट रहा था। वह अन्दर जा रहा था, शायद कुदाल और मड बूट जमा करने। उसने बताया कि वह सुबह आठ बजे काम करने जाता है और शाम छह बजे लौटता है। इसी गाँव का रहने वाला है और उसे सौ रुपए रोज के हिसाब से मजदूरी दी जाती है।

"यह तो बहुत कम है, न्यूनतम मजदूरी से भी बहुत कम है?"

मेरे इस सवाल पर उसने कहा, "लेकिन रेगुलर काम मिल जाता है, यही सबसे अच्छी बात है।"

रेगुलर काम मिलने का इन्तजाम तो मनरेगा में भी है और मजदूरी भी उसमें अच्छी है।

"कहाँ मनरेगा में काम मिलता है। काम कराने के बाद भी साल-साल भर बाद पेमेंट आता है।"

"यहाँ पैसा रोज मिल जाता है?"

"नहीं, रोज नहीं मिलता, मगर मनरेगा जैसा लेट नहीं करता है ई लोग।"

बाद में हमें कुछ महिलाएँ ट्रैक्टर पर खेतों से लौटती मिलीं। उन्होंने कहा कि उन्हें 80 रुपए रोज की दर से मजदूरी मिलती है। कुछ बच्चे भी खेतों में काम करते हैं, उन्हें 60 रुपए रोज की दर से मजदूरी दी जाती है।

हालाँकि ट्रैक्टर पर बैठे फार्म के स्टाफ ने कहा कि ये औरतें झूठ बोल रही हैं। सबको हम लोग 150 रुपए रोज की मजदूरी देते हैं और बच्चों से काम नहीं करवाते। मगर उनकी बातचीत से ही लग रहा था कि वे नहीं चाहते कि सचाई सामने आए।

हमारे पास कई सवाल थे और ये स्टाफ के लोग किसी भी सवाल का जवाब देने के लिए तैयार नहीं थे। हर सवाल पर कहते थे हेडऑफिस

जाकर बात कर लीजिए, जो वहाँ से लगभग 30 किमी. दूर था। हालाँकि हम वहाँ भी गए, लेकिन वहाँ भी कोई जवाब नहीं मिला।

मेरा सबसे बड़ा सवाल था कि जब चीनी मिलों के लिए जमीन की सीलिंग है और वे 175 एकड़ से अधिक जमीन रख नहीं सकते तो हरिनगर चीनी मिल के पास 5200 एकड़ का फार्म कैसे है, सरकार इस मामले में कुछ क्यों नहीं करती?

पता चला कि सरकार करना चाहती भी है और करती भी है, मगर उससे कुछ हो नहीं पाता।

महादेव बैठा ने बताया कि पिछले साल तत्कालीन जिलाधिकारी लोकेश कुमार वर्मा ने आदेश दिया था कि हरिनगर चीनी मिल की 4200 एकड़ जमीन जिसे सरप्लस घोषित किया जा चुका है, गरीबों में बाँटी जाएगी। मगर इस आदेश के बाद चीनी मिल प्रबन्धन पटना हाईकोर्ट चला गया और मामला ठप पड़ गया। 2007 में ही तत्कालीन डीएम ने इस जमीन को सरप्लस घोषित किया था। तब से यह मामला अलग-अलग अदालतों में घूम रहा है। सरकार चाहकर भी इस जमीन को भूमिहीनों में बँटवा नहीं पा रही है।

इस पूरे मसले पर जेपी सेनानी और सत्याग्रही नेता पंकज ने सबसे सटीक जानकारी दी। उनका कहना था कि चम्पारण सत्याग्रह शताब्दी वर्ष के मौके पर मुख्यमंत्री नीतीश कुमार इन चीनी मिलों से जमीन लेकर भूमिहीन किसानों में बँटवाना चाहते थे, ताकि यह आयोजन सार्थक हो जाए। इसका एक मैसेज जाए, सिर्फ आयोजन और सेमिनार का कर्मकांड होकर न रह जाए। मगर वे चाहकर भी यह कर नहीं पाए।

दरअसल पंकज जी लम्बे समय से चम्पारण में जमीन के सवाल पर गांधीवादी तरीके से आन्दोलन कर रहे हैं। वे कई बार शान्तिप्रिय तरीके से जमीन पर कब्जा करने की कोशिश भी करते हैं, सरकार हर बार उनकी माँग पहले ही मान लेती है, मगर उसे पूरा नहीं कर पाती। चम्पारण सत्याग्रह शताब्दी वर्ष के मौके पर भी पंकज जी ने घोषणा की थी कि वे सत्याग्रहियों के साथ हरिनगर चीनी मिल के एक फार्म पर

कब्जा करेंगे। उनके मुताबिक उस वक्त मुख्यमंत्री नीतीश कुमार ने उन्हें और तत्कालीन भू-राजस्व मंत्री मदनमोहन झा को बुलाकर इस मसले पर बातचीत की थी। उस वक्त हरिनगर चीनी मिल का मामला भू-राजस्व मंत्री की ही अदालत में था। सीएम ने उस वक्त पंकज जी से कहा था कि वे निश्चिन्त रहें, सरकार खुद इस मौके पर चम्पारण के भूमिहीनों में जमीन बँटवाना चाहती है। उन्होंने भू-राजस्व मंत्री से भी कहा कि इस मामले का जल्द से जल्द निबटारा करें।

इस काम में थोड़ा विलम्ब जरूर हुआ, मगर मंत्री महोदय ने जमीन को सरप्लस घोषित करने के डीएम के आदेश के पक्ष में फैसला सुना दिया और उस वक्त के डीएम ने जमीन बाँटने की घोषणा भी कर दी। मगर इससे पहले कि सरकार कोई कदम उठा पाती, चीनी मिल के मालिक मामले को लेकर हाईकोर्ट चले गए और इस बँटवारे पर स्टे लग गया।

पंकज जी उलझन भरे स्वर में कहते हैं कि बिहार में सबसे बड़ी दिक्कत यही है। यहाँ जमीन से जुड़ी नौ किस्म की अदालतें हैं और मामला एक अदालत से दूसरी अदालत में घूमता रहता है। एक जगह आप लड़कर भूमिहीनों के पक्ष में फैसला हासिल करते हैं तो दूसरा पक्ष मामले को दूसरी अदालत में लेकर चला जाता है। भूमिहीनों के पक्ष में न्याय हो ही नहीं पाता। जबकि दूसरे राज्यों में तीन या चार अदालतें ही हैं। यहाँ के भू-धारी और चीनी मिल मालिक इसी बात का फायदा उठा रहे हैं। वे चाहते हैं कि सरकार दूसरे राज्यों की तरह ही बिहार में कानून में संशोधन करके जमीन के मामलों की सुनवाई के लिए तीन अदालतें तय कर दे। मगर सरकार के पास इस मसले के लिए फुरसत नहीं है।

बहरहाल महादेव बैठा और पंकज जी से बातचीत कर हम सरप्लस जमीन के सवाल को लेकर रामनगर स्थित हरिनगर चीनी मिल प्रबन्धन के कार्यालय में गए। उन्होंने हमें अच्छी चाय पिलाई और मीठी बातें की, मगर सवालों का जवाब टाल गए। उन्हें मालूम है कि उन्होंने भारतीय

संविधान के भीतर अपने लिए गुंजाइश तलाश ली है। यही वजह है कि चम्पारण में आज भी जमींदार और नीलहे प्लांटर हैं और भूमिहीन किसान चाहकर भी अपना हक हासिल कर नहीं पा रहे। न ही यह लोकतंत्र उन्हें उनका हक दिला पा रहा।

2

उस बुजुर्ग के हाथ में बीस एकड़ जमीन के टुकड़े का एक नक्शा था, उस नक्शे में 400 छोटे-छोटे खाने बने हुए थे। ये खाने चार-चार डिसमिल के थे। 25 साल पहले बाढ़ और कटाव की वजह से बेघर हुए बलकुंडा गाँव के 400 परिवारों के लिए ये खाने ही इकलौती उम्मीद की रोशनी थी। इन खानों में एक रोज उनका भी घर होगा, यही उनका सपना था। घर होगा तो सब कुछ आसान हो जाएगा। मजदूरी मिलेगी, बच्चे स्कूल जा पाएँगे। सरकारी योजनाओं का लाभ मिलेगा। कात्यायनी मन्दिर के पास छोटी-मोटी दुकान खोली जा सकेगी।

लेकिन खगड़िया जिले के बलकुंडा गाँव के मास्टर जी शिवनन्दन सिंह के हाथ में पड़ा यह नक्शा जमीन पर उतर ही नहीं रहा था। जमीन एक्वायर कर ली गई थी, भू-मालिकों को बाजार मूल्य से तीन-चार गुना तक ज्यादा मुआवजा दिया जा चुका था। जमीन पर नक्शे के हिसाब से प्लॉट काटे जा चुके थे। मगर कब्जा नहीं मिल पा रहा था, क्योंकि उस जमीन पर दबंगों का कब्जा था और सरकार जाहिर कर रही थी कि वह बेबस है।

बलकुंडा खगड़िया जिले के चौथम प्रखंड का हिस्सा है। यह गाँव उस कुख्यात धमहरा स्टेशन के पास है, जहाँ दो बार भीषण रेल दुर्घटना हो चुकी है। इस इलाके में पहुँचने के लिए आज तक सड़क नहीं बन पाई, लोग पुरानी रेल पटरियों के सहारे आना-जाना करते हैं और कोसी-बागमती की उछाल मारती लहरों को देखते हुए दम साधकर रेलवे पुलों से गुजरते हैं। उस दुर्गम दुनिया में रह रहे चार सौ परिवार पच्चीस साल से

अपनी बसाहट तलाश रहे हैं। बागमती में 1994-95 में आई एक भीषण बाढ़ ने उनके गाँव को डुबा दिया था। तब से वे बेघर हैं। वे रेल पटरियों के किनारे, नहर के कछार पर और न जाने किस-किस जगह पर बसे हैं। तब से वे सरकार के पास लगातार गुहार लगा रहे हैं कि उन्हें बसने के लिए थोड़ी सी जमीन दी जाए।

मैं उस अभागे गाँव में दो बार जा चुका हूँ, जो अब जमीन पर नहीं बल्कि एक नक्शे में ही बचा है। पहली दफा 2013 में जब मैं सीएसडीएस के मीडिया फेलोशिप के तहत उस इलाके की दुश्वारियों का अध्ययन कर रहा था। दूसरी दफा 2016 में जब मैं बिहार में भूमिहीनों के सवाल पर बड़ी स्टोरी करने की कोशिश कर रहा था। दोनों बार शिवनन्दन सिंह मेरे आगे यह नक्शा लेकर खड़े हो गए थे। वे कहते, अब आप ही लोग चाहेंगे तो हम लोगों का गाँव बस सकेगा। मैं उन्हें बताता कि मास्टर जी मैं तो अदना सा पत्रकार हूँ, लिख देना ही मेरे बस में है। तो वे कहते, आप लिख दीजिएगा तो जरूर हो जाएगा। दोनों दफा मैंने बलकुंडा की कहानी लिखी और संयोग ऐसा रहा कि दोनों बार यह खबर छपी। अमूमन ऐसा होता नहीं है, सम्पादक यह कहकर खबर को रिजेक्ट कर देते हैं कि आपकी यह रिपोर्ट तो तीन साल पहले छपी ही थी। मगर इस खबर का सौभाग्य था कि इस बीच सम्पादक बदल गए थे, नए सम्पादक को भी मैंने यह खबर लिखकर दी और मेरा दाँव कामयाब रहा। मगर जैसा कि मैं जानता था, खबर छपने के बाद भी बलकुंडा का मसला नहीं सुलझा।

मैं जानता था कि मास्टर जी हर किसी को यही कहते हैं कि आप चाहेंगे तो हो जाएगा। वे बीते ढाई दशक में अमीन से लेकर सीओ तक और मुखिया से लेकर चीफ मिनिस्टर तक सबके सामने इसी तरह हाथ जोड़ चुके हैं।

शिवनन्दन सिंह शिक्षक नहीं हैं, वे इन चार सौ परिवारों के लिए नेताजी हैं। मगर वे अपने गेटअप से किसी रिटायर स्कूल मास्टर की

तरह दिखते हैं, इसलिए मैं उन्हें मास्टर जी कहता हूँ। उनके तमाम अनुनय-विनय का नतीजा यह निकला कि 1998 में इस बस्ती के लिए 20 एकड़ जमीन एक्वायर करने का फैसला लिया गया। तब लोगों को लगा कि बहुत जल्द अब उनके दिन फिर जाएँगे। मगर यह फैसला महज दिलासा ही साबित हुआ।

पहली दफा 2013 में जब मैं बलकुंडा गया था तो गाँव बहुत छोटे नहर के किनारे बसा था। आधा-आधा डिसमिल में एक-एक परिवार की झोंपड़ी थी, जहाँ औसतन दस-दस सदस्यों वाले परिवार रहते थे। उस छोटी सी जगह में उन्होंने दरी बिछवाई, कहीं से कुर्सी का जुगाड़ किया और लोगों को जुटाकर अपनी विपदा की कहानी सुनाई। उस रोज उस बेघर बस्ती के लोगों ने मुझे एल्युमिनियम के गिलास में दही का शर्बत पिलाया था। उस स्वाद को और उस भाव को मैं आज तक भूल नहीं पाता और न ही लोगों के आँखों में बसी उम्मीद को। उन्हें लगा था कि अगर कोई पत्रकार इस दुर्गम इलाके में बसी उनकी बस्ती तक आ सकता है, तो जरूर उसके लिखे का लाभ होगा। रेलवे के तीन पुलों को बाइक से पार करने का खतरनाक काम करते हुए हम उस गाँव पहुँचे थे।

उस रोज शिवनन्दन सिंह ने बताया था कि उनके गाँव के लिए सिर्फ जमीन एक्वायर करने में चौदह साल लग गए। 2012 में भू-मालिकों को ग्यारह लाख रुपए प्रति एकड़ के हिसाब से मुआवजा देकर उनसे 20 एकड़ जमीन हासिल की गई। जबकि उस वक्त उस जमीन का बाजार मूल्य 3-4 लाख रुपए प्रति एकड़ से अधिक नहीं था। दरअसल यह जमीन सात भू-स्वामियों से हासिल की गई थी, जिनके रुतबे का असर मुआवजे पर जरूर पड़ा होगा।

2016 में मैं जब दुबारा उनसे बदला घाट रेलवे स्टेशन के पास एक होटल में मिला तो उन्होंने बताया कि जिस बीस एकड़ जमीन को पुनर्वास के लिए एक्वायर किया गया था, उस पर स्थानीय दबंगों ने कब्जा कर लिया है। उन्होंने कहा, 9 जुलाई, 2013 को डीसीएलआर, एसडीओ, चौथम और मानसी के सीओ, दो थानों की पुलिस और सात

अमीनों समेत बड़ा सरकारी अमला यहाँ के गरीब परिवारों को बसाने के लिए बलकुंडा पहुँचा था। मगर उस वक्त इन दबंगों द्वारा लाई गई कुछ महिलाएँ जमीन पर लेट गईं और अमीनों को जमीन नापने नहीं दिया। महिलाओं को देखकर अधिकारियों के हाथ-पाँव फूलने लगे। कहने लगे कि 15 दिन बाद महिला पुलिस को लेकर आएँगे। अभी इन महिलाओं से लड़ना ठीक नहीं। इतना कहकर पूरी टीम लौट गई और बेघर लोग ठगे रह गए।

26 नवम्बर, 2014 को शिवनन्दन सिंह डीएम के जनता दरबार में इस मामले को लेकर गए थे। तब जिलाधिकारी ने अगले रोज एक पत्र (पत्रांक 2453) जारी कर कहा कि दखल कब्जा अंचलाधिकारी, चौथम के जिम्मे है। लाभार्थियों को बसाने की कार्रवाई अब अंचलाधिकारी से अपेक्षित है। मगर सीओ बार-बार अनुरोध करने पर भी इस मामले में कोई भी कार्रवाई करने के लिए तैयार नहीं हुए।

बलकुंडा के ही एक युवक टुनटुन राम ने बताया, "अधिकारी 15 दिन की बात कहकर गए थे, मगर तीन साल भर बीतने के बावजूद नहीं आए। बार-बार कहने पर भी कोई सुनवाई नहीं हुई। फिर पीड़ित परिवारों ने सोचा कि क्यों न खुद जाकर अपने हिस्से की जमीन कब्जा ली जाए। लोग दल बाँधकर गए और उस जमीन पर झोंपड़ी बनाने लगे। मगर दबंगों को जैसे खबर मिली, वे हथियार लेकर पहुँच गए और घेरकर गोलीबारी करने लगे। भयभीत लोगों ने पुलिस को फोन किया। फिर पुलिस आई तब जाकर उन लोगों की जान बची। उस मामले में 22 लोगों पर नामजद केस भी हुआ। मगर वे लोग पकड़े नहीं जा सके।"

मैंने तत्कालीन सीओ से फोन पर बलकुंडा के मामले में बातचीत की तो वे इस पूरे मामले से अनजान नजर आए। उन्होंने कहा कि बलकुंडा का मामला बहुत पुराना है, भू-अर्जन का मामला जिला पदाधिकारी ही देखते हैं। भू-अर्जन काफी तकनीकी काम है, इसमें वक्त लगता है। जब उन्हें मैंने बताया कि भू-अर्जन हो चुका है और प्लॉटिंग भी की जा चुकी है। काम सिर्फ लोगों को कब्जा दिलाने का है और जिलाधिकारी ने यह

जिम्मा उन्हें सौंपा है, तो वे कहने लगे, सच यही है कि मैं छह माह पहले यहाँ आया हूँ और बलकुंडा मामले की मुझे ठीक से जानकारी नहीं है।

इसके बाद मास्टर साहब से मेरी दुबारा मुलाकात नहीं हुई। 2019 के लोकसभा चुनाव में धमहरा जाना हुआ, मगर मास्टर साहब ने मुझे जो फोन नम्बर दिया था, वह लगा नहीं। पिछली दफा उन्होंने कहा था कि बलकुंडा के 400 परिवार अब दूसरी जगह रहने लगे हैं, इसलिए पुराने ठिकाने पर उन्हें ढूँढ़ने का कोई फायदा नहीं था। वक्त की भी कमी थी। मगर ऐसा लगता नहीं है कि अब भी 400 परिवार उस जगह बस पाए होंगे। अगर बस गए होंगे तो यह मेरे लिए सबसे बड़ी खुशखबरी होगी।

3

2016 की बात है। पूर्णिया जिले के मरंगा गाँव और न्यू सिपाही टोला के बीच के बियाबान में बने एक झोंपड़े के आगे एक टेंट लगा था। इस टेंट के नीचे एक एसआई (सब इंस्पेक्टर) और चार सिपाही जनवरी की भीषण ठंड में पुआल से बने बिछावन पर चिथड़ी रजाई ओढ़े लेटे हुए थे। इन पर एक दलित परिवार को इस इलाके के सबसे कुख्यात अपराधी अवधेश मंडल के कहर से बचाने की जिम्मेदारी थी। अवधेश मंडल को फैजान अपराधी गिरोह का सरगना बताया जाता है। वह बिहार सरकार में मंत्री और रुपौली की विधायक रहीं बीमा भारती के पति हैं। उन पर 46 आपराधिक मुकदमे चल रहे हैं, इनमें से ज्यादातर हत्या, अपहरण और रंगदारी के हैं। दलित परिवार के मुखिया चंचल पासवान की हत्या का मामला भी उन्हीं मुकदमों में से एक है। मरहूम चंचल पासवान के पुत्र सुनील पासवान ने कहा था कि पिछले दिनों अवधेश मंडल ने खुद आकर उन्हें और उनकी माँ को धमकाया था कि या तो उनके पक्ष में गवाही दें या वे पूरे खानदान को खत्म कर देंगे।

गौरतलब है कि इसी मामले में पिछले दिनों अवधेश मंडल की गिरफ़्तारी मरंगा थाना में हुई थी। मगर आरोप है कि उनकी पत्नी और तत्कालीन जदयू विधायक बीमा भारती और जदयू सांसद सन्तोष कुशवाहा की मौजूदगी में और उनकी मदद से अवधेश मंडल थाने से भाग गए। हालाँकि मीडिया में इस मामले से जुड़ी खबरें आने के बाद पुलिस ने दबिश तेज कर दी और अवधेश मंडल को फिर से गिरफ़्तार कर लिया गया। मगर इस बीच यह दलित परिवार जो पिछले दो दशक से अवधेश

मंडल के कहर का शिकार हो रहा था, दहशत में आ गया और वह इस इलाके से पलायन करने की तैयारी करने लगा। इन हालात में पुलिस की ओर से इस परिवार को खास सुरक्षा दी गई थी।

उन दिनों मैं संयोग से अपने गृह जिले पूर्णिया में ही किसी और खबर के सिलसिले में था। जब मुझे इस मामले की जानकारी हुई तो मैं अपने भाई बासुमित्र के साथ वहाँ पहुँच गया।

वहाँ टीन के छप्पर के नीचे आग सेंकते और भीषण ठंड से मुकाबला करते इन राइफलधारी पुलिसकर्मियों को देखकर दया ही आई। वे ठंड से ही मुकाबला करने में लस्त-पस्त थे। अगर अवधेश मंडल का कोई चेला आ जाता तो वे उनसे मुकाबला कर भी पाते या नहीं कहना मुश्किल था।

हमारे आने की खबर मिली तो 37 वर्षीय सुनील पासवान झोंपड़े से बाहर आए। कहने लगे, "1988 में सारा झमेला तब शुरू हुआ जब मेरे पिता समेत 60-70 भूमिहीन दलित परिवारों को जिले के भवानीपुर प्रखंड के डुमरा में सरकार की ओर से जमीन दी गई। वह 110 एकड़ का प्लॉट था, जो वहाँ के जमींदार नुनू राय से लैंड सीलिंग के तहत लिया गया था। जब दलित परिवारों को खेती करने के लिए वह जमीन दी गई, तो स्थानीय दबंगों की बुरी निगाह उस जमीन पर पड़ने लगी।"

सुनील ने आगे बताया, "पट्टाधारी लोग पाँच साल भी जमीन जोत नहीं पाए थे कि अवधेश मंडल के फैजान गिरोह ने दलितों को डरा- धमका कर जमीन छीननी शुरू कर दी। शुरुआत में उन्होंने 25 बीघा जमीन पर कब्जा किया। मेरे बड़े बाबूजी कैलाश पासवान और पिता चंचल पासवान हमेशा इन लोगों का विरोध करते थे। थाना-पुलिस और सरकारी अधिकारियों से जमीन छीने जाने की शिकायत करते थे। हालाँकि किसी भी अधिकारी ने दबंगों के खिलाफ कार्रवाई करने की हिम्मत नहीं की, मगर फैजान गिरोह वाले हमसे और खफा हो गए। अक्सर घर आकर हम लोगों को धमकाने लगे। इन्हीं हालात में 2004 में पहले बड़े बाबूजी की हत्या कर दी गई और फिर 2005 में मेरे पिता चंचल पासवान की।

“बड़े बाबूजी की हत्या के बाद हम लोग काफी भयभीत थे, इसलिए ठीक से अपना पक्ष नहीं रख पाए। मगर पिताजी की हत्या के बाद हमें समझ में आ गया कि लड़े बग़ैर कोई उपाय नहीं है, कब तक इनके जुल्मों को सहा जाए।

दस साल पहले हुई उस वारदात को याद करते हुए सुनील ने बताया कि एक रात कुछ लोग उनके घर आए। उन लोगों ने पिताजी से कहा कि जमीन का मामला निबटाने के लिए पूर्व विधायक बीमा भारती उन्हें बुला रही हैं। उस वक्त बिहार में राष्ट्रपति शासन लागू था। पिताजी को लगा कि इन लोगों को ईश्वर ने सद्‍बुद्धि दे दी है, पत्नी राजनीति में आ गई है, इसलिए आपराधिक गतिविधियों से खुद को दूर रखने की कोशिश कर रहे हैं। वे चले गए। मगर बाद में पिताजी की लाश मिली। सुनील ने कहा, “इसके बाद हम लोगों ने गाँव छोड़ दिया और अपने ननिहाल मरंगा में शरण ले ली। तब से यहीं हैं। इस बीच फैजानों ने डुमरा में दलितों को मिली सारी जमीन पर कब्जा कर लिया।”

अचानक फिर से यह मामला कैसे शुरू हुआ, इसकी कहानी बताते हुए सुनील ने कहा, “दरअसल दस साल बाद अब जाकर इस मामले की सुनवाई शुरू हुई है और अब मेरी माँ सोनिया देवी की गवाही होनी है। अवधेश मंडल और फैजान गिरोह के दूसरे लोग कई दिनों से फोन पर और हमारे घर आकर धमकी दे रहे हैं कि या तो हम उनके पक्ष में गवाही दें या वे पूरे खानदान को मिटा देंगे। अवधेश मंडल तो पहले से खूँखार अपराधी है, अब उसको अपनी विधायक पत्नी और जदयू सांसद सन्तोष कुशवाहा का भी साथ मिल गया है। ऐसे में हमारे परिवार के लोग डरते रहते हैं कि न जाने क्या हो। और तो और बीमा भारती ने हम लोगों पर मुकदमा कर दिया है कि हमने अवधेश मंडल को जान से मारने की कोशिश की है। बताइए, हम लोग अवधेश मंडल को छू भी सकते हैं क्या?”

रोचक तथ्य यह है कि 1988 में दलितों को बाँटी गई भवानीपुर की वह 110 एकड़ जमीन आज भी अवधेश मंडल के कब्जे में है और

उसके फैजान गिरोह के लोग उस पर खेती करते हैं। 2015 के विधानसभा चुनाव से पहले भवानीपुर प्रखंड के अधिकारियों ने उस जमीन पर दलितों को दखल दिलाने की कोशिश की थी, मगर अवधेश मंडल ने उस वक्त अंचल कार्यालय में घुसकर अधिकारियों के साथ मारपीट की थी। डरकर अधिकारियों ने उस काम से अपने हाथ खींच लिया। विडम्बना तो यह है कि कथित तौर पर अवधेश मंडल के फैजान गिरोह की स्थापना जमींदारों से जमीन छीनकर गरीबों के बीच बाँटने के नाम पर की गई थी। मगर गिरोह खुद दलितों की जमीन छीनने लगा। भवानीपुर के डुमरा में आज भी वे दलित परिवार भूमिहीन हैं, उन्होंने उस जमीन की आस तकरीबन छोड़ दी है। इस घटना के बाद सुनील और उसके पाँच भाइयों समेत पूरा परिवार इस उम्मीद में था कि मामले के हाईलाइट होने पर मुख्यमंत्री नीतीश कुमार इसमें हस्तक्षेप करेंगे। उन्हें उनके पिता की हत्या का न्याय मिलेगा और दलितों को दबंग के खौफ से मुक्ति। मगर जैसा कि हम सब जानते हैं, उस घटना के कई वर्ष बीत चुके हैं। इन दलितों के पक्ष में सरकार ने कोई एक्शन नहीं लिया है। हाँ, 2020 के चुनाव के ऐन पहले नीतीश जी ने यह घोषणा जरूर की है कि राज्य में किसी दलित की हत्या होने पर उसके परिजनों को सरकारी नौकरी दी जाएगी।

जमीन के सवाल से जुड़ी ये कहानियाँ बिहार में दलितों-महादलितों की मुश्किलों को उजागर करती हैं, साथ ही सरकारी सदिच्छाओं की सीमा को भी बेपर्दा करती हैं। यह जगजाहिर है कि बिहार में दलित जातियों के लोगों के बीच भूमिहीनता बड़ी समस्या है। आजादी के बाद से ही भूमिहीनता खत्म करने के लिए कई योजनाएँ सरकारी स्तर पर चलाई जाती रही हैं। इनमें लैंड सीलिंग को महत्त्वपूर्ण माना जाता रहा है। भूदान आन्दोलन की भी महत्त्वपूर्ण भूमिका रही है। मगर फिर भी भूमिहीनता जस की तस रह गई।

हाल के वर्षों में बिहार सरकार के भूमि एवं राजस्व विभाग ने दो महत्त्वपूर्ण योजनाएँ चलाई हैं—1. ऑपरेशन बसेरा—इसके तहत भूमिहीनों को 5 डिसमिल जमीन देने का प्रावधान है। 2. ऑपरेशन दखल दिहानी—

इसके तहत उन लोगों को भूमि पर कब्जा दिलाना है, जिन्हें सरकार पूर्व में जमीन दे चुकी है, मगर दबंगों ने उनकी जमीन पर कब्जा कर रखा है।

ऑपरेशन भूमि दखल दिहानी की मियाद 2016 के जून महीने में पूरी हो गई थी, दिसम्बर, 2016 तक के लिए अतिरिक्त समय दिया गया, वह मियाद भी खत्म हो चुकी है। फिर भी तय लक्ष्य के मुकाबले 60 फीसदी लोगों को ही कब्जा दिलाया जा सका है, 40 फीसदी परिवार पर्चा रहने के बावजूद आज भी बेदखल हैं। उनकी जमीन पर जगह-जगह दबंगों का कब्जा है।

ऐसा ही हाल भूमिहीनों को चिह्नित कर जमीन का परचा बाँटने के योजना अभियान बसेरा का है। इसमें भी लक्ष्य का 55 फीसदी ही बमुश्किल हासिल किया जा सका है।

ऑपरेशन भूमि दखल दिहानी

- कुल चिह्नित परचाधारी—1734559
- ऐसे लोग जिन्होंने शिकायत की कि उन्हें उनकी जमीन से बेदखल कर दिया गया है—23008
- जिन्हें दखल दिलाया गया—73860

दिसम्बर, 2016 तक के ये आँकड़े राजस्व एवं भूमि सुधार विभाग, बिहार सरकार से मिले हैं। हालाँकि ये आँकड़े भी पूरी तसवीर नहीं दिखाते, क्योंकि कई लोग ऐसे भी हैं, जिन्होंने दबंगों के भय से सरकार के पास शिकायत ही नहीं की है।

अभियान बसेरा

	कुल	दलित	आदिवासी
सर्वेक्षित बेघर परिवार	109045	78573	3665
भूमि उपलब्ध कराया गया	56046	36319	1777
शेष परिवार	52999	30018	1888

4

यह कहानी भी जमीन से सम्बन्धित ही है, मगर थोड़ी अलग है। यह उस अजीबोगरीब परिस्थिति को सामने लाती है, जिसकी वजह से आजादी के 72 साल बाद भी बिहार के चम्पारण इलाके में एक राजा के नाम पर जमींदारी कायम है। रजवाड़े मिट गए, देश आजाद हो गया, मगर आज भी रोज बेतिया शहर में बेतिया स्टेट की जमींदारी कचहरी लगती है। यहाँ हर रोज सैकड़ों रैयत पहुँचते हैं, लगान चुकाते हैं, जमीन के लिए बोली लगाते हैं, कागजात तलाशते हैं।

यह राजदरबार बिहार सरकार के अधिकारियों-कर्मचारियों द्वारा लगाया जाता है। ऐसा इस वजह से हो रहा है कि बेतिया राज पिछले 123 साल से कोर्ट ऑफ वार्ड के अधीन है। अंग्रेजों ने बेतिया राज पर कब्जा करने के लिए छल से इस कानून का इस्तेमाल किया था। इसी कानून की वजह से पूरा चम्पारण इलाका नीलहे अंग्रेजों के कब्जे में आ गया था। नील की खेती तो काफी पहले खत्म हो गई, मगर यह काला कानून आज भी जारी है। तकनीकी तौर पर आज भी बेतिया राज के वारिस की तलाश हो रही है, जिसे यह राज सौंपा जा सके। मगर चूँकि वारिस मिल नहीं रहा, इसलिए कोर्ट ऑफ वार्ड खत्म हो नहीं रहा और राजशाही जारी है और जब तक वारिस नहीं मिलेगा, यह प्रथा कायम रहेगी।

चम्पारण और नील विद्रोह के इतिहास से अवगत रहने वाला कोई भी व्यक्ति यह जानता है कि ब्रिटिश सरकार का कोर्ट ऑफ वार्ड कानून ही उस जमाने में चम्पारण की कंगाली व बदहाली का कारण बना था। बेतिया राज पर काफी कर्ज हो गया था, जिसे चुकाने के लिए 85 लाख

रुपए का कर्ज लिया गया और 1897 में बेतिया राज पर कोर्ट ऑफ वार्ड लगाया गया था, यह कहते हुए कि अब बेतिया राज का कोई वैध वारिस नहीं बचा। और कोर्ट ऑफ वार्ड के जरिए बेतिया राज की कमान सँभालने वाले अंग्रेज मैनेजर ने राज की सारी जमीन यूरोपियन इंडिगो प्लांटरों को इसलिए ठेके पर दे दी कि उससे होने वाली आमदनी से कर्ज की भरपाई हो सके।

वैसे तो अंग्रेजों के समय में कुछ और राज्यों में कोर्ट ऑफ वार्ड लगा था, जो एक या दो साल तक चला। मगर बेतिया राज पर लगा यह कोर्ट ऑफ वार्ड पिछले 123 सालों से लागू है। वह आज की तारीख़ में देश का इकलौता कोर्ट ऑफ वार्ड है, जो आजादी के बाद भी चल रहा है और उसकी आड़ में राज की सम्पत्ति की लूट लगातार जारी है।

2017 में जब बिहार सरकार ने नीलहों के अत्याचार से मुक्ति के लिए चले चम्पारण सत्याग्रह के शताब्दी वर्ष का आयोजन किया, उस वक्त भी कोर्ट ऑफ वार्ड का लागू होना हमारी शासन व्यवस्था पर एक सवालिया निशान की तरह था। हालाँकि सरकार ने इसे स्वीकार नहीं किया।

बेतिया राज के कर्मचारियों से मिली जानकारी के मुताबिक, इस समय राज के पास 4632 एकड़ 31 डिसमिल जमीन है, जो मुख्यतः पश्चिम और पूर्वी चम्पारण जिले में है। थोड़ी-थोड़ी जमीन सारण, गोपालगंज, सीवान और पटना जिलों में भी है। नियमानुसार हर साल इस जमीन की डाक(नीलामी) होती है और किसानों को 4000 रुपए प्रति एकड़ की दर से जमीन दी जाती है। बेतिया राज की व्यावसायिक सम्पत्तियों को भी 30 साल की लीज पर लोगों को दिया गया है, जिससे किराए के रूप में निश्चित रकम वसूली जाती है। जानकार बताते हैं कि पहले बेतिया राज के पास काफी जमीन हुआ करती थी, यह बिहार के अलावा यूपी के गोरखपुर और इलाहाबाद जैसे शहरों में भी थी। मगर जमीन पर धीरे-धीरे कब्जा होता गया और सम्पत्ति लगातार घटती रही।

बेतिया राज के पास सिक्के और गहने भी प्रचुर मात्रा में थे, जिन्हें राज की कचहरी के परिसर स्थित खजाने में रखा जाता था। मगर 1990

में चोरों ने खजाने की छत काटकर यह सारी सम्पत्ति चुरा ली। कोर्ट ऑफ वार्ड के जरिए इस विरासत की रक्षा करने वाले सरकारी अधिकारी इसे बचाने में नाकाम रहे।

आज पूर्वी चम्पारण के रक्सौल और ढाका में जो लोग राज की जमीन पर बसे हैं, उनसे किराया नहीं वसूला जा पा रहा है। मधुवलिया में 32 एकड़ जमीन तो पहले ही कब्जा की जा चुकी है। इस कचहरी के एक पूर्व कर्मी ने बताया कि मोतीहारी में जो राज की चीनी मिल है और जिसे किराए पर दिया गया है, वहाँ से भी किराए की वसूली नहीं हो पा रही है। यह कौन सी चीनी मिल है, इसका पता नहीं चल पाया।

त्रासदी यह भी है कि जब कोर्ट ऑफ वार्ड लगा था तब राज के पास कितनी सम्पत्ति थी और अब कितनी बची है, इसका भी कोई सटीक रिकॉर्ड नहीं है। ऐसे में लूट की छूट हर किसी को है।

इस सम्पत्ति पर कई लोगों ने वारिस के रूप में दावा किया था। 1980 में सुप्रीम कोर्ट ने इन तमाम दावों को निरस्त कर [illegible] से कहा कि अगर कोई और दावेदार हो, तो पेश करे, वरना राजगामीत्व की प्रक्रिया अपनाकर राज की सम्पत्ति को सरकारी खजाने में शामिल कर ले। 1986 में बिहार सरकार ने पटना हाईकोर्ट में अपील की कि अब और कोई दावेदार नहीं है, अतः राजगामीत्व की प्रक्रिया शुरू करने की इजाजत दी जाए। मगर फिर कुछ लोगों ने दावा कर दिया। वे दावे 1995 में खारिज हो गए, तो बिहार सरकार ने फिर से प्रथम अपील की। मगर वह केस आज तक पेंडिंग है। 24 साल बीत चुके हैं। इन 24 सालों में बेतिया राज की सम्पत्ति कितनी घटी, यह कोई पूछने वाला नहीं।

ऐसा नहीं था कि बेतिया राज का कोई वारिस नहीं था। 26 मार्च, 1893 को आखिरी राजा हरेन्द्र किशोर सिंह की मृत्यु होने के बाद उनकी पहली रानी शिवरतन कुँवर ने राजगद्दी सँभाली थी। 1896 में रानी शिवरतन कुंवर की मृत्यु के बाद राजा हरेन्द्र किशोर सिंह की दूसरी पत्नी जानकी कुँवर ने सत्ता सँभाली।

मगर अंग्रेजों ने पहले उन्हें गणित में कमजोर बताकर सत्ता से दूर रखा। फिर उन्हें विक्षिप्त बताकर हमेशा के लिए बेतिया राज की कमान उनसे छीन ली। वे काफी दिनों तक जीवित रहीं और इलाहाबाद में बेतिया राज के महल में उन्होंने अपना बाकी का जीवन गुजारा।

2017 में मैं इस मामले की जानकारी जुटाने के लिए बेतिया गया था। तब इससे सम्बन्धित एक खबर भी लिखी, जो प्रभात खबर अख़बार में छपी। इस खबर के प्रकाशन के बाद बेतिया राज का एक दावेदार सामने आ गया। उसके वकील ने मुझसे सम्पर्क किया और कहा कि वे काफी पहले इलाहाबाद में यह मुकदमा जीत चुके हैं कि बेतिया राज की सम्पत्ति उनकी है। और अब मेरी खबर पढ़ने के बाद उन्होंने बिहार सरकार के पास दावा भी किया है कि उनकी सम्पत्ति उन्हें लौटाई जाए।

बिहार सरकार के भू-राजस्व विभाग में जब मैंने इस बारे में पता किया तो मुझे बताया गया कि ऐसा दावा तो किया गया है, और यह भी सच है कि इलाहाबाद में चल रहे मामले में सरकार का पक्ष रखने के लिए जो व्यक्ति नियुक्त किया गया था उसने सरकार का पक्ष रखने में लापरवाही कर दी। अब वे फिर से इस मामले की सुनवाई में जुट गए हैं।

बेतिया राज की सम्पत्ति को लेकर हो रहे दावे-प्रतिदावे एक तरफ, मगर मूल सवाल यह है कि कानूनी पचड़े में फँसा यह मामला आज भी बेतिया में जमींदारी वाली स्थिति को कायम रखने में मददगार साबित हो रहा है।

एमए में लेके एडमिशन, कम्पिटीशन देता

पढ़ाई, तैयारी, बेरोजगारी और पलायन

मनोज तिवारी जब अपनी गायकी के उरूज पर थे, तब उनका यह गीत—एमए में लेके एडमिशन, कम्पिटीशन देता—बहुत लोकप्रिय हुआ। सरकारी के बदले प्राइवेट स्कूल में पढ़ना, कॉलेज में एडमिशन लेकर कोचिंग में जाना, पढ़-लिखकर सरकारी नौकरी के फार्म भरना, इंटरमीडिएट से ही कम्पिटीटिव एग्जाम की तैयारियों में जुट जाना, पहले इंजीनियरिंग-मेडिकल, फिर यूपीएससी-बीपीएससी, बैंक क्लर्क-पीओ, एस.एससी., यहाँ तक कि रेलवे के ड्राइवर और गार्ड तक की नौकरी— कोई कुछ भी छोड़ने के लिए तैयार नहीं है। पिछले दिनों खबर आई कि एक आईआईटी पास लड़के ने रेलवे में फोर्थ ग्रेड की नौकरी कर ली है। एनडीटीवी इंडिया के लिए जाने-माने पत्रकार रवीश कुमार ने बिहार के विश्वविद्यालयों की लेटलतीफी और प्रतियोगिता परीक्षाओं की तैयारी करने वाले छात्रों की समस्या पर खूब रिपोर्ट की है। उसे दुहराना अब बेमतलब है। इसलिए इस अध्याय में एक अलग ही कथा है।

यह 2018 की बात है। उन दिनों बिहार के प्लस टू स्कूलों में एडहॉक टीचर की बहाली के लिए सरकार आवेदन माँग रही थी। दिलचस्प है कि इस जॉब के लिए तकरीबन हर जिले से हजारों की संख्या बी.टेक में डिग्रीधारियों ने आवेदन किया। यह संख्या औसतन हर जिले में दस हजार के करीब पहुँच गई थी। यह अपने आप में न सिर्फ हैरत में डालने वाला, बल्कि भयभीत करने वाला तथ्य था। जिस पद के लिए सामान्य बी.ए.-एम.ए. और बी.एड डिग्री वाले लोगों की जरूरत थी, वहाँ बी.टेक डिग्रीधारी आवेदन कर रहे थे। जाहिर था कि बिहार में अमूमन तीन से चार लाख बी.टेक डिग्रीधारी न सिर्फ बेरोजगार थे, बल्कि सरकारी स्कूल की कुछ हजार रुपए की अस्थायी नौकरी करने के लिए भी लालायित थे। यह सवाल इसलिए भी गम्भीर लग रहा था, क्योंकि इन तमाम छात्रों ने औसतन सात से आठ लाख रुपए खर्च कर देश के अलग-अलग इलाकों में बी.टेक की पढ़ाई की थी। उन इंजीनियरिंग कॉलेजों में जो शत प्रतिशत प्लेसमेंट का दावा करते हैं।

यह खबर आने के बाद मैंने सोशल मीडिया के जरिए राज्य के बी.टेक डिग्रीधारी छात्रों से सम्पर्क किया, ताकि समझ सकूँ आखिर जिस बिहार में कलेक्टर के बाद सबसे बड़ा साहेब इंजीनियर माना जाता था, इंजीनियर लड़के शादी के लिए पहली पसन्द हुआ करते थे, वहाँ ऐसी स्थिति क्यों उत्पन्न हो गई? जब मैंने राज्य के बी.टेक पास युवाओं से बातचीत की, तो चौंकाने वाली कहानियाँ सामने आईं। लोग बताने लगे कि किसी भी प्राइवेट इंजीनियरिंग कॉलेज के किसी

भी बैच से अधिकतम 10 प्रतिशत छात्रों का ही प्लेसमेंट हो पा रहा है। शेष छात्र हर साल बेरोजगारों की फौज में शामिल हो जाते हैं। इनमें से कुछ कॉल सेंटर की नौकरी करने लगते हैं, कुछ सेल्समैन बन जाते हैं, कुछ सम्पन्न तबके के छात्र जिनके माँ-बाप अफोर्ड करने की हालत में होते हैं, वे बैंकिंग से लेकर यूपीएससी की तैयारी के बहाने पटना और दिल्ली में डेरा जमा लेते हैं।

पता चला कि जिन छात्रों ने लोन लेकर पढ़ाई की होती है, उनका हाल तो और बुरा होता है। घर से लेकर बाहर तक हर तरफ से उन पर प्रेशर आने लगता है, किसी भी किस्म का जॉब कर लेने का। ऐसे छात्र अमूमन अपने घरों में कैद हो जाते हैं और बाहरी दुनिया से सम्पर्क तोड़ लेते हैं। बाद में पता चला कि आजकल यह सार्वभौमिक समस्या बन गई है। खासकर जब मैंने नेशनल इंप्लायबिलिटी रिपोर्ट को पढ़ा।

इस रिपोर्ट के मुताबिक सिर्फ 19.91 फीसदी इंजीनियरिंग ग्रेजुएट को ही किसी किस्म की नौकरी मिल पाती है। इसमें इंजीनियरिंग संस्थानों का भी दोष है। ज्यादातर संस्थान पुराने पैटर्न पर पढ़ाई करवाते हैं, जो आज के जॉब मार्केट के अनुकूल नहीं है। लिहाजा कम्पनियाँ इन कॉलेजों के बी.टेक पास छात्रों को सामान्य ग्रेजुएट ही मानती हैं और फिर उन्हें ऑन लाइन जॉब ट्रेनिंग देती हैं।

सन्तोष (बदला हुआ नाम) की ही कहानी ले लीजिए। सारण जिले के रहने वाले सन्तोष ने 2015 में यूपी के एक कॉलेज से बी.टेक की डिग्री ली थी। वे बताते हैं—"घरवाले गरीब थे, इसलिए लोन लेकर पूरी पढ़ाई की। सात-आठ लाख रुपए खर्च हो गए। एक ऐसे कॉलेज में एडमिशन कराया था जो 100 प्रतिशत प्लेसमेंट की गारंटी दे रहा था। मगर जब प्लेसमेंट का वक्त आया तो एक भी कम्पनी कॉलेज नहीं आई। कॉलेज ने ऑफ कैम्पस प्लेसमेंट (बाहर भेजकर नौकरी दिलाने) का भरोसा दिलाया। मगर वह भरोसा भी कारगर नहीं हुआ। मेरे बैच के 42 में से दो लड़कों को उनके रिश्तेदारों की वजह से एक मीडियम लेवल

की कंस्ट्रक्शन कम्पनी में जॉब मिल गया। उन दो लड़कों ने अपने तीन साथियों को अपने यहाँ जॉब दिलवा दी।

"हालाँकि वह नौकरी भी बहुत अच्छी नहीं थी। 12 हजार रुपए प्रति माह की सैलरी में 10-12 घंटे काम करना पड़ता था। शेष 37 छात्र बेरोजगार रह गए। उनमें से कुछ दिल्ली चले गए और बीपीओ में जॉब ट्राय करने लगे। कुछ बैंकिंग और रेलवे की तैयारी करने लगे। मगर मेरे घरवालों ने हाथ खड़ा कर दिया। मुझे वापस अपने गाँव लौटना पड़ा। बी.टेक डिग्री रहने के बावजूद बेरोजगार रहने की स्थिति मेरे लिए अपमानजनक हो गई है। मैंने लोन लेकर रोजगार करने की भी कोशिश की। मगर पहले से एजुकेशन लोन था, इसलिए दूसरा लोन नहीं मिला। फिलहाल गाँव के बच्चों को ट्यूशन पढ़ा रहा हूँ। मैंने भी अतिथि शिक्षक की नौकरी के लिए अप्लाई किया है।"

रोहतास के बभनौल के रहने वाले सुनील कुमार ने नागपुर विश्वविद्यालय से सिविल ब्रांच में बी.ई. किया है। इनकी पढ़ाई में कुल सात लाख, साठ हजार रुपए का खर्च आया। 2015 में जब प्लेसमेंट की बात आई तो इनके कॉलेज के 375 से अधिक छात्रों में से सिर्फ 20-25 को ही जॉब मिल पाई, वह भी 10-15 हजार के बीच की। थक-हारकर सुनील पटना आ गए और सरकारी नौकरी हासिल करने में जुट गए। इन्होंने 2016 में बीपीएससी द्वारा आयोजित असिस्टेंट इंजीनियर की बहाली का फार्म भरा था, मगर उस वक्त तक इसकी परीक्षा आयोजित नहीं हो पाई थी। वे कहने लगे, सेकेंड इयर में ही समझ में आ गया था कि प्लेसमेंट की बात झूठी है। वे यहाँ से बस एक टेक्निकल डिग्री लेकर जाएँगे।

दरभंगा के प्रकाश कुमार ने 2015 में आरकेडीएफ, भोपाल से बी.टेक की डिग्री ली थी। एक सोलर प्लेट की कम्पनी में इनका प्लेसमेंट हुआ, जूनियर प्रोजेक्ट इंजीनियर के रूप में। सैलरी काफी कम थी और काम 12-14 घंटे तक कराया जाता था। आजिज आकर नौकरी छोड़ दी और बैंक पीओ और रेलवे की इंजीनियरिंग की तैयारी करने लगे। इनके

कॉलेज में कैम्पस सलेक्शन तो हुआ था, मगर 10 प्रतिशत लोगों को ही जॉब मिली। वह भी ढाई-तीन लाख सालाना के औसत पैकेज पर। इनके कई साथियों ने खेत बेचकर पढ़ाई की थी। वे सब अभी परेशान रहते हैं। अपने दोस्तों से भी कट गए हैं।

बी.टेक पास युवाओं को जॉब नहीं मिलने की एक बड़ी वजह यह भी है कि हर साल 15 लाख से अधिक इंजीनियरिंग पासआउट युवाओं में से 19.11 फीसदी ही जॉब के लायक होते हैं। यह आँकड़ा 2016 की नेशनल इंप्लायबिलिटी रिपोर्ट का है। इस रिपोर्ट में इंजीनियरिंग ग्रेजुएट्स के बारे में कई महत्त्वपूर्ण जानकारियाँ हैं :

- 19.11 फीसदी इंजीनियर ही जॉब के लायक हैं।
- 19.91 फीसदी बी.टेक डिग्रीधारियों को ही नौकरी मिल पाती है।
- 72.64 फीसदी को इंटरव्यू का मौका मिल पाता है।
- 51.66 फीसदी फाइनल राउंड में पहुँच पाते हैं।
- 3.13 लाख के औसत पैकेज पर पहली नौकरी मिलती है।
- टियर 1 कॉलेज में भी 75.71 फीसदी छात्र बेरोजगार रह जाते हैं।
- टियर 3 कॉलेज में यह आँकड़ा 83.56 फीसदी पहुँच जाता है।

एनआईटी, रायपुर से 2013 में बी.टेक करने वाले आशुतोष झा ने बताया कि कॉलेज के नाम और स्तर का बड़ा फर्क होता है। जैसे एक ब्रांडेड इलेक्ट्रॉनिक कम्पनी आईआईटी, दिल्ली के छात्रों को लगभग 60 लाख सालाना का पैकेज देती है, जबकि यही कम्पनी एनआईटी, रायपुर से पासआउट छात्र को सिर्फ 8-10 लाख रुपए का पैकेज ऑफर करती है। प्राइवेट कॉलेज के छात्रों को तो कंसल्टेंसी के जरिए तीन लाख का ही पैकेज ऑफर किया जाता है।

आईआईटी वाले इंजीनियर उसके नए हैंडसेट्स और दूसरे सॉफिस्टिकेटेड सॉफ्टवेयर की कोडिंग करते हैं, एनआईटी वालों को शुरुआत में एसी और रेफ्रिजरेटर के हार्डवेयर कम्युनिकेशन का काम दिया जाता है और प्राइवेट वाले बेचारे टेस्टिंग करते रहते हैं। बाद में भले प्राइवेट वाला साउथ कोरिया का प्रोजेक्ट पा ले और आईआईटी वाले भाईसाब को बाहर का रास्ता देखना पड़े।

एक और छात्र अंकित लोहिया ने बताया कि प्राइवेट इंजीनियरिंग कॉलेजों का सिलेबस आज से 20 साल पुराना है। वहाँ प्रैक्टिकल नाममात्र के होते हैं। जो पढ़ाया जाता है, वह नौकरी में काम में नहीं आता। गेट का सिलेबस, बी.टेक के सिलेबस से मेल नहीं खाता। इसलिए अलग से कोचिंग करनी पड़ती है।

कैम्पस सलेक्शन में असफल होने के बाद ज्यादातर बी.टेक डिग्रीधारी बेंगलुरू, दिल्ली या मुम्बई जैसे शहरों में जमा होते हैं। भागलपुर के अमन सिन्हा, जो खुद इंजीनियर हैं और विप्रो में काम कर चुके हैं, ने बताया कि ऐसा नहीं है कि सिर्फ आईटी वाले ही बेंगलुरू में जुटते हैं, इलेक्ट्रिकल और मैकेनिकल वाले भी वहाँ आईटी जॉब के लिए पहुँच जाते हैं। विप्रो, टीसीएस, इंफोसिस जैसी कम्पनियाँ इन्हें महज 3-4 लाख के पैकेज में जॉब देती हैं और सालाना 4-6 प्रतिशत का इंक्रीमेंट मिलता है। बहुत जल्द इन लोगों का मोहभंग होने लगता है, फिर वे बेंगलुरू में किसी भी तरह की नौकरी या व्यवसाय कर लेते हैं जो सम्मान के लायक आय उपलब्ध करा सके। वहाँ इंजीनियरिंग ग्रेजुएट धोबी से लेकर टिफिन सर्विस देने तक का काम करते नजर आ जाते हैं।

नेशनल इंप्लायबिलिटी रिपोर्ट, 2016 में बिहार-झारखंड के इंजीनियरिंग कॉलेजों को दिल्ली, ओड़िशा और केरल के साथ टॉप स्लॉट में रखा गया है। यह माना गया है कि यहाँ के कॉलेज से पढ़े छात्रों को जॉब मिलने की सम्भावना अधिक रहती है। राज्यों के आधार पर इंजीनियरिंग कॉलेजों का हाल इस तरह का है :

- पहली श्रेणी—बिहार-झारखंड, दिल्ली, ओड़िशा, केरल।
- दूसरी श्रेणी—हरियाणा, कर्नाटक, पंजाब, पश्चिम बंगाल।
- तीसरी श्रेणी—आन्ध्र प्रदेश, छत्तीसगढ़, उत्तराखंड, उत्तर प्रदेश।
- चौथी श्रेणी—गुजरात, हिमाचल, महाराष्ट्र, राजस्थान, तमिलनाडु।

जॉब उपलब्ध कराने में बेहतर होने के बावजूद बिहार के इंजीनियरिंग कॉलेज की 85 फीसदी से अधिक सीटें खाली रह जाती हैं। दरअसल छात्रों और अभिभावकों को लगता है कि विकसित राज्यों के कॉलेज अच्छे होंगे। हालाँकि इसके पीछे कुछ तकनीकी वजहें भी हैं; जैसे, बिहार के कॉलेजों को दूसरे राज्यों की तरह प्रवेश परीक्षा से छूट गए छात्रों का एडमिशन लेने की इजाजत नहीं है। यहाँ के कॉलेज लम्बे समय से इसकी माँग कर रहे हैं।

यह तथ्य भी अपने आप में हैरतअंगेज है कि जिस राज्य से सालाना दो लाख लड़के देश के अलग-अलग इंजीनियरिंग कॉलेजों में एडमिशन लेते हैं, उस राज्य के प्राइवेट इंजीनियरिंग कॉलेजों की दो-तिहाई सीटें खाली हैं। मगर यह सचाई है, राज्य के 15 प्राइवेट इंजीनियरिंग कॉलेजों की कुल 5500 सीटों में से साल 2018 में 34 फीसदी सीटें ही भर पाई थीं। सीटें खाली रहने की वजह से 2019 में निजी इंजीनियरिंग कॉलेज की सीटें बढ़ा दी गईं। उस साल कुल 4980 सीटों के लिए आवेदन माँगे गए जिसमें सिर्फ 2405 छात्रों ने एडमिशन लिया। आधी से अधिक सीटें फिर खाली रह गईं।

ऐसे हालात क्यों हैं? आपको याद होगा कि 2015 में बिहार विधानसभा चुनाव के दौरान एक रैली में प्रधानमंत्री नरेन्द्र मोदी ने भी यह मुद्दा उठाया था कि जिस राज्य से उच्च शिक्षा के लिए हर साल चार से पाँच लाख बच्चे बाहर जाते हैं, वहाँ इंजीनियरिंग और मेडिकल कॉलेज क्यों नहीं खुल सकते? जब मैं यह लिख रहा हूँ तब बिहार में मोदी जी की पार्टी सत्ता में है और बिहार को हर मामले में शीर्ष तक पहुँचाने

का दम भरने वाले नीतीश कुमार भी उनके साथ हैं, मगर हालात और खराब हो चुके हैं।

आखिर क्यों इन बच्चों के लिए राज्य में इंजीनियरिंग की पढ़ाई की व्यवस्था नहीं हो पा रही? 2010 में आर्यभट्ट ज्ञान विश्वविद्यालय खुला। निजी इंजीनियरिंग कॉलेज खोलने के लिए प्रवासी बिहारियों को न्योता दिया गया। कई जगह कॉलेज खुले। उत्साह में बड़ा जबरदस्त काम हुआ। बक्सर में तो एक ऐसा कॉलेज खोला गया जिसने कहा कि हम अभिभावकों से गाय और दूसरे दुधारू पशु लेकर बच्चों को एडमिशन देंगे, पढ़ाएँगे। बिहारशरीफ में एक सज्जन ने विदेश से आकर इंजीनियरिंग कॉलेज खोला। कुल मिलाकर 15 प्राइवेट कॉलेज खुले।

मगर सरकारी सहयोग का आलम यह रहा कि जो कॉलेज खुले थे, वे अब बन्द होने की स्थिति में आ गए हैं। एक ऐसे ही कॉलेज के डायरेक्टर ने नाम नहीं छापने की शर्त पर बताया कि वजह बहुत छोटी सी है। साइंस एंड टेक्नोलॉजी डिपार्टमेंट ही नहीं चाहता कि यहाँ के इंजीनियरिंग कॉलेज आगे बढ़ें।

वे कहने लगे, जहाँ झारखंड, राजस्थान, उत्तर प्रदेश, हरियाणा, मध्य प्रदेश, तमिलनाडु, हिमाचल प्रदेश और पंजाब जैसे दूसरे राज्यों में यह नियम है कि इंजीनियरिंग कॉलेज प्लस टू के नम्बरों के आधार पर एडमिशन ले सकते हैं, अपने राज्य में नियमावली तैयार होने और एआईसीटी से मान्यता मिलने के बावजूद उसे लागू नहीं कराया जा रहा है। ऐसे में बड़ी संख्या में छात्र दूसरे राज्यों का रुख करते हैं, हम एग्जाम के रिजल्ट का इन्तजार करते रह जाते हैं।

बिहार सरकार के आह्वान पर ऑस्ट्रेलिया में काम कर रहे एक व्यक्ति ने भी यहाँ आकर कॉलेज खोला। मगर नीतियों की गड़बड़ी की वजह से उनके कॉलेज की सीटें भी खाली रह जाती हैं। वे कहने लगे, "अपने यहाँ प्लस टू का रिजल्ट लेट आता है और कम्बाइंड एग्जाम पहले हो जाता है। ऐसे में कम ही बच्चे एग्जाम में एपियर हो पाते हैं।"

सचाई यह भी है कि पिछले दिनों इंजीनियरिंग कोर्सेस के प्रति अच्छे छात्रों का रुझान लगातार घटा है, मगर औसत प्रतिभा वाले छात्रों की पहली पसन्द आज भी यही कोर्स है। ये परीक्षा में शामिल या पास न भी हों तो भी इंजीनियरिंग कॉलेज में एडमिशन ले ही लेते हैं। पूरे पाठ्यक्रम में एक छात्र का औसत खर्च पाँच से सात लाख रुपए होता है। इस लिहाज से 20 अरब की मोटी राशि तो हर साल बिहार से बाहर जाती ही है। राज्य के लिए क्या यह एक बड़ी त्रासदी नहीं है, मगर इस पर कौन ध्यान देता है!

सवाल तो बनता है!

वैसे तो इस किताब के हर अध्याय में उन कमियों का ही जिक्र है, जिनकी वजह से बिहार पिछड़ता नजर आ रहा है। मगर इसका आशय यह नहीं है कि नीतिश कुमार के मुख्यमंत्रित्व काल में राज्य के विकास के लिए कोई काम नहीं हुआ। 2005 के बाद से बिहार में कई सकारात्मक बदलाव भी हुए हैं; जैसे सड़कें पहले से बेहतर हुईं, बिजली की उपलब्धता बढ़ी, शुरुआती दिनों में अपराध पर भी काबू हुआ, कुछ हद तक अस्पतालों का चेहरा भी ठीक करने की कोशिश हुई। राजधानी पटना से लेकर राज्य के दूसरे शहरों में खूब शॉपिंग मॉल खुले, फ्लाईओवर बने, सपरिवार नाइट शो सिनेमा देखने जाने को भी बदलाव के तौर पर गिना गया। इन बातों से किसी को इनकार नहीं हो सकता। सरकार की तरफ से पैसे खर्च करके इन बातों का खूब प्रचार भी किया गया। मगर क्या ये बदलाव काफी हैं? 2005 के बाद से राज्य में अल्पकालिक अस्थिरता की स्थिति के बावजूद स्थायी सरकार ही रही और जनता ने मुख्यमंत्री नीतीश कुमार और उनकी पार्टी पर हमेशा भरोसा जताया। मगर क्या इन 15 वर्षों में बिहार उस गति से आगे बढ़ा, लोगों को जिसकी उम्मीद थी?

काम करने के लिहाज से पन्द्रह साल की अवधि कम नहीं होती। इसके बावजूद अगर हम ह्यूमन डेवलपमेंट इंडेक्स में आखिरी पायदान पर हैं, बाढ़ और जलजमाव जैसी समस्या का मुकाबला करने में हम सक्षम नहीं हो पाए, चमकी बुखार से सौ-दो सौ बच्चे मर जाते हैं और हम मौसम बदलने का इन्तजार करते हैं, सरकारी स्कूलों की शिक्षा व्यवस्था सुधरी नहीं, सरकारी अस्पतालों में बेहतर इलाज आज भी सपना है, सड़कें तो बनीं मगर परिवहन व्यवस्था सुधरी नहीं, उद्योग-धंधे बढ़े नहीं, पलायन आज भी बिहार का नसीब है रुका नहीं—तो सवाल तो बनता है!

दरअसल, साढ़े नौ महीने के जीतनराम माँझी के कार्यकाल को छोड़ दिया जाए तो अक्तूबर, 2005 से अब तक नीतीश कुमार ज्यादातर वक्त बिहार के मुख्यमंत्री रहे हैं। उनकी पार्टी जदयू तो लगातार 15 सालों से सत्ता-सुख भोग रही है। नवम्बर, 2020 तक खुद नीतीश कुमार का कार्यकाल 14 साल से अधिक का हो जाता है। इस तरह देखा जाए तो श्रीकृष्ण सिंह के बाद उन्होंने ही बिहार पर सबसे अधिक समय तक राज किया है। श्रीकृष्ण सिंह 2 अप्रैल, 1946 से 31 जनवरी, 1961 तक लगातार 15 साल बिहार के मुख्यमंत्री रहे थे। अपने इस कार्यकाल में नीतीश भी उनकी बराबरी कर ही लेते अगर उन्होंने जीतनराम मांझी को खुद कुर्सी नहीं सौंपी होती। लालू यादव और राबड़ी देवी ने भी कुल मिलाकर लगभग साढ़े 14 साल बिहार पर राज किया है। इन दोनों के शासन काल में राज्य में तीन बार राष्ट्रपति शासन भी लगा। इनके अलावा बिहार में किसी भी नेता ने लगातार पाँच साल भी राज

नहीं किया। कई मुख्यमंत्री तो पाँच दिन और तेरह दिन के लिए भी कुर्सी पर बैठे।

इस तरह देखें तो बिहार के वोटरों ने तीन बार अलग-अलग राजनेताओं को लगभग 15-15 साल की स्थायी सत्ता सौंपी है। यानी 73 वर्षों में 45 वर्ष तो स्थायीत्व के नाम! लालू-राबड़ी का दौर जंगलराज और कुशासन के रूप में चर्चित रहा। कानूनी पचड़ों से जूझते हुए इन दोनों ने बिहार के विकास पर बहुत कम ध्यान दिया, यह स्थापित तथ्य है। उनसे ऊबकर ही लोगों ने नीतीश को सत्ता थमाई। श्रीकृष्ण सिंह और नीतीश कुमार दोनों को लगभग तीन टर्म निष्कंटक शासन करने का मौका मिला। ऐसे में इन दोनों मुख्यमंत्रियों के शासन काल की तुलना सहज ही की जा सकती है।

दोनों दौर के आँकड़ों पर अगर नजर डाली जाए तो कई बातें साफ होती हैं। 1960 में जब श्रीकृष्ण सिंह के शासन के 14 साल पूरे हो चुके थे, बिहार के लोगों की औसत आय 215 रुपए प्रति वर्ष थी। उस वक्त देश की औसत आय 249 रुपए थी। यानी तब भी बिहार देश की औसत आय के मुकाबले पिछड़ा था, मगर दोनों के बीच का अन्तर अधिक नहीं था। आज जब देश की औसत आय 1,03,870 रुपए सालाना है तो बिहार के लोग 35,590 की औसत प्रति व्यक्ति आय पर अटके हैं। देश और बिहार के बीच आमदनी का फर्क तीन गुना हो गया है। और यही वह बात है कि बिहार के लोगों को हर काम के लिए पलायन करने पर मजबूर होना पड़ता है। हालाँकि नीतीश का शासन इस फर्क के लिए अकेले जिम्मेदार नहीं है। मगर सच यह भी है कि अपने शासन के 15 वर्षों में नीतीश भी इस स्थिति को बहुत अधिक बदल नहीं सके।

1957-58 में देश में गरीबों की कुल आबादी 53.4 फीसदी थी, जबकि बिहार में गरीबों की आबादी 59.7 फीसदी थी, औसत से थोड़ा अधिक। मगर आज के वक्त में देश में जब सिर्फ 21.9 फीसदी गरीब बचे हैं, बिहार में गरीबों की संख्या 33.74 फीसदी बताई जा रही है। यानी गरीबी को खत्म करने के अभियान में भी हम पीछे रह गए।

1961 में देश की औसत आयु* 20.2 साल थी, उस वक्त बिहार की औसत आयु 20 साल की थी। औसत के आसपास। मगर आज जब देश की औसत आयु 26.8 साल है तो हम पिछड़कर 2015 के आँकड़ों के मुताबिक 19 साल पर पहुँच गए हैं। हालाँकि हम इसे अपनी सफलता के तौर पर भी पेश कर सकते हैं कि बिहार युवाओं का राज्य है। 1961 में देश में 28.3 फीसदी लोग साक्षर थे, तब भी बिहार में साक्षरता दर 22 फीसदी थी। लेकिन 2011 में देश की साक्षरता दर 74.04 फीसदी पहुँच गई है, हम 64 फीसदी पर अटके हुए हैं। 1961 में जब देश की जीवन प्रत्याशा** यानी जीने की औसत उम्र सिर्फ 41.77 साल थी, हम उस वक्त भी औसतन 48 साल जीते थे, आज जब देश की जीवन प्रत्याशा 69 साल हो गई है, हमारी 68 है।

ये आँकड़े और कुछ नहीं तो यह तो जरूर बताते हैं कि आजादी के वक्त बिहार उतना पिछड़ा नहीं था, जितना बाद के वर्षों में हुआ और पिछले 15 सालों के सुशासन में भी हम देश के बराबर, कदम से कदम मिलाकर चलने की स्थिति में नहीं पहुँचे हैं। ह्यूमन डेवलपमेंट इंडेक्स के मामले में भी हम लगातार निचले पायदान पर रहे हैं। इन आँकड़ों के साथ हमें यह भी देखना चाहिए कि हम 2005-06 में कहाँ थे और आज कहाँ पहुँचे हैं।

2006-07 का बिहार सरकार का इकोनॉमिक सर्वे बताता है कि उस वक्त पटना में लोगों की सालाना औसत आय 6958 रुपए थी और शिवहर की 2219 रुपए। आज भी औसत आय के मामले में पटना सबसे ऊपर है और शिवहर सबसे नीचे। मगर दोनों के बीच का फर्क बढ़ता चला गया। 2011-12 के आँकड़ों के मुताबिक पटनावासियों की औसत आय 63063 रुपए प्रतिमाह हो गई थी, यानी छह सालों के दौरान लगभग नौ गुनी अधिक, जबकि शिवहर उस वक्त भी 7092 रुपए पर अटका

* एक ही समय में जितने लोग जीवित हैं, उनकी आयु का औसत।

** औसत लोग जितनी लम्बी उम्र जीते हैं।

था। वहाँ के लोगों की औसत आय में बमुश्किल तीन गुने का ही फर्क आया। इसके बाद की औसत आय का जिक्र बिहार के इकोनॉमिक सर्वे में नहीं है।

2006-07 में बिहार के कुल किसानों में से 80 फीसदी सीमांत किसान थे, जबकि 2015-16 में सीमांत किसानों की संख्या बढ़कर 91.1 फीसदी हो गई। 2006-07 में 52 फीसदी ग्रामीण आबादी के पास 0.4 हेक्टेयर से भी कम जमीन थी। 2015-16 में बिहार के किसानों के पास औसत भूमि ही 0.39 हेक्टेयर रह गई है। 2006-07 में 10 फीसदी किसान पूरी तरह भूमिहीन थे। यह आँकड़ा बिहार सरकार ने तब के इकोनॉमिक सर्वे में दिया था, बाद में सरकार ने यह आँकड़ा देना ही बन्द कर दिया।

अगर उद्योग-धंधे की बात की जाए तो 2006-07 में जहाँ राज्य में 1410 औद्योगिक इकाइयाँ सक्रिय थीं, 13 साल बाद आज औद्योगिक इकाइयों की संख्या महज 2910 हुई हैं। अर्थात् सिर्फ दो गुनी। इन कम्पनियों ने सिर्फ 1,19,496 लोगों को रोजगार दिया है। इन कम्पनियों में काम करने वाले लोगों की औसत आय भी सिर्फ 1,19,305 रुपए सालाना है। यानी हमारे राज्य में प्राइवेट फैक्टरियों में काम करने वालों की आय भी देश के सामान्य नागरिकों की औसत आय के बराबर ही है। जबकि नौकरीपेशा लोगों की आय सामान्य लोगों की आय से काफी अधिक होती है।

सड़कों को लेकर इन 14-15 सालों में खूब काम हुआ। 2004-05 में जहाँ राज्य में सिर्फ 73834 किमी. सड़कें थीं, वे 2016-17 में 206484 किमी. हो गईं। मगर यह नहीं कहा जा सकता कि यह बदलाव सिर्फ बिहार में हुआ। ऐसा पूरे देश में हुआ। इस अवधि के दौरान सड़कों की लम्बाई में जो बढ़ोतरी हुई उस पर विचार किया जाए तो नेशनल हाइवे और स्टेट हाइवे के मामले में बिहार छठे स्थान पर है। राजस्थान, महाराष्ट्र और उत्तर प्रदेश में बिहार के मुकाबले अधिक सड़कें बनी हैं। इसके बावजूद यह बदलाव संतोषजनक कहा जा सकता है, क्योंकि प्रति सौ वर्ग किमी. में सड़कों के मामले में बिहार राष्ट्रीय औसत से आगे

है। यहाँ प्रति सौ वर्ग किमी. में 219 किमी. सड़कें हैं, जबकि राष्ट्रीय औसत 143 किमी. ही है। हालाँकि हाल के वर्षों में इन सड़कों की गुणवत्ता में गिरावट आई है।

इसी तरह बिजली के उपभोग के मामले में भी इस अवधि में बढ़ोतरी हुई है। 2007 में राज्य में बिजली की माँग 2332 मेगावाट थी और उसे 1170 मेगावाट उपलब्ध होता था। इसमें भी आधे का ही उत्पादन राज्य में हो पाता था। अब राज्य में 4965 मेगावाट बिजली उपलब्ध होती है और हमारी उत्पादन क्षमता भी बढ़कर 3186 मेगावाट हो गई है। गाँव-गाँव में बिजली उपलब्ध हो गई है। अब हर जगह 18 से 22 घंटे बिजली रहती है। मगर अभी भी प्रति व्यक्ति बिजली के उपभोग में हम काफी पीछे हैं। इस मामले में देश का औसत 778.63 किलोवाट सालाना है, एक आम बिहारी अभी भी औसतन 117.48 किलोवाट बिजली ही उपभोग करता है। 2009 में यह 112 किलोवाट था।

बिहार से पलायन को रोकने के लिए जिस मनरेगा की तारीफ की जाती रही है, उसका हालिया सच यह है कि 2017-18 में सरकार ने सिर्फ 20 हजार लोगों को सौ दिन का रोजगार उपलब्ध कराया। एक और योजना का हाल सुनिए। राज्य के भूमिहीनों को 5 डिसमिल जमीन उपलब्ध कराने के लिए राज्य सरकार योजना चलाती है। इस योजना में 2017-18 में सिर्फ 5.19 करोड़ का बजट ही जारी किया गया। सरकारी अधिकारियों ने इस बेहद कम राशि से भी आधी बचा ली। 2.68 करोड़ ही खर्च किए। जबकि सरकार के आपदा प्रबन्धन विभाग का बजट बढ़कर 2016-17 में 1569 करोड़ हो गया, जिसमें से वह 969 करोड़ की राशि का तो सिर्फ मुआवजा बाँटती है।

बैंकिंग व्यवस्था का हाल बिहार में शायद सबसे बुरा है। ग्रामीण इलाकों के बैंकों में जमा पैसों के मामले में बिहार देश में चौथे स्थान पर है। अगर शहरों को भी जोड़ दिया जाए तो देश के बैंकों में जमा कुल राशि का तीन फीसदी हमारा पैसा है। मगर यहाँ के बैंक बिहार के लोगों को ऋण देने में बहुत संकोच करते हैं। यह इस राज्य के विकास के

लिए सबसे बड़ी बाधा है। यहाँ के लोगों द्वारा जमा राशि का 32 फीसदी ही यहाँ के बैंक लोगों को कर्ज के तौर पर देते हैं। जबकि आन्ध्र प्रदेश में यह राशि वहाँ जमा राशि के मुकाबले 112 फीसदी है, महाराष्ट्र और तमिलनाडु में भी 108 और 105 प्रतिशत है।

कहा जाता है कि बिहार में ऋण वापसी आसान नहीं होती, मगर हाल के दिनों में जो एनपीए के बड़े-बड़े उदाहरण सामने आए हैं, उन्हें देखकर तो लगता है कि बिहार में ऋण वापसी का मसला उतना गम्भीर नहीं है। जहाँ देश के कई बैंकों की एनपीए दर 20 फीसदी के पार है, बिहार के बैंकों में एनपीए दर 10 फीसदी के आसपास ही है। उसमें भी व्यावसायिक बैंकों का एनपीए तो सिर्फ आठ फीसदी है। अब तक बिहार के सिर्फ 953 कर्जदारों का लोन राइट ऑफ किया गया है। फिर भी बैंक बिहारियों को लोन नहीं देते।

अब मानव विकास के मसले को देखिए। 2011 में जहाँ बिहार स्वास्थ्य, शिक्षा और दूसरे सामाजिक मसलों पर प्रति व्यक्ति 1878 रुपए खर्च करता था, वह 2017-18 में बढ़कर 4850 रुपए हो गया। मगर इस बीच देश में प्रति व्यक्ति स्वास्थ्य पर खर्च बढ़कर 3801 रुपए से 8340 रुपए हो गया। यह कह सकते हैं कि इस मामले में बिहार देश की गति से चल रहा है। मगर हमें तेज चलने की जरूरत थी। ताकि हम भी 8340 रुपए प्रति व्यक्ति व्यय के आसपास पहुँच पाते।

दिलचस्प है कि 1999-2003 के बीच बिहार में शिशु मृत्यु दर देश के मुकाबले कम था। उस वक्त देश के ग्रामीण इलाकों में यह दर 75 थी, बिहार में 65 के आसपास। जबकि आज देश में यह दर 38 है और बिहार में 39 के आसपास।

2005-06 में बिहार में कुपोषण की दर 55 फीसदी के आसपास थी, वह अगले दस सालों में 2015-16 तक सिर्फ सात फीसदी घटी। अभी भी राज्य में 48 फीसदी बच्चे कुपोषित हैं। उस वक्त भी 8.3 फीसदी बच्चे गम्भीर रूप से कुपोषित थे, जिन्हें तत्काल इलाज की जरूरत थी। आज भी 7 फीसदी बच्चे इसी स्थिति में हैं। उस वक्त 78 फीसदी बच्चे

एनीमिक थे, अभी 63.5 फीसदी बच्चे एनीमिक हैं। तब 67.4 फीसदी महिलाएँ एनीमिक थीं, अभी भी 60.3 फीसदी महिलाएँ एनीमिक हैं। ये आँकड़े नेशनल फेमिली हेल्थ सर्वे 3 और 4 के हैं और क्रमश: 2005-06 और 2015-16 के। इन आँकड़ों से जाहिर है कि कुपोषण और एनीमिया जैसे मसलों पर सरकार ने कितनी सुस्त गति से काम किया है।

2013-14 में बिहार सरकार अपने बजट का 18.7 फीसदी हिस्सा शिक्षा पर खर्च करती थी, 2017-18 में यह घटकर 16.5 फीसदी हो गया है। आज भी बिहार में 22.2 फीसदी बच्चे प्राइमरी एजुकेशन के बाद, 42.2 फीसदी बच्चे अपर प्राइमरी के बाद और 56.6 फीसदी बच्चे मैट्रिक के बाद नहीं पढ़ पाते। ये 2016-17 के आँकड़े हैं। पिछले कुछ सालों में प्राइमरी स्कूल की ड्राप आउट दर में तो थोड़ा सुधार हुआ है, मगर अपर प्राइमरी और सेकेंड्री स्कूलों के ड्राप आउट की दर जस की तस हैं। साइकिल योजना के बावजूद।

ये आँकड़े यह बताने के लिए पर्याप्त हैं कि पिछले 15 सालों से जो डबल डिजिट ग्रोथ का दावा किया जा रहा है, उसकी हकीकत क्या है। 2005 में जब बिहार में भाजपा-जदयू की सरकार बनी थी तब सरकार ने 2006 के आर्थिक सर्वे की रिपोर्ट को एक तरह से श्वेत पत्र के रूप में पेश किया था कि पिछले 15 सालों में बिहार कितना पिछड़ा, मगर आज जब भाजपा-जदयू की सरकार अपने तीन टर्म पूरे कर रही है तो उसने ऐसी कोई रिपोर्ट पेश नहीं की जिससे समझा जा सके कि पिछले 15 साल में बिहार कितना बदल गया। अगर ऐसी कोई रिपोर्ट पेश होती तो यह बात ठीक से समझ में आती। फिर उस रोग की ठीक से पहचान होती, जिस वजह से बिहार तेज भागने के बदले सुस्त गति से आगे बढ़ रहा है और बार-बार रुकतापुर जंक्शनों की याद दिला रहा है।

परिशिष्ट

बिहार के विकास की गति को समझना है तो हमें इन आँकड़ों को पढ़ना चाहिए। राज्य और केन्द्र सरकार के विविध स्रोतों से लिए गये ये आँकड़े बताते हैं कि राज्य में किस दर से गरीबी घटी और विकास हुआ। हालाँकि दुर्भाग्यवश बिहार में इन संकेतकांकों के आँकड़े बहुत व्यवस्थित तरीके से उपलब्ध नहीं हैं। राज्य सरकार की ज्यादातर वेबसाइटों पर आँकड़ों को बताया कम और छिपाया अधिक जाता है। इसके बावजूद एक अच्छी बात हाल के दिनों में जरूर हुई है कि बिहार सरकार ने 2006 से हर साल बिहार इकॉनामिक सर्वे की रिपोर्ट का प्रकाशन शुरू किया है, जिसमें कई मसलों पर विस्तृत आँकड़े दिए जाते हैं। मगर उसमें भी आँकड़ों को सरकार के पक्ष में ट्विस्ट करने की प्रवृत्ति दिखती है। जो सूचकांक 2006 की रिपोर्ट में दिखते हैं वे 2011 आते-आते गायब होने लगते हैं। इसके बावजूद जो आँकड़े उपलब्ध हो पाए हैं, उन्हें यहाँ पेश कर रहा हूँ।

अगर बिहार के विकास की मौजूदा गति को समझना है तो खास कर नौ नम्बर के आँकड़ों को देखिए। 2006 में नई सरकार ने जो श्वेत पत्र जारी किया था और 2015 तक जिन लक्ष्यों को हासिल करने की बात कही थी, उसकी क्या स्थिति है—यह पता चलेगा।

1
गरीबी (गरीबी रेखा से नीचे आबादी)

वर्ष	बिहार	भारत
1973-74	61.99	54.88
1983-84	62.22	44.48
1993-94	54.96	35.97
2004-05	41.4	25.7
2011-12	33.7	21.9

(आँकड़े प्रतिशत में, योजना आयोग की वेबसाइट से साभार)

2011-12 के बाद जनगणना हुई नहीं है, इसलिए फिलहाल यही आधिकारिक आँकड़े हैं। इनसे जाहिर है कि गरीबी कम तो हुई है, मगर अभी भी हम देश के मुकाबले काफी पीछे हैं।

2
प्रति व्यक्ति औसत आय

वर्ष	बिहार	भारत
1961	215	249
2004	5780	21142
2019	35,590	1,03,870

(आँकड़े रुपये में)

मतलब यह कि 1961 में बिहार की औसत आय देश के करीब थी, अब हम काफी पीछे हो गये हैं।

3
साक्षरता दर

वर्ष	बिहार	भारत
1951	12.20	18.30
1971	19.90	34.45
1991	38.50	52.20
2001	47.53	65.38
2011	63.82	74.4

(आँकड़े प्रतिशत में, जनगणना के आँकड़ों पर आधारित)

आँकड़े देखिए और समझिए कि हम देश के साथ कदम से कदम मिलने के बदले कैसे पिछड़ते चले गए।

4
शिशु मृत्यु दर

वर्ष	बिहार	भारत
1961	94	115
1981	75	77
2001	67	71
2005	62	57
2019	39	38

(प्रति एक हजार जन्म लेने वाले बच्चों पर, आँकड़े विविध सरकारी स्रोतों से)

पहले बिहार शिशु मृत्यु दर के मामले में देश से बेहतर था। फिर बदतर हुआ, अब बराबर है।

5
कुपोषण

वर्ष	बिहार	भारत
1990-91	63	53
1998-99	52	47
2005-06	55	43
2015-16	48	36

(आँकड़े प्रतिशत में, राष्ट्रीय परिवार स्वास्थ्य सर्वेक्षण के आँकड़ों पर आधारित)

6
रोजगार

वर्ष	2004-05	2009-10
कृषि	213	172
निर्माण उद्योग	14	14
गैर निर्माण उद्योग	09	29
सेवा क्षेत्र	43	55
कुल	278	269

(आँकड़े लाख में। योजना आयोग की वेबसाइट के मुताबिक इसके बाद के आँकड़े उपलब्ध नहीं।)

अब भी बिहार में खेती सबसे अधिक रोजगार देती है। सेवा क्षेत्र में रोजगार देने की क्षमता बहुत अधिक नहीं बढ़ी।

7

बजट और राजस्व

वर्ष	बजट आकार	राजस्व संग्रह
2002-03	18394.62 करोड़	......
2005-06	26328 करोड़	4083 करोड़
2010-11	53758 करोड़	10,655 करोड़
2015-16	1,20,685 करोड़	27,634 करोड़
2019-20	2,00,501 करोड़	35,447 करोड़ (वर्ष 2018-19)

(आँकड़े रुपये में)

इन आँकड़ों से जाहिर है कि बिहार का बजट का आकार जरूर बढ़ा है, मगर केंद्र पर से बिहार की निर्भरता घटी नहीं है।

8

उद्योग

वर्ष	कृषि आधारित उद्योग	गैर कृषि उद्योग	कुल	रोजगार मिला
2006	228	1182	1410	67,000
2010	822	1725	2547	1,06,000
2016	1092	1826	2918	1,19,000

उद्योगों की संख्या भले दो गुनी हो गयी, मगर रोजगार उस अनुपात में नहीं बढ़ा।

9

2006 में बिहार सरकार द्वारा पेश श्वेत पत्र में किये गये वादे (2015 तक का लक्ष्य) और हकीकत

संकेतक	वादा	हकीकत
गरीबी रेखा के नीचे की आबादी	28 फीसदी	33.7 फीसदी
कुपोषण	32 फीसदी	48.3 फीसदी
शिशु मृत्यु दर	27 प्रति हजार	48 प्रति हजार
मातृत्व मृत्यु दर	109 प्रति एक लाख	165 प्रति एक लाख
टीकाकरण	100 फीसदी	61.7 फीसदी

जो लक्ष्य था, वह हम आज तक हासिल नहीं कर पाये हैं।

10

पलायन

वर्ष	बिहार से बाहर गये लोगों की संख्या
1991	1226839
2001	2857573
2011	7950000

11

पक्का मकान वाले लोगों की संख्या

वर्ष	प्रतिशत (राज्य की कुल आबादी का)
2005	20
2015	62.6

12
मानव विकास सूचकांक

वर्ष	स्थान	अंक	देश का औसत
1981	16वाँ	0.237	0.302
1991	16वाँ	0.381	0.431
2001	16वाँ	0.367	0.498
2018	36वाँ	0.576	0.647

13
बिजली की उपलब्धता

वर्ष	पीक आवर उपलब्धता	प्रति व्यक्ति खपत	
		बिहार	देश
2005-06	1122 मेगावाट	—	468 किलोवाट आवर
2012-13	1802 मेगावाट	145 किलोवाट आवर	723 किलोवाट आवर
2018-19	5139 मेगावाट	311 किलोवाट आवर	1181 किलोवाट आवर

देश के लिहाज से बिहार प्रति व्यक्ति बिजली की खपत में कितना पीछे है यह आँकड़ों से जाहिर है।

14
सड़क मार्ग

वर्ष	कुल लम्बाई	प्रति एक लाख आबादी पर औसत	
		बिहार	देश
2003-07	102559 किमी	91 किमी	245 किमी
2008-12	128337 किमी	126 किमी	309 किमी
2013-17	205808 किमी	181 किमी	386 किमी

पुनश्च

बुढ़वा खाले न पीअले, कमा ले काहे ला

यहाँ विकास का मतलब ईंट, बालू और सीमेंट है

बिहार में प्रचलित एक पुराने लोकगीत की पंक्ति है—बुढ़वा खा ले न पीअले, कमा ले काहे ला! अर्थात बूढ़ा खाता-पीता है ही नहीं तो कमाता किसलिए है! विकास के मामले में राज्य का हाल इस गीत के बूढ़े की तरह ही है, यहाँ दिन-रात 'विकास' हो रहा है, मगर क्या और किसके लिए? यहाँ सरकार के लिए विकास का जो मतलब है उसका यहाँ की आबादी की आवश्यकताओं से शायद ही कहीं मेल दिखता है। नतीजा सबके सामने है—करोड़ों-करोड़ की लागत वाले विकास-कार्यों का फायदा यहाँ के अधिकतर गरीब-गुरबा नागरिकों के जीवन में टॉर्च लेकर ढूँढ़ने पर भी कहीं नजर नहीं आता।

जून, 2021 के आखिरी हफ्ते में मैं एक बार फिर उस पुल के पास गया, जिसकी तसवीर इस किताब के कवर पर छपी है—एप्रोच पथ से वंचित, आसमान में टँगा। मैं अपने गाँव पूर्णिया जिले के धमदाहा से वापस पटना लौट रहा था। मेरे गाँव के लगभग पाँच किलोमीटर के दायरे में ही वह अधबना पुल है। 2017 में बना था, आज भी उसी हालत में है, जिसमें मैंने उसे एक साल पहले जून के ही महीने में देखा था। देखकर हैरत में पड़ा, उदास हुआ और फिर उसकी तसवीर ली, जो किताब के कवर के लिए चुनी गई।

मैंने जब उस पुल की हालिया तसवीर फेसबुक पर पोस्ट की तो कई दोस्तों ने हैरत में पड़कर टिप्पणियाँ लिखीं कि ओह, यह पुल आज भी उसी हाल में है। कुछ दोस्तों ने तो यहाँ तक लिखा कि आपकी किताब आने और खूब पढ़े जाने के बाद भी इस पुल की तसवीर न बदल पाना बहुत उदास करता है। कई दोस्तों ने यह भी लिखा और वे बार-बार लिखते रहे हैं कि यह इकलौता ऐसा पुल नहीं है; बिहार में दर्जनों ऐसे अधबने-अधूरे पुल हैं। पिछले साल सारण जिले में एक पत्रकार ने ऐसे ही एक पुल पर खड़े होकर वीडियो तैयार किया था, जो काफी वायरल हुआ।

रुकतापुर का पहला संस्करण जब आया था, तब मैंने कहीं नहीं लिखा था कि यह तसवीर किताब के कवर पर क्यों है और मेरे लिए इसके क्या मायने हैं। हमने (मैंने और राजकमल प्रकाशन समूह की सम्पादकीय टीम ने) यह तय किया था कि यह बात पाठकों पर ही छोड़ दी जाए कि वे इस तसवीर को किस रूप में लेते हैं और इसके क्या मायने निकालते

हैं। जो प्रतिक्रियाएँ मिलीं उनसे ऐसा लगा कि लोगों ने इसके सही मायने ही निकाले। हालाँकि हर किसी ने इस तसवीर को अलग-अलग तरीके से देखा और डिकोड किया।

जहाँ तक मेरा सवाल है,

> मैं इस तसवीर को इस रूप में देखता हूँ कि यह अधबना और बिना एप्रोच पथ का पुल बिहार के विकास का मौजूदा मॉडल है। इस मॉडल में ईंट, सीमेंट, रेत और छड़ के इस्तेमाल से एक ऐसा ढाँचा खड़ा किया गया है, जो कहने को तो पुल है, मगर लोगों के लिए इसका कोई अर्थ नहीं है।

इस किताब के पहले संस्करण की भूमिका में मैंने लिखा भी था कि

> पटना में सभ्यता-द्वार से लेकर पटेल भवन तक, ज्ञान भवन से लेकर बिहार म्यूजियम तक कई अत्याधुनिक और आलीशान इमारतें बनीं।...(मगर) चमकीली सड़कों और बिजली के चमकते बल्बों के पीछे अँधेरों की एक बड़ी दुनिया है। यही नीतीश जी के 15 साल के शासन का सच है।

इस अँधेरी दुनिया के दर्शन हमें तब होते हैं जब हम राजधानी पटना से बाहर निकलते हैं। जब हम कोसी और सीमांचल के इलाकों से गुजरते हैं तो हमें सड़कें जरूर फर्राटेदार दिखती हैं, मगर उन सड़कों पर कभी मक्का तो कभी पाट सूखते नजर आते हैं। इस तरह के दृश्य उस अत्यन्त गरीब इलाके में आम हैं और अक्सर यह देख कर हमें निराशा होती है और हम स्थानीय लोगों के नागरिक बोध पर सवाल खड़े करते हैं। मगर किसी ने शायद ही कभी सोचा कि फूस की झोंपड़ियों में रहने वाले इन लाखों गरीबों के जीवन में चमकीली सड़कों से अधिक पक्के प्लेटफार्म की जरूरत है, जहाँ वे अपनी छोटी सी जोत वाली जमीन पर उगी फसल को सुखा-पका कर बेचने लायक बना सकें। फोरलेन सड़कों की जरूरत कारों और बसों-ट्रकों के लिए है, उनके घरों में तो साइकिल भी हाल ही में आई है।

2021 के जून महीने में ही नालन्दा जिले की एक बूढ़ी महिला का वीडियो वायरल हुआ जो अपनी पोती के साथ एक शौचालय में रह रही थी। उसके पास रहने को घर नहीं था, लिहाजा वहीं रहती, खाती-पीती और सोती थी।[1]

यह खबर भी हमारी सरकारों की प्राथमिकता और नजरिये को उजागर करती है कि वह लोगों के रहने के लिए घर का इन्तजाम बाद में करती है, पहले स्वच्छता अभियान के तहत शौचालय बनाने के लिए प्रेरित करती है। 2015 के बिहार विधानसभा चुनाव के दौरान मैंने जहानाबाद जिले के बरबट्टा गाँव की यात्रा की थी। वहाँ जो देखा-सुना वह यह था—

> 300 घरों वाले इस गाँव में दाखिल होने पर पहली नजर में ही समझ आता है कि यहाँ जगह की घनघोर किल्लत है। 90 फीसदी घर आधा कट्ठा जमीन में बने हैं। एक-एक मकान में 15-20 लोगों का संयुक्त परिवार रहता है। रात किसी तरह घर में गुजरती है, सुबह होते ही लोग सड़कों पर आ जाते हैं। महिलाएँ सड़क किनारे बैठ कर सब्जियाँ काटती हैं, कपड़े धोती हैं और बच्चों को नहलाती-धुलाती हैं। पुरुष अगर मेहनत-मजदूरी के लिए बाहर नहीं निकले तो उनके पास बैठने का एक ही ठिकाना है, मुख्य सड़क के किनारे अधबना मन्दिर। अगर पुरुष गाँव में रहें तो महिलाएँ एक काम न कर पाएँ।
>
> गाँव में महादलितों की भी ठीक-ठाक आबादी है, तकरीबन 120 घर। मगर उनकी हालत काफी गई-गुजरी है। ऐसे ही एक घर में हम घुसे। यह रघुदास का घर था। उनकी पत्नी ने बताया कि उनके पास कुल तीन डिसमिल जमीन है, जिस पर उन्होंने खपरैल वाले तीन कमरे बनाए हैं। इसके बाद एक हैंड पम्प के लिए जगह बची, आँगन के नाम पर पाँच बाइ पाँच फुट की एक जगह है। इस घर में उन दोनों पति-पत्नी के अलावा, उनके तीन बेटों का परिवार भी रहता है। कुल मिला कर इस छोटी सी जगह में 13-14 लोगों का संयुक्त परिवार किसी तरह रह रहा है।...और शौचालय? इस

1. https://www.thelallantop.com/oddnaari/85-years-old-lady-forced-to-live-in-a-toilet-of-nalanda-bihar/

सवाल पर रघुदास की पत्नी चुप हो जाती हैं। पड़ोसी पिंटू चौधरी कहते हैं, कहाँ बनेगा लैट्रिन? आप ही बताइए, सुते का जगह हैइये नै है और हगवास खोजते हैं...(सोने के लिए जगह है ही नहीं और शौचालय खोजते हैं...)।

बरबट्टा गाँव में सिर्फ तीन घरों में शौचालय हैं। यह भी अद्भुत कहानी है। प्रधानमंत्री नरेन्द्र मोदी 2014 से भाषण दे रहे हैं, पहले शौचालय फिर देवालय। मुख्यमंत्री नीतीश कुमार ने अपने सात निश्चयों में घर-घर शौचालय को जगह दी है, मगर जहानाबाद के इस गाँव में सिर्फ तीन घरों में शौचालय हैं और मतदाता मन्दिर बनवाने के लिए कह रहे हैं। उनके तर्क में भी दम है, जमीन की कमी और बढ़ती आबादी की वजह से लोगों के पास रात में सोने के लिए जगह नहीं है। ऐसे में वे शौचालय की बात कैसे करें? शौचालय बने भी तो कहाँ बने? हमारी बातचीत सुन रहीं, शारदा देवी कहती हैं, यहाँ पानी बहाने का जगह ही नहीं है। पानी बहाने के नाम पर रोज सर-फुटव्वल होता है। शौचालय की बात क्या करते हैं?

यह सिर्फ इस गाँव की कहानी नहीं है। सामाजिक आर्थिक जनगणना, 2011 के आँकड़े बताते हैं कि बिहार में 65 फीसदी आबादी भूमिहीन है। इनमें महादलितों और पिछड़ों की बड़ी आबादी शामिल है। बिहार के तकरीबन हर गाँव में ऐसे दलित-पिछड़े परिवार बड़ी संख्या में हैं, जिनके पास खेती की जमीन तो नहीं ही है, रहने के लिए भी बहुत कम जमीन है। किसी के पास आधा कट्ठा तो किसी के पास दो डिसमिल। कलेन्द्र चौधरी, जो गाँव के एक सम्मानित बुजुर्ग हैं, कहते हैं सरकार में बैठे लोगों को पता कहाँ कि जमीन की क्या हालत है। कह देते हैं, घर-घर शौचालय बनाएँगे, मगर कहाँ बनाएँगे, कैसे बनाएँगे यह कोई नहीं सोचता।

मगर बिहार की सरकार को लोगों की इन असली परेशानियों से अधिक मतलब नहीं है। वह अपने तरीके से लोगों का विकास करने के लिए प्रतिबद्ध है और वह प्रतिबद्धता है अधिक से अधिक संख्या में सड़कों, पुल-पुलियों, फ्लाइओवरों, भवनों और ऊँची इमारतों का निर्माण। ऐसी तमाम योजनाएँ जिनमें सीमेंट, बालू, ईंट और छड़ का इस्तेमाल होता है,

जिसमें ठेकेदारों की भूमिका सुनिश्चित होती है, वही विकास है।

सरकार दो हजार करोड़ के फ्लाइओवर तो बनवा सकती है, मगर अस्पतालों में योग्य डॉक्टर, स्कूलों में बेहतर शिक्षक को बहाल करने में दिलचस्पी नहीं लेती। वह इस बात के लिए उत्सुक नहीं है कि किसानों को उनकी फसलों का उचित दाम मिले, बेरोजगारों को ढंग की नौकरी या रोजगार के अवसर मिलें, पलायन रुके और बाढ़, चमकी बुखार, सुखाड़, वज्रपात, अगलगी जैसी आपदाओं का समाधान हो सके।

कुछ महीने पहले नीतीश जी ने बहुत गर्व के साथ घोषणा की थी कि बिहार में सड़कों और पुल-पुलियों के निर्माण में एक लाख करोड़ से अधिक राशि खर्च की जाएगी। राज्य के हर शहर में फ्लाइओवर बनने घोषणा की जा चुकी है। राजधानी पटना में ज्ञान भवन, शताब्दी द्वार और संग्रहालयों के निर्माण पर अरबों रुपए पहले ही खर्च हो चुके हैं, अन्य कई भवन परियोजनाओं पर इतनी ही राशि के खर्च होने का अनुमान है। मगर सरकार इस बात के लिए सौ करोड़ रुपए का इन्तजाम करने को भी उत्सुक नहीं है कि राज्य में हर साल आने वाली बाढ़ के कारणों पर शोध किया जा सके।

आँगनबाड़ी केन्द्रों की व्यवस्था को केरल और दूसरे अन्य विकसित राज्यों जैसा बनाने की कोशिश नहीं की जाती। इससे हमारी नई पीढ़ी हर बार कुपोषित और अक्षम रह जाती है। सरकारी स्कूलों में सक्षम शिक्षकों का घोर अभाव है। अस्पताल बिना डॉक्टरों और नर्सों के चल रहे हैं। पलायन की वजहों पर ढंग का कोई अध्ययन नहीं हुआ, न होने की फिलहाल कोई योजना है। सरकारी विभागों में साढ़े चार लाख पद खाली हैं, उन्हें बहुत धीमी गति से भरा जा रहा है। उच्च शिक्षा की स्थिति वेंटीलेटर के सहारे साँस ले रहे मरीज जैसी है। ऐसी तमाम गड़बड़ियाँ हैं, जिन्हें सुधारने में सरकार की कोई रुचि नहीं है।

तकलीफ की बात यह है कि सत्ता के साथ-साथ जनता भी यही मानती है कि विकास का मतलब सड़क, बिजली, भवन, पुल-पुलिये और फ्लाइओवर ही हैं। इसी वजह से सरकार मधेपुरा जैसी जगह में

अरबों की लागत से अस्पताल और मेडिकल कॉलेज की भव्य इमारत तो बना देती है, मगर उस अस्पताल में डॉक्टरों और नर्सों को नियुक्त करने में कोई रुचि नहीं लेती।

निर्माण उद्योग को संचालित करने में सत्ता और प्रशासन का सुभीता भी है। इन योजनाओं में भ्रष्टाचार की भरपूर गुंजाइश रहती है। सत्ताधारी दल का पार्टी फंड बढ़ता है, मंत्रियों-नेताओं का बैंक बैलेंस, अफसरों की करोड़ों की जायदाद और ठेकेदारों की आमदनी। लिहाजा हर कोई इस नीति को ही सबसे जरूरी और कारगर मानता है।

और ये सब महज सतही आरोप नहीं हैं। पिछले दिनों आईआईटी दिल्ली के प्रो. अनूप चावला ने बिहार राज्य पुल निर्माण निगम के अधिकारियों पर आरोप लगाया कि राज्य सरकार की महत्त्वाकांक्षी लोहिया पथ-चक्र योजना की उन्होंने जो रूपरेखा तैयार की थी, उसको यह कहते हुए वापस कर दिया गया कि थोड़ी महँगी रूपरेखा बनाइए। चावला साहब ने जो रूपरेखा तैयार की थी उसमें इस परियोजना की लागत सौ करोड़ रुपए तक घट जाने वाली थी, मगर निगम चाहता था कि ऐसी रूपरेखा बने जिससे इस परियोजना की लागत बढ़ जाए। अब यह समझाने की जरूरत नहीं है कि निगम परियोजना की लागत बढ़ाना क्यों चाहता है।[1]

तो बिहार का असली विकास मॉडल यह है, हालाँकि देश का नीति आयोग इस मॉडल से बहुत अधिक सहमत नहीं है। नीति आयोग की जून, 2021 में ही जारी सतत विकास सूचकांक की रिपोर्ट यही कहती है। हर साल जारी होने वाली इस रिपोर्ट में एक बार फिर हमारा बिहार आखिरी पायदान पर खड़ा नजर आया। इस रिपोर्ट में कुल 16 लक्ष्यों को शामिल किया गया है जिन्हें देश के सभी राज्यों को 2030 तक हासिल करना है। 2021 की रिपोर्ट में बिहार उन लक्ष्यों में से सात

---

1. https://www.jagran.com/bihar/patna-city-delhi-iit-professor-pro-anup-chawla-said-bihar-rajya-pul-nirman-nigam-is-pressuring-his-team-for-more-expansive-project-of-lohia-path-chakra-at-patna-21711194

में पिछड़ता हुआ यानी रिपोर्ट की भाषा में 'एस्पीरेंट' बताया गया है।

गरीबी खत्म करने के लक्ष्य की दिशा में प्रगति के मामले में बिहार देश में आखिरी स्थान पर था और भुखमरी मिटाने के लक्ष्य में आखिर से दूसरा। मतलब साफ कि गरीबी और भुखमरी को खत्म करने का अपना लक्ष्य पूरा करने के मामले में राज्य कहीं से गम्भीर नहीं है। असमानता को खत्म करने के निर्धारित लक्ष्य को पूरा करने के मामले में भी बिहार आखिरी पाँच राज्यों में शामिल था।

गुणवत्तापूर्ण शिक्षा उपलब्ध कराने का लक्ष्य हासिल करने में भी बिहार सबसे पीछे था। उद्योग और नवाचार को प्रोत्साहित करने और जलवायु संकट का सामना करने के लक्ष्य में भी यही स्थिति थी। अच्छे स्वास्थ्य के मामले में बिहार को जरूर औसत की श्रेणी में रखा गया, मगर जमीनी हालात बताते हैं और कोरोना काल में भी यह बात उजागर हुई है कि हमारी स्वास्थ्य व्यवस्था काफी लचर है। (इस बारे में आगे विस्तार से बातें होंगी।)

नीति आयोग की यह रिपोर्ट बहुत साफ लहजे में कहती है कि बिहार सरकार जिस मॉडल को अपनाकर विकास करने की बात करती है वह बहुत खोखली है। जब तक राज्य में गरीबी और भुखमरी को खत्म करने की दिशा में गम्भीरता से काम नहीं होगा, जब तक राज्य में असमानता बनी रहेगी, बुनियादी ढाँचे के विकास के डोज का कोई लाभ नहीं होगा।

यह रिपोर्ट यह भी कहती है कि राज्य के लगातार गरीब बने रहने के पीछे यहाँ हर साल आने वाली जलवायु संकट सम्बन्धी आपदाएँ हैं, बाढ़ और सूखा है, लू-शीत लहर और वज्रपात है। इन आपदाओं के समाधान की दिशा में सरकार ने बहुत गम्भीर प्रयास नहीं किया। दूसरी बड़ी वजह गुणवत्तापूर्ण शिक्षा का अभाव है, जिसके कारण गरीब लगातार गरीब बना रहता है, वह इस दुश्चक्र से बाहर नहीं निकल पाता। राज्य सरकार को सड़क, पुल-पुलिये और भवन बनाने के बदले गरीबी और भुखमरी मिटाने, राज्य के लोगों को बेहतर शिक्षा, स्वास्थ्य और रोजगार के अवसर उपलब्ध कराने पर ध्यान केन्द्रित करना चाहिए।

मगर क्या हमारी सरकार नीति आयोग की रिपोर्ट में दर्ज इस स्पष्ट इबारत को पढ़ पाई है? खबर है कि इस रिपोर्ट के आने के बाद आत्मविश्लेषण करने के बदले सत्ताधारी दल के नेताओं ने फिर से बिहार को विशेष राज्य का दर्जा देने की माँग को बुलन्द करना शुरू कर दिया है।

बकरी बेराम बा, हमरा कौन काम बा

हाँफतापुर

जिस समय देश कोरोना की दूसरी लहर से जूझ रहा था उस समय बिहार की पहले से लचर स्वास्थ्य व्यवस्था मानो पूरी तरह ध्वस्त हो गई थी। उन्हीं दिनों ट्विटर पर कई मित्रों ने मुझे सुझाव दिया कि मुझे *रुकतापुर* के बाद अपनी अगली किताब का नाम 'हाँफतापुर' रखना चाहिए और उसमें बिहार की लचर स्वास्थ्य व्यवस्था के बारे में विस्तार से लिखना चाहिए। किताब तो नहीं, मगर *रुकतापुर* के इस परिवर्द्धित संस्करण में यह छोटा सा अध्याय उन्हीं सुझावों का परिणाम है। इसमें आप सहज ही देख सकते हैं कि अपने सार्वजनिक स्वास्थ्य ढाँचे के बारे में राज्य सरकार की चिन्ताएँ और योजनाएँ, वास्तविक जरूरतों से बहुत अलग खड़ी हैं। ऐसे में सिर्फ उसकी दूरदर्शिता ही नहीं, मंशा भी सवाल के घेरे में आ जाती है और लगता है सरकार सूबे के नागरिकों को वह बकरी समझती है जिसकी बीमारी से उसको कोई मतलब नहीं है।

27 और 28 अप्रैल, 2021 को एक जनहित याचिका की सुनवाई के दौरान पटना हाईकोर्ट ने कोरोना महामारी के दौरान बिहार की स्वास्थ्य व्यवस्था पर दो महत्त्वपूर्ण टिप्पणियाँ की थीं। पहली यह कि 22 अप्रैल से 27 अप्रैल के बीच राज्य सरकार कोरोना के गम्भीर मरीजों के लिए एक बेड भी नहीं बढ़ा पाई है। दूसरी यह कि बेडों की संख्या तभी बढ़ सकती है जब इन बेडों पर ऑक्सीजन की उपलब्धता हो। मगर इस बीच न ऑक्सीजन की उपलब्धता बढ़ी और न ऑक्सीजन बेड की संख्या। जबकि केन्द्र सरकार द्वारा 22 अप्रैल से ही 194 एमटी लिक्विड ऑक्सीजन रोजाना का कोटा उपलब्ध कराया जा रहा है और दो मई, 2021 को इसे बढ़ाकर 214 एमटी कर दिया है।

इस खबर की चर्चा हर जगह जरूर है, मगर बिहार के अस्पतालों में अभी भी ऑक्सीजन की घनघोर किल्लत है और लोग ऑक्सीजन की कमी से बेहाल हैं, क्योंकि बिहार सरकार अपने कोटे में से 90-100 एमटी लिक्विड ऑक्सीजन का ही उठाव कर पा रही है। सरकार के पास ऑक्सीजन उठाव के लिए पर्याप्त वाहन नहीं हैं। महज दो दिन पहले सरकार के पटना हाईकोर्ट में स्वीकार किया कि राज्य के तीन बड़े अस्पतालों के 1000 से अधिक बेड ऑक्सीजन न होने की वजह से खाली हैं।

ये दोनों अनुच्छेद मेरे उस आलेख के अंश हैं जो मैंने *न्यूज 18* के अपने नियमित साप्ताहिक कॉलम में 3 मई, 2021 को लिखा था। उन दिनों देश कोरोना की दूसरी लहर की मार झेल रहा था और बिहार का हाल

इसलिए सबसे बुरा था, क्योंकि हमारी लचर स्वास्थ्य व्यवस्था इस संकट के दौर में स्पष्ट रूप से ध्वस्त नजर आ रही थी।

उन दिनों ट्विटर पर बिहार के युवाओं ने एक खास कैंपेन चला रखा था—राज्य सरकार के बन्द पड़े अस्पतालों की तसवीरें वायरल करना और उन्हें चालू करवाना। उस वक्त कई ऐसे सरकारी अस्पतालों की तसवीरें वायरल हुई थीं जिनमें कहीं भूसा रखा था, कहीं किसी की भैंस बँधी थी। राष्ट्रीय मीडिया ने भी इस कैंपेन को हाथोंहाथ लिया। दबाव में राज्य के स्वास्थ्य विभाग के प्रधान सचिव प्रत्यय अमृत ने जो पहल की वह पूरे मामले की लीपापोती ही थी।

उन्होंने कहा कि जब राज्य में कोरोना के मामले बढ़ने लगे तो इन 1451 अतिरिक्त प्राथमिक स्वास्थ्य केन्द्रों को बन्द कर इनके डॉक्टरों और अन्य स्वास्थ्य कर्मियों को डेडिकेटेड कोविड हेल्थ सेंटरों में ड्यूटी के लिए तैनात कर दिया गया था। अब उन्हें वापस भेजकर इन केन्द्रों को फिर से खुलवाया जा रहा है। यह अपने आप में बड़ी दिलचस्प आत्मस्वीकृति थी कि जब कोविड संकट की वजह से दुनिया भर में सरकारें नए अस्पताल खोल रही थीं, बिहार में सरकार ने 1451 सरकारी अस्पतालों को बन्द करा दिया था, क्योंकि उसके पास कोविड सेंटरों के लिए डॉक्टर कम पड़ रहे थे।

सच यही है कि राज्य के स्वास्थ्य विभाग में लम्बे समय से जनबल का घोर संकट रहा है। 28 अप्रैल, 2021 को पटना हाईकोर्ट के समक्ष बिहार सरकार ने स्वीकार किया था कि राज्य में सरकारी अस्पतालों के कुल 91921 स्वीकृत पदों में से 46256 खाली पड़े हैं। इनमें से 4149 पद विशेषज्ञ चिकित्सकों के और 3206 सामान्य डॉक्टरों के हैं। राज्य में डॉक्टरों के कुल 11645 पद स्वीकृत हैं, इनमें से 7355, यानी लगभग तीन-चौथाई खाली हैं। राज्य के अस्पतालों में जनबल का यह संकट लम्बे समय से है। 2019 में चमकी बुखार के प्रकोप के वक्त भी बिहार सरकार ने सुप्रीम कोर्ट को सूचित किया था कि राज्य में डॉक्टरों के आधे और नर्सों के तीन चौथाई पद खाली हैं। 2020 के मई महीने में ही

राज्य के स्वास्थ्य विभाग ने पटना हाईकोर्ट को बताया था कि राज्य में डॉक्टरों के 8768 पद खाली हैं।

बिहार आर्थिक सर्वेक्षण 2020-21 के आँकड़ों के अनुसार राज्य के सरकारी अस्पतालों में जनबल की स्थिति इस प्रकार है—

पद	स्वीकृत	कार्यरत
डॉक्टर (स्थायी)	12007	6938
डॉक्टर (संविदाधीन)	4751	2904
ग्रेड ए नर्स (स्थायी)	14198	10172
ग्रेड ए नर्स (संविदा)	4942	422
एएनएम (स्थायी)	27505	17911
एएनएम (संविदा)	11204	1950
आशा	93687	89555

(ये आँकड़े 2019-20 के हैं।)

इन आँकड़ों से जाहिर है कि राज्य के सरकारी अस्पतालों में जनबल की भारी कमी है और लगभग आधे पद खाली हैं।

हाल के दिनों में राज्य के स्वास्थ्य मंत्री मंगल पांडेय ने घोषणा की है कि राज्य में डॉक्टरों और स्वास्थ्य कर्मियों के 30 हजार खाली पड़े पदों को सितम्बर तक भर लिया जाएगा। यदि ऐसा हो भी जाता है तब भी 16 हजार से अधिक पद खाली रह जाएँगे।

फिलहाल राज्य में अमूमन 13 हजार लोगों पर एक सरकारी डॉक्टर की तैनाती है, जबकि आर्थिक सर्वेक्षण के आँकड़ों के मुताबिक किशनगंज, पश्चिम चम्पारण और अररिया जिले में यह अनुपात प्रति करीब 20 हजार आबादी पर एक डॉक्टर का ठहरता है। डब्लूएचओ के दिशा-निर्देशों के मुताबिक प्रति एक हजार आबादी पर कम से कम एक डॉक्टर होना चाहिए।

राज्य के बजट में भी स्वास्थ्य सुविधाओं की गुणवत्ता बढ़ाने की दिशा में कोई कदम उठाया जाता हुआ नजर नहीं आता। बिहार सरकार ने अपने वित्तीय बजट 2021-2022 में स्वास्थ्य के लिए 13,264 करोड़ रुपए का प्रावधान किया था, जिनमें से 6,900 करोड़ रुपए योजनाओं पर और 6,300 करोड़ रुपए स्वास्थ्य सम्बन्धी निर्माण कार्यों पर खर्च किए जाने थे।

इस बजट में सबसे अधिक राशि पटना मेडिकल कॉलेज और हॉस्पिटल (पीएमसीएच) को विश्वस्तरीय अस्पताल बनाने के लिए खर्च होने वाली थी। इसके लिए कुल 5540.07 करोड़ रुपए की राशि आवंटित की गई जो इस साल के कुल स्वास्थ्य बजट की 42 प्रतिशत है। इसके अलावा पटना के ही एक अन्य अस्पताल एलएनजेपी अस्पताल को 400 बेड वाला अति विशिष्ट अस्पताल बनाने के लिए 215 करोड़ रुपए आवंटित किए गए। पटना के ही नवाब मंजिल में 50 बेड के अस्पताल के निर्माण के लिए 9 करोड़ रुपए और आईजीआईएमएस में उपकरणों की खरीद के लिए 74.56 करोड़ रुपए खर्च किये जाने थे।

इस तरह हमने देखा कि भले बिहार सरकार ने इस साल अपना स्वास्थ्य बजट 21.28 प्रतिशत बढ़ा लिया, मगर उस राशि का लगभग 45 प्रतिशत हिस्सा राजधानी पटना में ही खर्च करने की उसकी योजना थी। वह भी सिर्फ निर्माण सम्बन्धी गतिविधियों में। इसके अलावा नौ जिलों में मॉडल अस्पताल के निर्माण पर रुपए 172.95 करोड़ खर्च होने की बात कही गयी और 10 जिलों में नए मेडिकल कॉलेज खोलने की स्वीकृति दी गई है, मगर इसका बजट में स्पष्टीकरण नहीं दिया गया था।

ये सूचनाएँ दो बातों की तरफ इशारा करती हैं। पहली यह कि स्वास्थ्य सुविधाओं में सुधार के लिए बिहार सरकार का सारा जोर बुनियादी ढाँचों के विकास पर केन्द्रित है। दूसरी यह कि इन बुनियादी ढाँचों का विकास भी अमूमन राजधानी पटना में ही हो रहा है।

इस बात को दूसरे तरीके से ऐसे भी समझ सकते हैं कि स्वास्थ्य बजट से वेतन और अन्य आवश्यक खर्च को घटा दिया जाय तो

योजनाओं को लागू करने के लिए सरकार द्वारा आवंटित राशि महज 6,927 करोड़ रुपए ही बचती है। इनमें से लगभग रुपए 6 हजार करोड़ सिर्फ भवन और बुनियादी ढाँचों के निर्माण पर खर्च होंगे। इलाज और दवाओं के मद में और मैन पावर बढ़ाने के काम के लिए सिर्फ रुपए 927 करोड़ बचते हैं। दुखद तथ्य यह भी है कि बुनियादी ढाँचे के विकास के नाम पर खर्च होने वाली राशि का भी 97 प्रतिशत राजधानी पटना में खर्च होगा।

ये सभी तथ्य इस बात को जाहिर करने के लिए पर्याप्त हैं कि आखिर कोरोना का पीक आने पर बिहार क्यों हाँफतापुर बन जाता है।